教育哲学

美学的视角

鞠玉翠◎主编

华东师范大学出版社

·上海·

图书在版编目（CIP）数据

教育哲学：美学的视角 / 鞠玉翠主编. —上海：
华东师范大学出版社，2023
ISBN 978 - 7 - 5760 - 4150 - 7

Ⅰ. ①教… Ⅱ. ①鞠… Ⅲ. ①教育哲学-高等学校-
教材　Ⅳ. ①G40 - 02

中国国家版本馆 CIP 数据核字(2023)第 169340 号

教育哲学： 美学的视角

主　　编　鞠玉翠
责任编辑　刘　雪
审读编辑　罗　彦
责任校对　王丽平　时东明
装帧设计　卢晓红

出版发行　华东师范大学出版社
社　　址　上海市中山北路 3663 号　邮编 200062
网　　址　www.ecnupress.com.cn
电　　话　021 - 60821666　行政传真 021 - 62572105
客服电话　021 - 62865537　门市(邮购)电话 021 - 62869887
地　　址　上海市中山北路 3663 号华东师范大学校内先锋路口
网　　店　http://hdsdcbs.tmall.com

印 刷 者　浙江临安曙光印务有限公司
开　　本　787 毫米×1092 毫米　1/16
印　　张　17.75
字　　数　342 千字
版　　次　2023 年 11 月第 1 版
印　　次　2023 年 11 月第 1 次
书　　号　ISBN 978 - 7 - 5760 - 4150 - 7
定　　价　59.00 元

出 版 人　王　焰

（如发现本版图书有印订质量问题,请寄回本社客服中心调换或电话 021 - 62865537 联系）

"当代教育学精品教材"丛书
编委会

主编　黄忠敬

编委（以姓氏拼音为序）

卜玉华　范国睿　黄向阳　黄忠敬　鞠玉翠

刘世清　马和民　王保星　杨光富　张礼永

丛书总序

华东师范大学教育学系多年以来形成了史论结合、理论与实践相结合、中西结合的优良传统。在人才培养中，特别注重专业课程建设与教材建设，曾经出版了《当代教育学》《教育原理》《中国教育史》《外国教育史》等在全国影响广泛的国家级规划教材，一批教育学者通过教材影响了一代又一代的学人。

在新的时代，我们要站在新的起点上加快构建中国教育学学科体系、学术体系和话语体系，构建中国教育学自主知识体系，增强我国教育学的国际影响力，在世界舞台上讲好中国教育故事。

"当代教育学精品教材"丛书是新时代华东师范大学教育学系在人才培养、学科建设和师资队伍建设上的重大战略举措。这套丛书以教育学系教育学原理、中外教育史、教育政策学、少儿组织与思想意识教育等四个专业为基础，以每个专业的骨干教师为主体，以教师多年来从事的专业科研领域和承担的研究生课程教学为重点，主要包括《教育学原理》《德育原理》《教育社会学研究》《教育哲学：美学的视角》《中国教育史学：理论材料与方法》《外国教育问题史》《教育政策研究导论》《教育政策评估与方法论》《当代少先队教育导论》《学生发展指导》等 10 本教材。

这套丛书主要面向教育学专业的研究生（兼顾部分高校高年级本科生），旨在全面提升研究生培养质量，以精品教材为抓手，追踪国际前沿领域，形成系列化的教育学知识体系，培养具有多学科视野与教育学立场、国际视野与本土特色、掌握精深而系统的教育理论和科学方法，能独立从事教育理论研究和参与教育改革实践的高层次人才，以及具有研究能力、创新能力和批判性思维的未来教育引领者，为世界一流大学和一流学科建设奠定坚实基础。

这套丛书的定位是：学术性与通识性兼顾、普及性与前沿性兼顾、可读性与实用性兼顾，即以前沿性、体系化、实践性、易学性为指导，结合当下新时代的新特点以及培养创造性人才的新需求，为教育专业学习者提供有效的指导。

自立项以来，华东师范大学教育学系召开了多次编写研讨会，各教材主编一起讨论问题、分享经验；在每本教材的编写过程中，编写团体也举行多次内部成员交流会，及时沟通交流，相互激发思考；有的还在学期课程中将教材内容进行试教，以听取学生的反馈意见。

此套教材得到了华东师范大学研究生院"当代教育学精品教材建设项目"立项并获得经费资助,同时得到了华东师范大学教育学部的经费支持。华东师范大学出版社赵建军先生和李恒平先生对教材编写给予了全面指导,师文做了大量的协调工作,在此表示衷心的感谢。

黄忠敬

目　录

导言：向美而行

　　《教育哲学：美学的视角》是为普通高等院校教育学专业本科生和研究生撰写的一本教材。美学是教育哲学中的一个分支。教育哲学的使命之一在于立足教育问题开展哲学反思。其相关学科，特别是哲学领域的研究成果，为教育哲学的研究提供了不可或缺的资源。相较于本体论、认识论、伦理学等哲学分支，美学在教育哲学领域远未得到应有的重视。而现实教育中的厌学、厌教、封闭、单调、机械、琐细、局促、无聊等"缺美症"的广泛存在，更加凸显了对教育的美学反思和探究的必要性与迫切性，也预示了教育哲学未来的一种研究走向，以及教育实践的可能路向①。

　　从另一个角度来说，本书的书名亦可称为《教育美学：哲学的路向》。与偏重实证心理学、批判社会学或文艺评论的教育美学有所不同，本书是教育学与哲学美学交叉生成的作品。本书的特色是：以中西方代表性的哲学美学思想观照和反思教育理论与实践中的相关问题，以期获得一些启示；作为教材，也希望引领学生走进经典文本，感受经典磁石般的吸引力，夯实理论基础，期待他们爱上经典，经由经典的博大精深不断提升自己的研究、反思能力。本书可以作为一门独立课程的教材，也可以作为教育哲学课程或相关课程的参考资料，根据需要选用相关章节，还可以供广大教育实践者参考。

　　由于教育哲学类的教材较多，但其中讨论教育美学问题却比较少，下面先简要回顾一下70多年来我国教育美学研究的历程，以帮助读者获得一个相对纵深亦广阔的视野，而后简要说明本书的旨趣和主要内容。

一、我国教育美学研究述评②

　　在我国的历史长河中，美和教育的结合久已有之，但作为学科理论的教育美学却很年轻，直到20世纪20年代才出现教育美学这一概念。在中华人民共和国成立至今的70多年中，教育美学经历了曲折反复的发展历程，并逐渐建构起学科体系，不断向美而行。在物质条件获得极大丰富的今天，人们对美的生活、美的教育的需求也更为迫切，因此，溯源我国教育美学的历程，总结其经验，寻求进一步的发展，显得十分必要。

　　概括而言，70多年来，我国教育美学的发展经历了1978年前的萌芽阶段，

———————————————
①　鞠玉翠."立美教育"再探[J].教育研究,2018(09)：59—65.
②　熊芹菁,鞠玉翠.向美而行：七十年来我国教育美学研究述评[J].教育科学研究,2020(08)：53—62.

1978—1990 年的学科建立阶段，以及 1990 年以来的多元发展阶段，大致呈现出"美育—美育学—教育美学—教育美学观—大美育"的样态，显示了教育美学由实践到认识再到实践的螺旋式上升的过程。由于对美和教育之美理解的不同，目前我国学界对教育美学的研究对象、学科性质、学科体系也形成了多种不同的看法。在不断深入的教育美学研究中，依然存在着浅表化移植西方美学理论的情况，并间接导致了概念混乱、学科定位不准、思路不清等问题。在新时代，构建中西融合、在传统中继承与创新、充分融合教育学和美学的本土化学科研究，将成为我国教育美学发展的未来路向。

(一) 曲折中前行：我国教育美学的发展历程

我国教育美学的学科建设随着学界"美学热"的兴起而肇始于 20 世纪 20 年代。中华人民共和国成立后的 20 世纪 50 年代，教育美学的相关讨论迎来了一个高峰，这一阶段虽带有强大的时代烙印，但开启了美学基本问题向美育理论及教育美学方向的转换；此后，随着"文化大革命"的开展，教育美学的发展陷入了停滞；1978 年后，我国教育美学得到了复兴和重建，基本完成了学科体系的建设任务；1990 年至今，教育美学的研究在不断深化中走向新的境界。

1. 始于对美育反思的萌芽阶段(1978 年前)

20 世纪初，受康德、席勒等西方哲学家和美学家思想的启导，梁启超、王国维、蔡元培等思想家较早意识到美及美育的重要性，开启了我国美育理论化的先河，随之掀起了一场"美学热"。教育美学这一概念在我国由范寿康于 1923 年首先提出，他所著的《教育哲学大纲》一书，将教育哲学分为教育论理学(认识论)、教育美学、教育伦理学三部分。他认为教育是要将现实的人类提高到理想的人类的陶冶，因此，教育者需要发展学生身体、精神方面的各种能力，而人的精神不单指知的作用一面，兼及情、意两面，教育美学所针对的就是感情陶冶一部[①]。但在实际的论述中，范先生所谓的感情陶冶即美育，与知识陶冶(智育)、意志陶冶(德育)同为精神教育的内容，而并非我们今天所谓的"教育美学"的含义。在 1930 年出版的《教育大辞书》中，对"教育美学"词条的解释是"教育美学为教育哲学之一部，论感情陶冶方面之教育。欲求儿童精神之完全发达，当将知情意并行陶冶"[②]；对"美育"词条的解释是"美育者，应用美学之理论于教育，以陶冶感情为目的者也。……与智育相辅而行，以图德育之完成者也"[③]。

---

① 范寿康.教育哲学大纲[M].福州：福建教育出版社,2007：26.
② 唐钺,朱经农,高觉敷.教育大辞书[M].上海：商务印书馆,1930：1026.
③ 唐钺,朱经农,高觉敷.教育大辞书[M].上海：商务印书馆,1930：742.

可以看出，这一时期教育美学已作为教育领域中一个独立概念出现，显示了教育学立场的观照。教育美学起始于对美育的初步反思，使得这时的教育美学和美育都以感情陶冶来界定，二者在内涵上还处于合而未分的状态。

20 世纪 50 年代，我国文化艺术界和教育界曾展开了一场美学大讨论，虽然没有直接论及教育美学的话题，但这场在官方推动下进行的美学讨论，主要目的就是塑造与养成新时代的人格和素质，因此其讨论的也是一个与教育十分相关的问题。从 1956 年起，这场大讨论的焦点集中在对朱光潜美学思想的批判上，批判的出发点主要是文艺的教化作用。例如：贺麟提出，"朱光潜先生的文艺思想曾经发生过广泛的影响，这影响曾深入到中学生，并且影响到许多青年的生活和行为"[①]；黄药眠批判，"我们认为文学对于读者应该起认识的教育的作用，但朱先生认为文学应该给人以一种超凡的境界；我们认为文学应该起到鼓舞作用，但朱先生认为文学应该起催眠作用"[②]；曹景元认为，"如果是真正的艺术作品，即真实地反映了现实的作品，就能起促进改造现实的作用。它激起和教育人们为改造现实而斗争……"[③]。美的主客观之争作为这场美学大讨论的中心议题，相关论述直接影响了这一时期的教育理论，如对教育、美育阶级性的论述与当时的主流观点"美在客观""审美活动的阶级性"是保持一致的。李泽厚作为客观社会派美学的代表人物，曾明确提出美学的教育作用体现在"指出美好的艺术作品的伟大的教育意义和反动的艺术作品对人类精神的毒害，使艺术作品以更明确自觉的方式深入人心，使人们更懂得什么是真、善、美，使人们为更高的真、善、美的伟大目的而斗争"[④]。这些论述显示了此次美学大讨论已经有了从单纯的美学基本问题向美育理论及教育美学方向的转换，虽然这一时期美学最重要的阶级性和现实性原则，让相应的人格和素质培养也带上了意识形态的强大烙印，但在其带有时代色彩的话语中，要表达的思想也很明确，即无产阶级的、现实主义的艺术可以起到重大的教育作用。

2. 转向狭义的学科建立阶段(1978—1990 年)

1978 年后，随着改革开放带来的思想解放，美学思想也得到了复兴。我国学界再次掀起了一场"美学热"，美学研究盛况空前，全国性、地方性、行业性的美学组织和会议层出不穷，这为教育美学学科的产生创造了良好的条件，学者们不再满足于

---

① 贺麟.朱光潜文艺思想的哲学根源［M］//文艺报编辑部.美学问题讨论集.北京：作家出版社，1957：36.
② 黄药眠.论食利者的美学［M］//文艺报编辑部.美学问题讨论集.北京：作家出版社，1957：69.
③ 曹景元.美感与美——批判朱光潜的美学思想［M］//四川省社会科学院文学研究所.中国当代美学论文选(第一集·1953—1957).重庆：重庆出版社，1984：200.
④ 李泽厚.论美感、美和艺术(研究提纲)——兼论朱光潜的唯心主义美学思想［J］.哲学研究，1956(05)：43—73.

对单个问题的讨论，而是初步开始尝试建立完整的教育美学学科体系。

1983 年，戴树英发表《师范教育工作者与教育美学》一文，开始将教育美学当作一门独立学科来论述。他着眼于当时学界热衷于讨论教育的科学规律，而忽视教育的艺术规律的状况，主张研究如何通过美的教育建设社会主义的精神文明，如何通过发现、鉴赏和利用教育实践中的美的因素，提高教育质量，达到教育的艺术化[①]。1987 年，樊德三等人发表了一篇以《教育美学二题》为题的文章，文章从讨论美育出发，最后落脚到"教学美学"上，要求教学中一切都要符合美的特性，要按照美的规律进行，让学生在美的情境中获得知识，接受美感的熏陶，培养创造力[②]。虽然此文实际并未直接论及教育美学，但其贡献在于从美育探讨中不自觉地提出了教育本身蕴含的美，这也是狭义教育美学学科建立的出发点。

同年，郑钢在《关于建立教育美学的构想》一文中提出，教育本身所具有的美的特性是教育美学的研究对象，也是教育美学作为一门新兴学科之所以能建立的内在根据。教育美的本质特性主要表现在教育的直观形象性、情感性，以及教育中的个性和独创性。教育美学的内容体系应该由教育美学的基本理论问题、教育美及其创造、欣赏和评价几部分构成[③]。郑钢的这种构想与当时的美育理论相比有了质的变化，他明确指出了教育美学和美育理论的差别：前者是研究教育自身的美，以及这种美在促进学生身心发展中的作用、特点；后者则是研究如何运用自然美、社会美，尤其是艺术美对学生进行审美教育。郑钢的构想对狭义教育美学的学科建立产生了巨大的影响，后来学者叶学良[④]、杨明森[⑤]、钟以俊和焦凤君[⑥]、何齐宗[⑦]、周义[⑧]等人的著作中，都或多或少继承了郑钢的意义结构，将教育美学的侧重点放在了教育过程中自身美的发现、发掘和创造上。这些研究及其成果已达到了相当的水平，基本完成了从广义的教育美学向狭义的教育美学的转移和学科建立的任务，在我国教育美学史上写下了不可或缺的一页。

3. 探索教育与美内在联系的多元发展阶段（1990 年以后）

1990 年以后，教育美学的研究在不断深化中走向了新的境界，这一过程伴随着对教育与美之间内在联系的考察，主要体现为以立美育人过程来看待整个教育过程。

---

① 戴树英.师范教育工作者与教育美学[J].福建师大学报（哲学社会科学版），1983(04)：143—149.
② 樊德三，柏文猛，温潘亚.教育美学二题[J].盐城师专学报（社会科学版），1987(02)：97—102,106.
③ 郑钢.关于建立教育美学的构想[J].湖南师范大学社会科学学报，1987(02)：28—31.
④ 叶学良.教育美学[M].成都：四川人民出版社，1989.
⑤ 杨明森.教师美学[M].北京：职工教育出版社，1989.
⑥ 钟以俊，焦凤君.教学美学导论[M].南宁：广西教育出版社，1991.
⑦ 何齐宗.教育美学[M].重庆：重庆出版社，1995.
⑧ 周义.教育美学引论[M].天津：天津教育出版社，2010.

受李泽厚"以美启真""以美储善"①等观点的影响，赵宋光在《论美育的功能》一文中首先倡导"为受教育者的行动言语建立合规律的形式……随时启发出对所认识规律的自由运用"的"立美教育"②。这成为后来的教育美学和大美育观念的理论源头之一。陈建翔在1990年正式提出"立美育人"应成为当代教育美学的美育观，他从席勒以美构建人性的美育思想和马克思主义实践观中得到启示，认为美是人性建立的必要条件，美使人的感性和理性得到统一，人类审美能力逐步发展的历程，是从"改变人的外表"到"也改变人的内心"③的过程，这就预示着在美生成的较高阶段，美将把关注的目光转向塑造人本身的教育，而教育的本质特征是赋予个体以人性的形式，因此教育的本性趋向于美。基于此，陈建翔进一步提出：当代教育美学的任务就是要考察教育与美的本质联系，以美的目光对教育自身作全面的审视，用美的尺度来规定、分析、评价教育的操作形式，使教育不仅能够"借美育人"，而且从总体上变为"立美育人"的活动④。

1995年，檀传宝作了进一步的探讨，提出了一种作为世界观水平的"美学教育观"⑤，后又将其更名为"教育美学观"⑥，旨在给予教育及教育学以新的理想，以区别于一般作为技术性学科的教育美学。教育美学观关注的是使教育美成为教育之魂从而实现目的与手段的完全交融；其任务不仅是去求得教育效果的改善，而是整个教育系统的审美改造和人生意义的根本达成⑦。教育美学观的建立是一种美学、教育学之间内核的精神渗透。值得注意的是，檀传宝在2000年又提出了"教育美育"这一新的概念，用来阐释教育学与美学在更高层次上的融合。在他看来，教育美育是利用"教育美"来进行的美育，即通过建立审美化的教育活动而实现的存在于全部教育过程之中的一种大美育⑧，以此在整个理论体系上考虑审美尺度对于教育活动的意义，使之在教育本质、教育目标、教育实践和教育评价诸方面得到理论上的落实。

此后，多有学者延续这一思路，从教育学与美学融合的视角探索教育美学的发展之路，注重教育美学对美育实践的引领作用。如袁鼎生提出建构"教育审美学"，

①　李泽厚.关于主体性的补充说明[J].中国社会科学院研究生院学报，1985(01)：14—21.
②　赵宋光.论美育的功能[C]//中国社会科学院哲学研究所美学研究室，上海文艺出版社文艺理论编辑室.美学第三卷(1981年版)，1981：36—57.
③　[德]弗里德里希·席勒.审美教育书简[M].冯至，范大灿，译.北京：北京大学出版社，1985：150.
④　陈建翔.席勒美育思想与当代教育美学[J].北京师范大学学报(社会科学版)，1990(02)：86—93.
⑤　檀传宝.教育学和美学交叉研究的三种水平——兼论"美学教育观"概念的建立[J].中国教育学刊，1995(03)：18—21.
⑥　檀传宝.德育美学观[M].太原：山西教育出版社，2002：30.
⑦　檀传宝.教育学和美学交叉研究的三种水平——兼论"美学教育观"概念的建立[J].中国教育学刊，1995(03)：18—21.
⑧　檀传宝.论教育美育[J].教育研究，2000(12)：30—33,53.

认为它是教育学与美学的统一而非交叉，是架在教育与美育、美学与美育之间的桥梁。教育审美学强调提炼、升华教育真、善内容中的美，强调教育的真、善向教育的美转化，强调整个教育的审美性和审美化①。王枬提出教育美学要以教育学为出发点和归宿点，以美学的眼光审视一系列教育问题，着眼于教育活动中美学精神的挖掘，从而使教育活动更好地实现立美育人的目的②。鞠玉翠从实践的角度来理解美，认为美是合规律性与合目的性相统一的实践活动及成果，而主体探索并自由运用规律以保证实现社会目的的过程就是立美。通过这一立美过程，按照美的规律塑造物体，也按照美的规律塑造自己，这就是立美与教育的同构性，从而使得通过立美来育人得以可能③。

从上述分析可以看出，到目前为止，教育美学的发展路径大致呈现出"美育—美育学—教育美学—教育美学观—大美育"的样态，教育美学从对美育实践的反思开始萌芽，如今又回到了对大美育实践的引领，但这并不是简单的复归，而是显示出当前阶段教育美学的发展已经从上一阶段的热情复兴转向了冷静探索，呈现的是由混沌走向明晰、由单一走向多元的错综复杂的状况，以及由实践到认识再到实践的螺旋式上升的过程。

(二) 探索中深入：70 多年来教育美学的经验总结

作为一门学科，衡量教育美学是否真正独立、是否发展成熟，需要看其是否形成了属于自己的学科要素，包括研究对象、学科性质、学科体系等：有其特有的研究对象是某一学科与其他学科得以区别的关键要素；研究对象的不同也决定了学科性质上的不同选择；对研究的宏观结构设计，则是对学科体系的建构。基于对事实的考察和判断，可以发现，70 多年来我国教育美学的学科研究宽度和深度在不断走向纵深化。

1. 从外向内的研究对象探索

研究对象是一个学科得以形成的第一要素，我国学界对教育之美的理解经历了从借外部美进行美育，到寻找教育本身之美，再到探索教育与美的内在联系的发展过程，相应的教育美学的研究对象也主要可以分为以下三类。

一是以美育实践为研究对象，而教育美学就被看作是美育（或审美教育）的理论形态。20 世纪初教育美学的萌芽就始于对美育的理论反思，教育美学被看作是"论美育"。作为现代概念的"美育"一词，源自对席勒《美育书简》的翻译，其中的关

---

① 袁鼎生.教育审美学[M].桂林：广西师范大学出版社，2001：1.
② 王枬.教育学立场的美学审视[J].教育研究，2007(12)：26—30.
③ 鞠玉翠."立美教育"再探[J].教育研究，2018(09)：59—65.

键词"aesthetics"的本义是"感性的""感知的"。20世纪初的"美育"主要还是援引西方"感情陶冶"的内涵。感情陶冶的必要性在于它既能让人体验调和及均衡，也能让人保持愉快的感情，提高人的生活力①。此时的教育美学作为"论美育"，论的对象便是人性的感性一面，主要在于探讨如何使用教育手段，将自然的情感升华为美或崇高的情操，以达到改造社会的目的。20世纪50年代第二次"美学热"中出现的以无产阶级美学塑造人格的相关思想，旨在利用文艺养成时代新人，同样属于对美育的理论研究。当时积极倡导的"用社会主义的精神，同艺术描写的真实性和历史具体结合起来，从思想上来教育和改造劳动人民"②则直接指向了美育的具体载体和内容标准。

对以美育为研究对象的教育美学来说，由于其主要目的在于利用美育改善教育效果，进而改造社会，所以讨论的重点不在于界定纷繁复杂的美的含义，而是倾向于将美的"含量"较高的艺术作为美的化身，试图借艺术达到美育的目的。但由于缺少对美内在的层次、内容、结构等的探究，美育的内容常常被窄化和缩小。

二是以教育美为研究对象，主要关注教育自身的美的特性和规律。随着学者们从美育探讨中不自觉地提出教育本身蕴含的美，狭义教育美学也开始试图和研究美育理论的美育学划清界限。何齐宗认为美育学关注如何运用各种类型的美对学生进行审美教育，是"借美育人"；教育美学则是研究教育自身的美的特点及其创造的规律，是"立美育人"③。周义认为美学是研究如何美化他人的，教育美学则是研究如何美化教育自身的④。此类观点的提出着眼于现实中美育被窄化为技艺训练式艺术教育的境况，重新审视教育领域中美的支点和阵地，于是便找到"教育自身的美"这个长期以来被人遗忘的角落，试图让教育本身趋向美。然而，对于到底何为"教育自身的美"的问题，在为数不多的探讨中却也是说法各异。戴树英认为教育美就是教育的艺术化，即按照教育的艺术规律来安排教育、教养和教学工作⑤。郑钢将教育美学看作一般意义上不证自明的东西，避开内涵直接规定其外延，提出"教育的美是教育美学的研究对象和教育美学建立的内在根据，教育美包括教师的美、学生的美、教育过程中物质因素的美三方面的内容"⑥。何齐宗和钟以俊等人从内涵方面对教育美进行规定，认为教育美是指"存在于教育领域的美，是

① 范寿康.教育哲学大纲[M].福州：福建教育出版社，2007：27—30.
② 文艺报编辑部.美学问题讨论集（第六集）[M].北京：作家出版社，1964：365.
③ 何齐宗.中国教育美学研究三十年：回顾与反思[J].教育研究，2014，35(09)：16—23，32.
④ 周义.教育美学引论[M].天津：天津教育出版社，2010：6.
⑤ 戴树英.师范教育工作者与教育美学[J].福建师大学报（哲学社会科学版），1983(04)：143—149.
⑥ 郑钢.关于建立教育美学的构想[J].湖南师范大学社会科学学报，1987(02)：28—31.

人的本质力量在教育领域的感性显现"①。但在探讨教育美的具体特性时,这些学者还是采用规定外延的方式把教育美分为教育中的主体美、教育中的环境和物质因素美、教育内容美、教育活动美、教育美感及教育艺术的创造等②。基于此,狭义教育美学建立起了结构相对单一的学科体系。毋庸置疑,这些学者的相关探索为我国教育美学学科的建构作出了重要贡献,着力于以教育美学指导教育中的各个环节和方面,让教育美成为受教育者的审美对象,其应用功能非常突出。

学者们在极力提倡教育自身的美,强调教育美不能被其他美转化和替代的同时,也使得"立美"的教育美学与"借美"的美育划清了界限并划分了高下。然而,对于是否真的存在丝毫不"借美"的教育美,以及丝毫不"借美"的教育美该如何发展等问题,依然值得进一步讨论。此外,美育之所以能够"借美"成为教育的内容之一,正是因为美是人类生命生活的一种重要价值,而教育美只不过是其中极小的一部分③,如果只把关注点放在教育自身的美上,是否会忽视美对人的重要意义,会忽视更深远意义上对人类美的教育的重大责任呢? 而这似乎才是美学之真谛。

三是以教育和美的内在联系为研究对象,探索教育与美内在的结合点和共通精神。这一类观点认为只将美育或只将教育美作为研究对象都具有片面性,于是主张利用"教育美"进行美育,通过建立审美化的教育活动而实现存在于全部教育过程之中的大美育④,强调审美与立美的统一。学者们逐渐倾向于把教育和美的结合点定位到"人"上,认为教育和美都以对人的关切为最高指向,而美作为自由的形式,是人的实践活动及其成果达成合目的性和合规律性的统一⑤。因此,学者们既承认教育本身有蕴含美的可能性,也认为教育需要实现美的价值,同时强调美育和德育、智育、体育一样只是一种教育理论上抽象和教育实践上相对分工的产物,实际上并没有脱离德育、智育、体育的美育,反之亦然⑥。显然,这种观点试图让教育美学和美育能够相互融合、协调发展,以区别于通常意义上作为教育内容之一的"美育",而是代之于着眼教育整体的"大美育",将当代教育美学置于一种崇高的境地。

---

① 何齐宗.教育美学[M].重庆：重庆出版社,1995：36；钟以俊.论教育美[J].中国教育学刊,2004(02)：12—15.
② 如叶学良的《教育美学》一书的微观篇章节分别是"教学过程的审美机制之一：教师""审美机制之二：学生""审美机制之三：时空、环境和物质条件""作为审美表现的教学节奏""作为审美烘托的教学气氛"。何齐宗的《教育美学》中具体讨论了教师美、教育环境美、教育内容美、教育活动美、教育美的功能、教育美感、教育艺术的创造等。周义的《教育美学引论》中具体讨论了学校美、治校美、校长美、风气美、课程美、学科美、校园环境美、学习美、教师美等。参见：叶学良.教育美学[M].成都：四川人民出版社,1989；何齐宗.教育美学[M].重庆：重庆出版社,1995；周义.教育美学引论[M].天津：天津教育出版社,2010.
③ 冉铁星.简谈美学与教育融合中的歧误[J].教育评论,2002(02)：15—18.
④ 檀传宝.论教育美育[J].教育研究,2000(12)：30—33,53.
⑤ 李泽厚.美学四讲[M].天津：天津社会科学院出版社,2001：85.
⑥ 檀传宝.论教育美育[J].教育研究,2000(12)：30—33,53.

当然，也有学者批评此类"大美育观"是对审美活动的无限放大，而无限放大意味着真善美价值之间的互相僭越，把美育的功能强调至无所不能的境界，看似是对美育的赞誉，实则与从正面否定美育的本质及其意义没有什么不同，同样会导致美育活动的沉沦与湮没①。近年来，"大美育观"在教育美学的倡导中越来越多见，这种观点在不断深入和蓬勃发展的同时，也需要警惕其由于无所不包的内容而滑向失去自身特性和定位的危险境地。

2. 从分隔到融合的学科性质确定

因对研究对象的选择不同，教育美学在学科性质上也有不同侧重。我国教育美学的学科性质主要是围绕着对美学和教育学之间关系的探讨来确定的，经历了由分隔视角下对教育美学是美学的还是教育学的争论，到融合视角下认为教育美学是教育学和美学的交叉、综合或统一的转换，具体来说，此过程中形成了以下三种观点。

一是教育美学是一种实用美学。实用美学是一门美学的分支学科，20 世纪 80 年代的美学浪潮，催生出了一大批冠以"××美学"之名的边缘美学，如文学美学、城市美学、新闻美学等。李泽厚先生曾在批判"美学"一词被滥用的同时，给予教育美学以通行证，将其归到了实用美学这一类别之下②。作为实用美学的教育美学需要面向和指导实践，主要根据教育领域中的具体材料提出自己的思想，解决教育领域中具体的美学问题。杨斌等学者就提出，教育美学要特别警惕脱离教育而成为美学理论抽象思辨的"跑马场"，教育美学的任务不是建构恢宏严谨的美学理论大厦，而是成为一门实践性很强的应用学科③。对教育美学是一门实用美学的定位，主要来源于对美学超功利问题的讨论。如有学者倾向于认为美学的超功利性并非绝对的无功利，而是具有潜在的功利性④。这种潜在的功利性可以从美和真、善之间的关系中看出来，尤其是教育美学，应该承担起由美的教育活动产生出对真的启迪和善的教化的作用。叶学良在其《教育美学》中就认为教育美学"要通过具有审美魅力和审美价值的学校教育活动，为整个社会主义教育事业服务，为培养我国德、智、体、美、劳全面发展的社会主义新一代人才作出应有的努力和贡献"⑤。可以看出，强调实用的教育美学主要借助美学理论，利用审美及艺术的手段，试图创造富有审美性和感染力的教育方法，以让受教育者在教育过程中，在满足审美需要的同时也得到知识和德行的熏陶。而美育就是这种教育美学在实践中的载体。这种

---

① 刘彦顺.中国美育思想通史(当代卷)[M].济南：山东人民出版社，2017：445—447.
② 李泽厚.美学四讲[M].天津：天津社会科学院出版社，2001：431.
③ 杨斌.教育美学十讲[M].上海：华东师范大学出版社，2015：4.
④ 贾玉铭.实用美学：当代美学求索的必然选择[J].西南交通大学学报(社会科学版)，2006(04)：129—132.
⑤ 叶学良.教育美学[M].成都：四川人民出版社，1989：61.

教育美学发挥的是改善教育功效的工具作用，也往往具有对美和美学简单借鉴的弊病。

二是认为教育美学是美学原理在教育领域的渗透和应用。这种观点强调教育美学虽然运用美学的研究成果，但它是以教育的审美规律为研究对象的，是以教育学的视角建立起来的一门教育学分支学科，它所关注的不是教育效率的提高，而是整个教育系统的审美改造①。这种观点认为仅把美视为提高教育效率的工具，就只是把教育所利用的外部对象的美放在自己的视野之内，而不是以美来规定和修饰教育本身，因而没有涉及美对教育的根本规定②。这一种观点下的教育美学研究的内容是教育美，即主要研究如何从内部挖掘出教育活动中各环节、各方面所具有的美的力量来培养人。因此，作为这种教育美学下位概念的教学美学、学习美学、学校美学、德育美学、课程美学、教师美学等也相继出现。这些看似明显或简单的美，一旦要去认真地发现并发掘就会变得复杂和艰难，因而这种教育美学的首要任务就是解决这些问题，并有意识地、专门地解剖教育自身美各要素的结构，阐释和揭示教育美现象之中的规律，使之形成支撑理论体系的结构以及应用理论的主要内容。

三是认为教育美学是教育学与美学的交叉、综合或统一。这种观点不再满足于把美学作为教育学借鉴的对象，而是着眼于探究教育本质与美的本质及其联系，并将培养人的教育锁定在与美的纽结上。将教育美学建立在教育学与美学统一的基础上，把教育美学定位于既是教育学的，又是美学的，显示出其新兴学科、边缘学科、综合学科的特性③。对于教育学和美学为何能、在哪里以及如何交叉、综合和统一的问题，不同学者则有不同的看法。有学者从美无处不在出发，认为教育活动与一般的人类其他活动一样，都是在追求真、善、美的统一，因而毫无疑问，教育中就蕴含着美，并具有了审美的意义与价值④。也有学者从美的不同类型出发，认为教育美是一种社会美，既不像自然美那样一目了然，也不像艺术美那样存心表现，教育之美是无心求美而美的，教育之美从事理上体现⑤。还有学者从教育本性趋向于美着眼，认为教育和美都以陶冶人性之美为旨归，在这一目的面前，"美是教育天然正确的向导"⑥，教育和美互为手段，本应走在一条道路上。教育美普遍存在于教育对象、教育主体、教育手段等要素之中只是一个发现，而教育美在目的、活动、德智体诸育、教育主体和对象等中间作为灵魂而存在才是教育美学的真正意义，因此要

---

① 张永昊.教育美学的理论建构与当代使命[J].临沂师范学院学报,2002(02):14—18.
② 陈建翔.美育是教育的一种境界[J].争鸣,1992(02):5—12.
③ 王枬.教育学立场的美学审视[J].教育研究,2007(12):26—30.
④ 廖金春.教育美学：教育因设计而美好[M].台北：馥林文化,2010:26.
⑤ 周义.教育美学引论[M].天津：天津教育出版社,2010:40.
⑥ 陈建翔.席勒美育思想与当代教育美学[J].北京师范大学学报(社会科学版),1990(02):86—93.

把教育美学当作教育的一种境界去追求。

3. 从借鉴到转换的学科体系建构

学科体系是从结构上设计教育美学的大厦，清晰的学科体系决定着教育美学的理论思想能否枝繁叶茂。我国教育美学体系的构建深受美学学科的影响，并经历了直接借鉴美学学科、从教育出发移植美学学科，以及把相关美学理论转换为教育美学特有范畴等不同阶段，大致呈以下三条路径。

一是从美学的基本问题出发论及教育，把美学中与教育相关的问题作为主题。今天作为学科意义上的美学主要是在西方文化传统中建立起来的，西方文化长于分析和分门别类的学科研究，美学也是以此为基础形成的专门的学问。一般认为西方传统美学主要有三大板块：（1）以柏拉图为代表的对美尤其是实体美的研究；（2）以鲍姆加登为代表的对美感和审美经验的研究；（3）以黑格尔为代表的对艺术的研究①。以西方美学为主要理论来源的中国教育美学的研究也就相应地集中在对教育美的本质、教育中主体的美感和经验、教育艺术三方面的论证、发掘和创造上；同时也将美学理论中的一些基本概念直接引入教育学中，如：讨论美的构成和要素时的"形式""和谐""节奏"等在教育学中被用来讨论"教育形式""和谐教育""教学节奏"；美的形态分类中的自然美、社会美、艺术美等在教育学中被用来讨论教育美的性质和美的教育内容；美感体验中的"审美期待""愉悦"等在教育学中被用来讨论教育中主体的感知体验。但是，由于美学体系自身的不完善，致使教育美学对美学体系的借鉴也极其困难。

二是将教育学中的各种现象和问题上升到美学高度讨论，讨论教育的性质、对象、任务、功能，以及各类教育要素中美的发掘和创造。如何齐宗的《教育美学》具体讨论了教师美、教育美的功能、教育美感、教育艺术的创造等②；周义的《教育美学引论》具体讨论了学校美、学科美、校园环境美、学习美等③；孙俊三认为教育全过程需要引入审美标准和要求，具体包括德育、智育、体育、劳动技术教育过程的审美化④。这种教育美学体系赋予了美学理论中"美""美感"等核心内容以教育学的内涵，让其渗透到教育教学的各个层面，成为教育活动的基本构成。然而，这种依据教育学中各种现象和问题建立起来的教育美学范畴看似全面，实则是并列在同一层次的内容罗列，如其中对教育内容美的讨论，多是指教学内容美，或者各个学科

---

① 1956年李泽厚发表《论美感、美和艺术（研究提纲）——兼论朱光潜的唯心主义美学思想》的长篇论文，开篇指出美学包括研究客观现实的美、人类的审美感和艺术美的一般规律，以后美感、美、艺术常被看作是美学理论大厦最基本的范畴。
② 何齐宗.教育美学[M].重庆：重庆出版社，1995.
③ 周义.教育美学引论[M].天津：天津教育出版社，2010：25.
④ 孙俊三.教育过程的美学意蕴[M].长沙：湖南师范大学出版社，2006：69—70.

课程的内容美，缺乏逻辑递进的关系和进一步的探究。

三是采用某种美学流派或理论建构不同类别的教育美学，也将不同的美学方法运用到教育美学的研究中。如借鉴现象学美学的观点，改变传统主客二分的思维，在生活世界中研究教育美学，将教育美看作一种意义和价值[①]。又如借鉴经验论美学，提出学生生活世界里的大量"原初经验"是教育美学的起点[②]。再如借鉴马克思主义美学，认为教育也是"按照美的规律来造型"的人的实践[③]。除此之外，生命美学、阐释接受美学等美学思想和方法也被运用到教育美学研究中。此外，还有一些研究是从不同美学家或哲学家的理论出发，寻找其对教育美学建构的意义和启示等，如：陈建翔的《席勒美育思想与当代教育美学》[④]、杨斌的《李泽厚对教育美学的开创性贡献及其现实意义》[⑤]、刘晓波的《论怀特海的教育美学思想》[⑥]等。这一类教育美学的研究往往因为具有一以贯之的逻辑起点而较为深入，遗憾的是，这种以某一美学流派和理论为基础的教育美学研究还比较少，这些美学思想与教育学的有机融合点也需要进一步的探索。

(三) 反思中展望：新时代教育美学的未来路向

审美和美育在整个人类的历史上都有着悠久的历史，教育美学的出现时间却并不长，这也反映了美在现象上的广泛性以及理论上的深刻性和复杂性。当今社会，各种有关人与世界的认知飞速发展，对美的认识工具和条件逐步改善，美学研究的各个分支蓬勃兴起，加之各个国家对教育变革的重视不断强化，新时代为教育美学的持续生长提供了社会土壤，教育美学蕴含的深刻意义也将成为当今和未来的时代需要。

1. 新时代教育美学需要建构中西融合的本土化理论

自古以来，我国和西方都有很多对于美和美育的论述，而近代美学和教育美学作为"舶来品"，主要建立在西方美学的理论形态和概念框架下。在几代学者的不懈努力下，我国教育美学在曲折的发展历程中基本已自成体系，并取得了不少成就，但就其对现实教育有限的影响力来看，确实还存在着浅表化地移植和嫁接西方美学相关理论和框架的情况，并间接导致教育美学与美育、美育学、美学教育、教育艺术、艺术教育等许多相近概念界定模糊，以及学科定位不准、思路不清等问题。

① 何茜.美学取向课程研究[D].重庆：西南大学，2014：71.
② 马开剑.杜威重建经验概念的课程价值[J].华东师范大学学报(教育科学版)，2005(01)：22—27,37.
③ 张谦.教育美学初探[J].理论与现代化，2001(01)：83—88.
④ 陈建翔.席勒美育思想与当代教育美学[J].北京师范大学学报(社会科学版)，1990(02)：86—93.
⑤ 杨斌.李泽厚对教育美学的开创性贡献及其现实意义[J].江苏教育研究，2017(16)：3—9.
⑥ 刘晓波.论怀特海的教育美学思想[J].湘潭大学学报(哲学社会科学版)，2014,38(04)：123—126,140.

这种水土不服与中西传统文化的差异不无关系。西方文化长于分析和分门别类的学科研究，美学也是以此为基础形成的专门的学问。我国近代的美学和教育美学在其范畴体系、命题判断甚至语言等方面大都吸收了西方分门别类的思维模式，教育美学也就囿于较为片面和孤立地对教育美、教育主体的美感经验与教育艺术三方面进行的推演及分析。虽然教育自身的美，是美的具体表现，但也只是某种层次的某些表现，而真实的美的世界、美的生命、美的生活、美的教育都是丰富的，是由教育中每个活生生的人的相对完整的体验和美的细节组成的。

因此，教育美学的研究不应该只重视理性的分析和判断，也需要重视纷繁复杂的人在纷繁复杂的生活过程中产生的纷繁复杂的审美体验。这一点，我们可以从我国的传统文化中得到一定的启示。我国传统文化中的美学思想主要强调"天人合一"式的整体感知，并以生命智慧的方式得以传承，尤其注重对生生不息的天地万物进行的整体思考。这种"天人合一"的洞察指向的是人与自我、社会、万物达成和谐、必然和自由而形成一体，成为西方分门别类的理性思维在发展到某一极限无法自我弥合之时的一剂良药。黄济先生就曾提出，中国的美学和美育思想在儒道互补以至儒、道、释合流的影响下，形成了自己所独具的文艺风格，产生了一系列具有民族特点的概念和范畴，如文与质、形与神、言与意、刚与柔、动与静、虚与实、巧与拙、豪放与婉约等诸多范畴的辩证关系，以及情景、气韵、神思、情志、风骨、性灵、意象、意趣、意境、赋比兴等概念[①]。这些范畴、概念指导着中国美学和美育的行进，也应该成为中国教育美学养分的来源。作为坐拥经过几千年积淀的丰厚传统文化宝藏的中国学者，更应该正视我国传统美学美育思想相对于西方的异质性因素，以摆脱用西方标准来衡量我国教育美学而造成的曲解，中西文化的融合度将成为新时代我国教育美学能否根深叶茂的关键。

2. 新时代教育美学需要在传统中继承和创新

在"学而优则仕"的传统教育观念的影响下，我国的美育实践一直都有将美指向一种教化工具的倾向。而教育美学从萌芽开始，美作为教育的手段和目的的矛盾也一直存在，当代教育美学已经提出实现目的与手段的融合，让教育美成为一种境界的观点，但对其的争论至今也未曾停止。

在传统中国，美育实践多起步于技艺的"苦修"训练，主张从"游刃有余"的技术熟练中进入超越技能的"至道"境界，并强调"技为从，道为主"。在当代，由于美学理论中"美"本身难以被定义和被评价的模糊性，以及工具主义、实用主义思想的广泛影响，让美与教育的结合也常常被简化为艺术知识技能、礼仪修养或行为习惯等外在的培养

---

① 　黄济.中国美学和美育思想概述[J].华东师范大学学报(教育科学版)，1994(04)：33—39.

和训练。这些外在的美的技艺和形式的培养本是必要的，但旨在强化受教育者的外部表现的同时，却往往忽视了美对开掘人的潜能和鲜活生命力的追求。

过于强调美的工具性，就会使教育变成知识灌输和道德教育的感性形式，失去美作为内在精神才能开启的生命格局，多才多艺和文质彬彬也就只能成为"精致的利己主义者"的华丽包装而已；而过于强调美的目的性，也会导致教育的抽象和空泛，使其无法在实践中站稳脚跟，二者的不平衡都会背离教育美学对育人价值的精神追求。因此，新时代教育美学不只是要引导受教育者获得美的技艺和经验，更应重视对生活的深切感受、对时代的深刻理解，要在文化与观念的传承、创新中让受教育者从中体会到一种精神的自由、愉悦和满足，达至"技进乎道"①的境界，让具有深刻理论和实践渊源的"道技合一"的传统思想，滋润着未来的教育美学，使其不断升华，超越外在的形式，充满精神生命的力量。

3. 新时代教育美学需要教育学和美学的充分融合

从我国教育美学发展的历程可以明显看出，教育美学的兴衰与时代的发展有着深刻的联系，特别是改革开放后，我国教育美学是在一种"拨乱反正"的背景下兴起和发展的，教育美学不是供人欣赏的"阳春白雪"，而是迫切的社会需要，也是教育本身的需要。

教育的出发点和归宿是人，是特定时代、特定社会中的人。现代教育的目的是促进人的全面发展和潜力的最大发挥，提倡教育向"生活世界"回归，而全面发展的人、生活中的人，是离不开美的观照和体验的，这也是教育美学必须具有的教育关怀。王枬提出教育美学的逻辑起点应该是"教育学味"，视角应该是"美学味"，"教育学味"与"美学味"的两者相融，则是教育美学的自由状态②。

教育关怀意味着新时代的教育美学不仅停留于现实的需要和期望，也不仅满足于观念和思维，它更重要的使命是能够成为唤起行动的思想和引领实践的指南。这就要求教育美学与教育实践的有机结合，需要进一步厘清基本理论和学科框架，并化为实践性和现实性很强的操作层次的规程。冉铁星认为，能发挥实践作用的教育美学至少需要将教育美学的理想或理念化作具体的教育思想、学校教育的课程内容、美的教育的社会氛围、教育自身建设的原则和要求等③。实际上，目前教育实践中的教育方针、政策、内容、观念、环境等的设计已经或多或少地纳入了教育美学的相关理念，只是没有被明确地意识到，没有被充分地显示出来。因此，根据现实中教育的关系结构所涉及的实际范畴，从微观到宏观探明教育美的结构系统，挖掘已有实践中的美之

①　出自《庄子·养生主》："臣之所好者，道也，进乎技矣。"

②　王枬.教育学立场的美学审视[J].教育研究，2007(12)：26—30.

③　冉铁星.贫困的教育美学[M].武汉：湖北教育出版社，1999：342.

要素,摆正其位置,认识其意义也是教育美学需要开展的重要工作之一,在此基础上探索改进或创造美好教育的途径和方法,才能构成符合教育实际的教育美学。

通过教育使美的观念深入人心,让美与人、与社会、与自然的各个方面紧密相连,使美成为生活的法则,让生命的价值得以体现,让人们按照美的规律去塑造自己和世界,这应该成为新时代教育美学的时代自觉。

二、教育学与美学的交融：本书旨趣与主要内容

(一) 本书旨趣

教育美学及相关教育学科发展的经历告诉我们:教育美学是一门教育学与美学交叉生成的学科,离开对经典美学理论的借鉴,教育美学的思考容易流于肤浅;反之,若对教育学问题及教育实践关注不够,一味沉迷美学理论,则难免偏离教育学的学科归属,疏离教育实践。因此,如何将古今中外丰富多彩的美学理论与教育学问题相融通,是教育美学的重要议题,也是本书着力要回应的问题。与本人长期从事的教育哲学研究相承继,本书不是直接以教育美的论题,如教育美的本质、特性、形态、功能、欣赏、评价、创造等来架构的,也不是直接以教育目的、课程、教学、教师、学生等教育领域中的美来架构的。本书选择了当前还较少采取的一种写法,即以古今中外美学大家族中若干重要的美学家或哲学家(流派)的哲学美学思想为资源和视角,对教育问题进行反思。这些熠熠生辉的美学思想就像形态色彩各异的璀璨珠宝,经由教育这条"丝线"串联,成为一条别致的彩链。虽难以完整呈现美学思想的发展脉络,但求管中窥豹①,并力图进行东方和西方、传统和现代②的对比

---

① 系统梳理美学研究历程超出了本书的范围。这里只择要说明如下几点:第一,对美感、美、艺术等相关问题的思索历史久远,且争论不断。第二,美学作为独立学科获得命名,始自德国哲学家鲍姆嘉通(Alexander Gottlieb Baumgarten)在1750年用拉丁文出版的题为 Aesthetica 的书。根据希腊文原意,该词可译为"感性学"。日本人在翻译这个词的时候发现,鲍姆嘉通在书中所谈的并不是认识论上的"感性认识"问题,而是讨论美感问题,并且为此而讨论了美和艺术的问题,于是将其译为《美学》。第三,西方美学研究的历程往往与"美的本质"问题相关,早期以柏拉图等人为代表开展"美是什么"的实体性追问;康德转换为"鉴赏/审美判断何以可能";20世纪分析哲学将"美的本质"问题视为伪问题,维特根斯坦(Ludwig Wittgenstein)用"家族相似"来看待"美",否认其唯一本质;解释学接受美学强调审美经验的多样性和流变性,丑、荒诞等主题受到重视。参见:朱光潜.西方美学史(第二版)[M].北京:人民文学出版社,2002:3—4;邓晓芒.西方美学史纲[M].武汉:武汉大学出版社,2008:3;张法.20世纪西方美学史[M].成都:四川人民出版社,2003:7.

② 从特征来说,西方美学长期把审美活动视为主体对客体的一种静观和辨认,西方人对美和艺术热衷于进行逻辑概念上的定义和性质规定,即使他们看出了这里面渗透着人的主观情感和需求,他们仍然试图对这种主观要素作出客观的描述和限定,界定它与其他要素的关系,从而建立起一种自圆其说的、合乎逻辑的美学体系来。相较而言,中国美学并不是一种单纯的主体审美活动的反映,而是一种天人合一的宇宙观,哪怕只是一种范围极其局限的审美活动,如欣赏一朵小花,或者创作一个微雕,中国人也习惯于把它与整个自然造化的精妙和玄奥相联系,从中看出我们做人的道理来。晚近的中西美学则表现出更多相互借鉴融合的趋势。参见:邓晓芒.西方美学史纲[M].武汉:武汉大学出版社,2008:3.

及相互借鉴，同时以教育学的眼光，带着"如何将美学理论和教育学问题有机融合"这一问题，重新解读这些经典的美学著作，以期获得某些新的启示，让教育理论与实践及相关人的生活变得更加丰盈、美好。

(二) 本书结构与脉络

本书分为四编：第一编为"西方古典美学思想的教育启示"（第一至第四章），第二编为"西方现代美学思想的教育启示"（第五至第九章），第三编为"中华古典美学思想的教育启示"（第十至第十一章），第四编为"中华近现代美学思想的教育启示"（第十二至第十五章）。

这些原创性的思想很难被化归，这里只大致做一梳理。哲学追问"人应当如何生活"；教育是有意识有目的地帮助人成长，从而能够好好生活的学问与实践，可见二者具有天然的亲和性。而"如何理解美"又是其中不可回避的关键问题。"如何理解美"这一问题在柏拉图那里突出地以"美是什么"的方式展开，体现出对所谓单一、永恒、实体性的"美的本质"的追寻。经过康德的问题转化，经过分析哲学、解释学等相关流派的批判，即使仍然使用"美是什么"的句式，也基本采取多元、开放、不断追问与建构的方式或态度。

对"如何理解美"这一问题的回答与争论内容庞杂。简要而言，西方美学思想自古希腊起的一个焦点争论是理性与感性之争，而感性与理性的关系及其培育，也是教育哲学的一个重要问题。比较而言，柏拉图更偏重理性，倾向"美是理念/理式"，而亚里士多德则更重视现实和艺术中的美。近代古典美学致力于沟通理性与感性。鲍姆嘉通首先使用"aesthetics"（美学），意为"感性学"，这是在西方理性传统中对感性的强调。康德从追问"美是什么"，转向"鉴赏/审美判断何以可能"，提出"美是无利害无概念的普遍愉悦"。席勒继承康德的思索，倡导"审美教育"，主张"在与美游戏中沟通理性与感性"。晚近的杜威提出"艺术即经验"，海德格尔提出"美是无蔽真理的现身方式"，伽达默尔更重视对美的多元诠释与理解，梅洛-庞蒂更强调"具体地投入世界"，福柯晚年的生存美学则聚焦"自我创造"，他们用更加多元的方式理解美，融通理性与感性，为培养和谐发展的人提供了理论资源。我国的传统美学是圆融的，代表性的观点如道家的"天地有大美"和儒家的"里仁为美"，它们都崇尚天地大美与生生不息，对世界美学的发展作出了独特的贡献。20世纪以来，以王国维、蔡元培、朱光潜、李泽厚等人为代表的思想家融汇古今中西，分别提出"境界说""以美育代宗教""人生艺术化/情趣化""合规律性与合目的性统一"等极具启发意义的观点。

本书的作者们正是被这些闪光的思想打动，沿着先哲们的足迹向美而行，希望走出属于我们自己的道路。我们深知，上述简化的概括虽有必要，但难免失之过简，只有亲近美学经典本身才会发现更丰富、更迷人的风景。因此，本书各章都尽量采取以经典文本解读为主，其他参考资料辅助的研究方式。希望帮助学生打下较为扎实的阅读经典的基础，并学会运用美学经典透视教育问题，寻求破解之道，如教育吸引力隐而待彰，过度功利化、割裂化、离身化、封闭化、僵硬化等问题。这种做法在本人的教学实践中取得了较好效果，而本书也正是在五年多的教学中，与学生共同完成的。

（三）本书主要内容

第一章以柏拉图的《柏拉图文艺对话集》为基本文本。柏拉图强调美在理念/理式。面对广泛存在的厌学和厌教问题，本章选取了柏拉图的"磁石"隐喻，着重讨论柏拉图美学思想对如何使教育更具吸引力带来的启发。"磁石"隐喻，为教育事业展示了值得追求的美妙境界，而美的理念正是磁力之源，引导人走向身心和谐；其所搭设的从单一事物到多个事物到美的理念的阶梯，为达至美境提供了载体，启示教育者要按照美的阶梯搭建和优化课程，让不同发展阶段的人都能感受到课程与心灵的投合，沿着美的阶梯攀登与欣赏。要想让教育像磁石一样发挥吸引力，需要教育者向苏格拉底学习，传递磁力，吸引更多的学生加入到教育磁力场的建构中来。

第二章以亚里士多德的《诗学》为基本文本。作为古希腊美学的最高峰，亚里士多德的美学产生了深刻影响。亚里士多德放弃以往的主观神秘美学，走向客观分析，强调融贯整体中的比例和秩序，即和谐。基于其"和谐观"重审美育实践可以获得诸多启示。首先是艺术与现实的和谐，从"摹仿说"来看，教育要善于为学生提供引导，促进其自主学习；其次是真理与情绪的和谐，教育要注重在形式与内容的统一中提升学生的审美；最后是节奏与情感的和谐，教育需善于运用音乐净化学生的心灵。

第三章以康德的《判断力批判》为基本文本。康德对"审美何以可能"的追问显现了审美与教育的内在关联。从主体心理机能出发来看，审美是审美判断力对形式的合目的性做评判的过程，旨在将人性自然向自由本质提升达至二者和谐统一，而这一旨趣的揭示使得审美与教育以人性为基点相结合成为可能。审美向教育显现了人性提升的进程，体现在完善感性净化利害、揭示理性提升境界、传达美感促进社会性等方面。康德对审美的先验分析中所包孕的经验审美，也向教育者显现了促进、引导、陶冶经验审美的教化方式，即道德培育、典范浸润和投身天地人生。学生在审美与教化中实现人性自然向自由的提升。

第四章以席勒的《审美教育书简》为基本文本。本章主要品味席勒对美和美育的思考，尤其聚焦于美育的目标，即审美素养的要旨、表现样态与实现路径。与当今人们常用分析的方式讨论审美素养，且较多强调美的感性特征不同，席勒的审美教育思想以哲学的高度，在分析人性中的感性本性与理性本性及其分裂现状之后，致力于以美之"活的形象"融合分裂状态，呼唤在与美游戏中实现人性的和谐完满。这启发我们以感性与理性和谐发展的完满人性作为审美素养的要旨、教育的旨归，将审美素养的培育理解为通过"活的形象"趋向"活的形象"的过程，帮助学生在与美游戏中达成感性与理性的和谐，实现人性完满，从容探究与应对情感欲望与理性冲突等人生难题。

第五章以杜威的《艺术即经验》为基本文本。杜威强调审美经验与日常经验的连续性，启发学校教育要尊重儿童生命成长，重视挖掘学生日常生活中的审美性质，促进学生尽可能多地获得有目的、有节奏、主动、清晰的"一个经验"，即审美经验。杜威著名的"五步教学法"有助于将儿童的冲动转化为有目的地探究、解决问题的过程，将教材转化为帮助儿童解决问题的资源，将自发的情绪赋予秩序，达成与环境的有效互动，从而艺术化地组织个人经验，让学生的日常生活走向美。

第六章以海德格尔的《艺术作品的本源》为基本文本。海德格尔"美的沉思"的本源性视角启示教育工作者思考教育的本源。从本源意义来看，美作为无蔽真理的一种现身方式，是生命存在之真理的敞开状态。海德格尔认为，美的现身需要回到"让存在"的整体生命状态，即此在与世界彼此敞开、相互成就、水乳交融的相遇状态。回归教育本源的教育之美的基本要义在于实现儿童与世界的美好相遇。教育之美的绽出需要回到儿童与世界的共在基础，体现为儿童在世界中领会自身、儿童在操劳中与万物相依、儿童与他者共同在此等方面。海德格尔"美的沉思"也为本源之美在教育世界的绽出提供了三层思路，即还原儿童的本真体验、守护儿童的运思能力和走向儿童的诗意栖居，它们分别作为教育之美的照面方式、激活方式和持存方式而存在。

第七章以伽达默尔的《诠释学：真理与方法》为基本文本。其阐释学美学追问艺术的真理性问题，认为游戏是艺术作品的存在方式，而艺术作品的意义存在于理解和解释的无限过程中。从伽达默尔的阐释学美学出发，围绕"真理""游戏"和"理解"等概念审慎分析教育的目的、品格和过程将有助于深化教育理论：第一，从教育目的来看，教育需要回答的是如何引导学生揭示、探究、发现和共享真理，在与真理的照面中获致对真理的源源不断的兴趣与热爱；第二，就教育品格的角度而言，游戏精神应成为教育的本然追求，充满着游戏精神的课堂生活是自成目的的、是自由性和严肃性的统一，同时具有无穷的吸引力；第三，从理解的视角审视教育，教育过程指向多重要素之间的视域融合，包括理解者与文本知识之间、教师和学生之间、理解者的历史与现在视域等层次。

第八章以梅洛-庞蒂的《眼与心》等为基本文本。梅洛-庞蒂美学思想是其哲学思想的隐喻性表达，更准确地说是借助绘画这一形式进行艺术与身体的哲学思考，这对教育有着独到的启示意义。他反思科学思维对生活世界的疏离与侵越，回返艺术找寻与世界感性的原初关系。作为一种特殊艺术形式的儿童画，其本质上是儿童对世界的知觉表达，消解了当前艺术教育中唯模仿论和技巧论的错误倾向。以绘画中"眼"与"心"的统一启示我们在身心整全的视角下重新审视教育，具身化存在是学生的本然状态，要扭转离身学习的导向；以画家在艺术创造过程中的创造与转化启示我们，教师的教学同样也是一个创造的过程，它应使学生学会重新"看"世界，使学生体验并意识到知识所蕴含的意义，从而与世界建立联系。

第九章以福柯的《自我技术》和《说真话的勇气》等晚期生存美学作品为基本文本。福柯生存美学以自我的艺术为核心，不是将自我视为一个实体，而是视为一种自我与自我的差异化、创造与革新的关系。创造自我，一方面通过自我的作品化，即用真理装备自我；另一方面通过自我的去作品化，即把自我从自我中分离出来，从而实现对当下现实性的批判。福柯主张一种"说真话式"教育，与修辞式教育相对，一方面强调了教师的话语与其生活之间的存在论的和谐；另一方面保证了听者即学生的自主性。这一思想与《中庸》"诚者自成"的思想具有共通之处；其差别在于自我创造者对于传统更具批判性，而诚者则强调对共同价值传统的承认与继承，在继承中彰显自我的独立性与个性。

第十章以道家经典《道德经》和《庄子》为基本文本。道家思想的核心范畴和最高追求是"道"，在其思想起步的地方并无专门之心去"求美"，但"道"在运行过程及对人生的影响中，不期然而然地指向了一种最高的美学精神，也即庄子说的"大美"。一方面"大美"是一种道的可感形式；另一方面对"道"的体认需借助美的活动和精神。天地运行是道的显现形象，天地之大美即是道的可感觉形式，而天地的审美之维在于其无限、整全、无为的特性。道家美学思想通过对道和天地大美的体认而立足于人和人生，对走出现代教育的困境具有重要的借鉴意义。以天地大美立教，强调"内养"之"修道"，此修道过程也是成就生命之大美的过程：教育之本性在于以有限的"教"启示和通向无限的"道"，因此需要注意解脱于有限的教育内容和载体的束缚；其培养的理想人格是完整而丰富的人，因此需要警惕现代教育中知识技术对"道"的分裂和遮蔽；教育应无为而无不为，因此需要顺物自然而非威慑强制，以道主知，还天地万物以生机。

第十一章以儒家经典《论语》为基本文本。儒家美学思想可以总结为"游于艺"。"艺"的根基是"仁"，其核心是人与人之间的真情以及基于真情的行动，艺之人生实际上就是在生活中求仁，显露真情的人生。基于此，教育的关键在于通过求仁来养仁心。这是教育的美与艺术性所在，它使得教育者与儿童都能过一种艺术化的生活。"游"是儒家的人生态度，表现为"乐"的审美感受。"乐"源于人能安仁，在日常生活中通过人与人之间的真情流动显现出来。最终万物皆可乐得其所，人与万物得以实现和谐一体。而教育之乐也在教育者以仁教仁的过程中自然生发出来。"游于艺"的人生通过诗礼乐的教化实现。诗礼乐作为艺术，能够起兴人之仁心、陶养人之真情、修养人之言行，使人致中和而成仁。它要求教育者着力于此，基于"仁"进行艺术创作，从而使仁在人身上显露，不断涵泳品味"游于艺"的人生。

第十二章以王国维的《王国维文学美学论著集》为基本文本。王国维将探寻"宇宙人生之真理"作为其学术理念而贯穿治学始终，他的思想也因立足人的生存之本而具有了现代性内涵。王国维美育思想关注国人精神的救赎与人生范式的构建，在今天依然是可服务于社会现代化的重要理论资源。在王国维看来，美是"真理之事业"，其追求的是关于"人生之苦痛与其解脱之道"的生存论真理。因此，美和艺术也是教育中指引宇宙人生真谛的一种重要方式，并在教育体系中占据优先地位。美育之目的在于回归人之生命本身，疗国人精神之疾病。在方式上，王国维认为美育可经由"古雅"而普及全民，并通过层级式的人格修养而开启生命之格局；在境界上，王国维的人生思考并不限于个体生命的领悟与慰藉，而是追求天地宇宙大生命的和谐与安顿。因此，其美育境界以一己之感悟创作而渗透着对宇宙实底、人类命运的终极关怀和体悟，其审美人格亦是道德人格之理想。

第十三章以蔡元培的《美育与人生》为基本文本。蔡元培作为古今中外美育思想的集大成者，是我国美育事业的先驱。他的美育思想和实践为现代美育的发展奠定了坚实基础，蔡元培的美育是一种浸润全人生、全范围的"大美育"实践，蕴含着一个"以美化人"根本旨趣。它包含"个体小我""群体大我""社会组织"三重逻辑，旨在实现陶冶活泼敏锐之性灵、养成高尚纯洁之人格、美化社会组织之秩序的美育目的。从"个体小我"逻辑来看，他提出"情育论""宁静人生观"等观点，用美育陶冶人的感情和感性能力，促进人的个性和创造力发展，从而使人的性灵趋向敏锐、活泼。从"群体大我"逻辑来看，他提出"津梁说""五育并举"等主张，将美育当作塑造"完全人格"的重要凭借，用美育涵养人的道德修养，引导人们形成高尚纯洁的价值观、人生观和世界观。从"社会组织"逻辑来看，蔡元培发出"以美育代宗教"的时代呼吁，将美育看作一种独特的启蒙和救亡话语，使其担当着创造中国新文化、改造国民性、重振民族之精神信仰的重要任务。这三层美育逻辑之间并不是毫无关联的，而是彼此促进、相辅相成的，共同致力于完全之精神的铸造。

第十四章以朱光潜的《谈美》等为基本文本。鉴于现实社会中的过于追求物质的满足而带来精神的萎缩，"实用的"和"科学的"人受到世人青睐而"审美的"人却遭到遗忘这反常现象，朱光潜提出了一种广义的美育理论——"人生艺术化"。朱光潜认为人生本来就是一种较广义的艺术。在人生与艺术之间，朱光潜将"情趣"作为中介与桥梁。以情趣为中介的人生艺术化理论，不仅具有社会救亡的价值，而且具有摆脱束缚和苦闷的生命教育意义，但其终极价值是为个体提供一种以美的艺术精神涵养出的人格理想，使人内具和谐而外具秩序。要想实现"人生艺术化"就要注重个体的情感体验和塑造，促成"情"向"性"的转化；倡导日常生活的审美情趣化，做生活、人生的艺术家；具体通过"无所为而为"的审美活动，将美感的态度带到人生中去。

第十五章以李泽厚的《美学四讲》和《批判哲学的批判》为基本文本。他借鉴实践美学思想，从实践而非静观的观点来看待美，主张"立美教育"；认为美是合规律性与合目的性相统一的实践活动及其成果。立美教育是用合教育规律的方式帮助学习者探索、掌握规律，从而达到自由驾驭规律，解决问题，造福社会，并获得发展，体会和谐、愉悦感受的富有张力的过程。与立美教育的要求相对照，现实的教育往往在关键链条上存在着缺陷或断裂，其表现至少有"机械学习"阻碍了规律的掌握、教育合目的性被异化等。这些问题，通过立美教育的二阶统一有望得以改善：用合规律性的方式掌握规律；用合规律性的言行服务社会、发展自身，从而在对必然的把握中感受自由与愉悦。

本书作为一本教材不仅要传授知识，更重要的是培养学生的独立研究和独立思考能力。我们抱着虽不能至心向往之的心态，作出了一定的努力。为方便读者把握每章的脉络，我们设计了"本章要点""重要概念""学习目标"等栏目；为引发进一步思考，每章都给出了若干思考题；同时，在注释和"延伸阅读"栏目中给出了进一步阅读的线索。除正文中的思考题外，这里为各章另加两道思考题：（1）请为本章提出质疑和修改建议；（2）阅读相关经典美学文本，谈谈您所获得的教育启示。欢迎您将反馈意见和自己的思考发至邮箱：juyuc@163.com。

三、致谢

本书的出版得到了许多学者的帮助和支持，在此深表谢忱。

本书是华东师范大学教育学系牵头组织，由华东师范大学研究生院和华东师范大学教育学部共同资助的"当代教育学精品教材建设项目"成果之一。自 2018 年立项以来，历时 5 年，其间召开多次研讨会。华东师范大学教育学系黄忠敬教授、李政涛教授、卜玉华教授、黄向阳教授、程亮教授、杨小微教授、马和民教授，清华大学石中英教授，首都师范大学蔡春教授、朱晓宏教授，宁波大学陶志琼教授，华南师范大学董标教授，湖南师范大学刘铁芳教授，上海教育科学研究院林岚编审，华东师范大学出版社李恒平副编审等对本教材的编写思路给予了指导，并对部分文稿给予了建设性的反馈。

感谢所有选修本课程的硕士、博士研究生，在本课程的学习过程中，大家一起品读经典，交流心得，为本书的撰写提供了不少值得参考的意见。

本书是团队合作的成果。导言、第一章、第十五章、结语主要由鞠玉翠撰写；其他各章的主要撰写者也都是教育哲学方向的研究者，他们分别是：刘素玲（河南师范大学，第二章）、王童心（第三章）①、罗文钤（珠海市容闳公学，第四章）、钱晓敏（浙江师范大学，第五章）、王鑫（第六章）、刘继萍（首都师范大学，第七章、第八章）、徐巾媛（湖南师范大学，第九章）、熊芹菁（广州大学，第十章、第十二章）、高晓涵和梁磊（第十一章）、孙玮和王鑫（第十三章）、唐琳（上海市闵行区七宝二中，第十四章）。全书由鞠玉翠统稿，由孙玮校对了全书的参考文献和注释。感谢大家的通力合作。

　　本书所呈现的只是一条"航线"，希望对您选择自己的"航线"有所启发。让我们开启一场美丽"航程"，向美而行吧！期待您批评指正。

鞠玉翠

2023 年 5 月

---

①　除特别说明外，其余作者单位均为华东师范大学教育学系。

第一编

西方古典美学思想的
教育启示

第一章

让教育像磁石：柏拉图美学思想的教育意蕴①

本章要点

1. 教育吸引力之根本源自美的理念。
2. 让课程化为美的阶梯。
3. 教育者传递磁力。

重要概念

教育吸引力　美的理念　美的阶梯　爱智慧

学习目标

1. 能说出"磁石说"的基本含义。
2. 能阐述"磁石说"对教育的可能启示。
3. 除"磁石说"外，能说出并解释柏拉图关于美的若干论述，阐述其可能的教育启示。

①　鞠玉翠，徐巾媛.让教育像磁石——柏拉图美学思想的教育意蕴[J].现代教育论丛，2021(02)：35—42.

主要人物介绍

图1-1　柏拉图

柏拉图（Plato，前427—前347）与其老师苏格拉底、弟子亚里士多德并称为"古希腊三贤"。从柏拉图出生到其23岁时，雅典都处在对外战争状态。不过，这并未影响柏拉图接受当时所能接受的最好的教育。他学习了当时各种文化类型与成果，包括悲剧、喜剧、诗篇、科学、社会思潮等，并一直跟随苏格拉底到其去世（此时柏拉图28岁）。在此后的12年间，柏拉图开始到雅典以外的地区广泛游历，结识了数学家、物理学家、毕达哥拉斯学派人士以及僧侣等，这些经历对其学术思想有很大启发。柏拉图在约40岁时回到雅典，创办了著名的"学园"（Academy），开始从事教学工作。60岁后，他两次前往叙拉古试图实现自己的政治理想，均未果，于公元前360年返回雅典，专心办学。柏拉图的主要著作为对话录，其中绝大部分都有苏格拉底出场。

柏拉图的哲学思想以其理念论或理式论著称，此外还涉及政治、伦理、教育等问题，而美学思想大多散见在他的对话录当中。其中，比较集中地谈及美学问题的对话录除其早年撰写的专门讨论美的本质的《大希庇亚斯篇》外，还有论及灵感的《伊安篇》，论及文学音乐教育的《理想国》与《法律篇》，论及修辞术的《斐德罗篇》，论及爱美与哲学修养的《会饮篇》，论及美感的《斐利布斯篇》，等等①。两千多年来，柏拉图的美学思想激励着后人追问或解构美之本质，彰显与感受美之魅力，创造美之不朽。需要注意的是，在柏拉图那里带有单一、永恒、实体特征的，与现实世界二分的"理念/理式"，受到了后人的激烈质疑；他借苏格拉底之口提出的经典问题"美是什么"，也几经转换，指向变得更为开放。

---

① 参见：[古希腊]柏拉图.柏拉图文艺对话集[M].朱光潜，译.北京：商务印书馆，2013.本文的重点不在于区分苏格拉底与柏拉图的观点，而是将柏拉图对话录中借苏格拉底之口说出的都约略看作是柏拉图的观点。

教育应当是助人成长的事业，在相当程度上是将人类文化的精华转化为成长养分，激发生命活力的过程。这样的事业固然艰难，却富有无穷的内在魅力。然而，在现实的教育中，如下问题不容忽视：教师厌教，学生厌学，但他们为了生存、升学而不得不教、不得不学；教育体系被升学率、就业率所左右，学校沦为考试准备所，教师的教学异化为考点总结，学生的学习也简化为知识的记诵与做题……在这样的教育生活中，教育的内在之美被遮蔽，甚至被遗忘，教育非但谈不上具有吸引力和使人享受，反而成了苦役。面对这样的问题，柏拉图的美学思想为我们提供了很好的反思资源，其中的"磁石"隐喻，对于我们反思教育的吸引力尤其具有启发意义；同时也将柏拉图的主要美学思想串联起来。

《柏拉图文艺对话集》中的"磁石"隐喻，以及字里行间所洋溢的对美的向往、眷恋，为教育事业展示了值得追求的美妙境界，而美的理念正是磁力之源，引导人走向身心和谐，激发人的创造力；其所搭设的从单一事物到多个事物到美的理念的阶梯，又为达至美境提供了载体，因为美的阶梯上所有的事物都因分享了美的理念而具有磁性，成为磁石；要让教育像磁石一样发挥吸引力，需要教育者像铁环一样传递磁力，让更多的学生加入到教育磁力场的建构中来。

一、教育吸引力之根本：美的理念之永续传承

被称为"教育"的事情天天都在进行。教育对个体的发展、对人类文明的延续必不可少，然而，许多教育者和受教育者往往非常被动，甚至心怀厌恶和拒斥。柏拉图所阐述的磁石般的"美的理念"及其永续传承，为整个教育事业提供了引力之源。能够认识和感受其磁力者，将体会到教育事业的无穷魅力，甚至经常达至"迷狂"的状态，从而激发出巨大的"生殖力"，将美的理念延续下去……

（一）美的理念作为磁力之源，引导人走向身心和谐

"磁石不仅能吸引铁环本身，而且能把吸引力传给那些铁环，使它们也像磁石一样，吸引其他铁环，有时你看到许多铁环互相吸引着，挂成一条长锁链，这些全部都是因为从一块磁石中得到了悬在一起的力量。诗神就像这块磁石，她首先给人灵感，得到这灵感的人们又把它传递给旁人，让旁人接上他们。悬成一条锁链。……通过这些环，神驱遣人心，朝神意要他们走的那个方向走。"①

---

① ［古希腊］柏拉图.柏拉图文艺对话集［M］.朱光潜，译.北京：商务印书馆，2013：7—8,11.

这里所说的像磁石的"诗神"，如果联系柏拉图的哲学体系来看，可以理解为最高的绝对美，即美的理念本身，"它只是永恒地自存自在，以形式的整一永与它自身同一"①。这就是天上的"至善至美"，是"美的本体"，是"本原自在的绝对正义，绝对美德，和绝对真知"②。在这种最高等级上，美与真和善都是同一的。这种集真善美于一体的理念，正是传递灵感的磁石，具有极大的吸引力，是磁力之源。能够回应这磁力的、被吸引的，是人，是对美的理念向往和热爱的人。

能够通过理智"凝望"美的理念，是一种让人心驰神往的光辉灿烂的境界："这时他凭临美的汪洋大海，凝神观照，心中起无限欣喜，于是孕育无数的优美崇高的道理，得到丰富的哲学收获。如此精力弥满之后，他终于豁然贯通唯一的涵盖一切的学问，以美为对象的学问。"③

柏拉图把不断追寻美的理念，追寻这种豁然贯通境界，亦即追求"智慧"的人，"爱智慧者，爱美者，诗神和爱神的顶礼者"，称作"第一等人"。人类发展至今，我们更愿意相信，每个人都有做"第一等人"的可能性。因此，抛开其中的等级观念不论，柏拉图所展示的最高境界，便于我们思考教育的理想追求和育人目标，是具有启发意义的：教育的使命是用真善美的理念感召人，要培养的人应当追求真善美的统一，力图达到的最美的境界是"心灵的优美与身体的优美谐和一致，融成一个整体"④。趋近这些目标的人，能够识别真假、善恶、美丑，像正义，"节制、勇敢、宽宏、高远之类品质的形相以及和它们相反的品质的形相，无论它们散在什么地方，无论是它们本体或是它们的影像，一眼看到，就能辨别出来；无论它们表现在大处或是表现在小处，都不忽视它们"⑤，并且能按照真善美的原则行事。

离开了美的理念的指引，离开了对美的理念的追寻，教育就失去了正确的、高远的方向，往往陷入平庸、无聊，甚至难免误入歧途；人自身所具有的神性——对美的理念的追寻与和谐也会被遮蔽。这样一来，磁石就失去了吸引的对象，难以发挥作用。

（二）美的理念激发理智的迷狂

被磁石吸引的铁环用趋近显示其被吸引；对于被美吸引的人来说，也用趋近表示其被吸引。这种趋近的欲望被柏拉图称为"爱"，"就它的最广义来说，凡是对于善的事物的希冀，凡是对于快乐的向往，都是爱，强大而普遍的爱"⑥。受到美的理

---

① ［古希腊］柏拉图.柏拉图文艺对话集［M］.朱光潜，译.北京：商务印书馆，2013：272.
② ［古希腊］柏拉图.柏拉图文艺对话集［M］.朱光潜，译.北京：商务印书馆，2013：122.
③ ［古希腊］柏拉图.柏拉图文艺对话集［M］.朱光潜，译.北京：商务印书馆，2013：272.
④ ［古希腊］柏拉图.柏拉图文艺对话集［M］.朱光潜，译.北京：商务印书馆，2013：64.
⑤ ［古希腊］柏拉图.柏拉图文艺对话集［M］.朱光潜，译.北京：商务印书馆，2013：63—64.
⑥ ［古希腊］柏拉图.柏拉图文艺对话集［M］.朱光潜，译.北京：商务印书馆，2013：264.

念强烈吸引的状态，从主体方面表现为对美的爱，类似一种神力凭附的灵感状态，也像热恋状态，是一种"爱情的迷狂"。"每逢他凝视爱人的美，那美就发出一道极微分子的流（因此把它叫作"情波"），流注到他的灵魂里，于是他得到滋润，得到温暖，苦痛全消，觉得非常欢乐。"①

在《斐德罗篇》，柏拉图描述了四种类型的迷狂，分别是预言的迷狂、教仪的迷狂、诗神凭附的迷狂和爱情的迷狂。迷狂具有强烈的非理性色彩。柏拉图尽管欣赏其力量，但并不主张毫无节制的狂欢，而是强调用理性精神中和迷狂。因此，柏拉图最为看重最后一种迷狂，它也被称为"理智的迷狂"或"审美的迷狂"："有这种迷狂的人见到尘世的美，就回忆起上界里真正的美，因而恢复羽翼，而且新生羽翼，急于高飞远举，可是心有余而力不足，像一只鸟一样，昂首向高处凝望，把下界一切置之度外，因此被人指为迷狂。"②其中，处于迷狂状态的个体所"急于"的，不是个人的前途命运、分数、金钱等外在之物，而是美的理念，是学习过程本身的突破和质变。如果说我们对于"迷狂"一词较为陌生的话，中国古代孔子所说的"愤"和"悱"则可以帮助我们理解这一点。所谓"愤悱"，正是个体"心求通而未得""口欲言而未能"（朱熹语）的"欲"和"求"的状态，"是身体性的，生命性的，是积极生命状态的唤起"③。因此，无论是"迷狂"还是"愤悱"，都表现为一种积极的情感欲求，具有某种非理性色彩。不过，在这种非理性的背后，仍然是理性的渐进式的积累，是在理性学问极限处向彼岸真理发出的不断冲击，是蕴含在理性最深处的"非理性"④，也是理性对非理性的中和，是对真善美理念的迷恋。

有学者提示，迷狂之所以神秘也因此具有无限魅力，还在于人无法控制其发生与否及何时发生，甚至即使当人处于这种极端欲求状态时，也无法担保其最终能实现飞跃。如比斯塔所说的"教育之弱"，即教育过程不同于机器运行，其"输入"和"产出"总存在着不匹配的风险。也正因如此，教育成为一场美丽冒险⑤。相似地，冯朝霖则将这种教育过程中的不可计划性与未可预知性称为"邂逅"。"邂逅的发生，既是生命的美，也是教育的美。"⑥教育不能也无法"制造"邂逅，却可以"酝酿"、为其作准备。但问题是，反思当前的教育，很多学生加班加点积累知识，可是却少有人"爱学习"，距离"理智的迷狂"的状态就更遥远了。相反，教育中经常发生的却

① ［古希腊］柏拉图.柏拉图文艺对话集［M］.朱光潜，译.北京：商务印书馆，2013：128.
② ［古希腊］柏拉图.柏拉图文艺对话集［M］.朱光潜，译.北京：商务印书馆，2013：125.
③ 刘铁芳.教育意向性的唤起与"兴"作为教育的技艺——一种教育现象学的探究［J］.高等教育研究，2011，32（10）：26—37.
④ 邓晓芒.西方哲学史中的理性主义和非理性主义［J］.现代哲学，2011（03）：46—48，54.
⑤ ［荷］格特·比斯塔.教育的美丽风险［M］.赵康，译.北京：北京师范大学出版社，2018：10.
⑥ 冯朝霖.希望与参化——Freire 教育美学推衍与补充之尝试［M］//李锦旭，王慧兰.批判教育学——台湾的探索.台北：心理出版社，2006：152.

是一些学生陷入"刷题的迷狂"，更多学生在日复一日地"刷题"中丧失了原有的求知热情，因找不到学习的意义感而产生厌学情绪。其中的关键可能正在于没有将美的理念作为磁力之源，没有将成为身心和谐发展的人作为自身努力的方向——当我们迷失了方向，或者把目标下降为考分、升学、求职，美的邂逅可能就离我们远去了，甚至，南辕北辙。

(三) 爱美激发生殖力，延续美的理念

"爱情就是一种欲望，想把凡是好的永远归自己所有。"①而且爱情并不止于占有，它会激发"生殖力"，表现出对不朽的追求，对真善美的永续传承。

经历爱情迷狂的人发出的"行为的方式就是在美中孕育，或是凭身体，或是凭心灵。……一切人都有生殖力……这孕育和生殖是一件神圣的事，可朽的人具有不朽的性质，就是靠着孕育和生殖。但是生育不能在不相调和的事物中实现。凡是丑的事物都和凡是神圣的不相调和，只有美的事物才和神圣的相调和。所以美就是主宰生育的定命神和送子娘娘。就是因为这个道理，凡是有生殖力的人一旦遇到一个美的对象，马上就感到欢欣鼓舞，精神焕发起来，于是就凭这对象生殖。如果遇到丑的对象，他就索然寡兴，蜷身退避，不肯生殖"②。

可见，美对人的吸引，人与美的邂逅，只是美丽故事的序幕。由这邂逅激发起来的生殖力可能才是故事的高潮，也更加体现教育对人的转化、提升作用：在被美吸引中，在主动求美中，人的灵感被激发，"就会马上有丰富的思想源源而来，可以津津谈论品德以及善人所应有的性格和所应做的事业"③，让美转化成自身的养分，让自身中美的光彩闪耀，人自己的身体、性格、见解、欲望、情感不断向美的理念升华。同时，用自身对美的迷狂感染更多的人，让美的理念传承延续。"凡是产生伟大作品和孕育无穷功德的人们也永远受人爱戴。"④教育事业所要做的正是要用美的理念感召人、培养人，走向身心和谐，由此激发每个人的生殖力，让有限的人生融入不朽的事业中，展示出近乎神性的光彩；而美的理念也在一个个血肉之躯中传承着。相反，如果缺乏美的理念之引领，平庸、琐屑、机械、无聊、倦怠等消极的词汇就会频频出现在教育的场景中。

二、教育吸引力之载体：美的阶梯

要达到迷狂以至美的理念并非易事，需要沿着美的阶梯攀登，从感受具体事物

---

①　[古希腊] 柏拉图.柏拉图文艺对话集[M].朱光潜，译.北京：商务印书馆，2013：265.
②　[古希腊] 柏拉图.柏拉图文艺对话集[M].朱光潜，译.北京：商务印书馆，2013：265—266.
③　[古希腊] 柏拉图.柏拉图文艺对话集[M].朱光潜，译.北京：商务印书馆，2013：270.
④　[古希腊] 柏拉图.柏拉图文艺对话集[M].朱光潜，译.北京：商务印书馆，2013：270.

之美开始，不断超越。教育者要按照美的阶梯搭建和优化课程，让不同年龄、不同发展阶段的人都能感受到事物与心灵的投合，沿着美的阶梯去攀登、欣赏。

(一) 从单一形体到美的理念：让课程化为美的阶梯

美的理念尽管魅力无穷，但它是"无色无形，不可捉摸的，只有理智……才能观照到它"[①]。好在美的理念被形形色色美的事物所分有，"一切美的事物都以它为泉源，有了它那一切美的事物才成其为美"[②]，人们可以借助这些美的事物感受其吸引力，一步步走向美的理念。这些具体事物构成层层上升的阶梯，成为吸引力之载体；而认识具体事物、感受具体事物之美，攀爬阶梯的过程，也就是教育的旅途。

要想感受到美的理念的吸引，需要从幼年起，依照向导的指引步入正路。第一步，从具体、单一的美的形体开始，体会其中的美妙道理。第二步，他就应学会了解所有形体的美是贯通的。这就是要在许多个别美的形体中见出形体美的形式。第三步，他应该学会把心灵的美看得比形体的美更可珍贵。第四步，他应学会见到行为和制度的美，以及美的学问知识，看出这种美也是到处贯通的。最后，再从各种美的学问知识一直到只以美本身为对象的那种学问，彻悟美的本体[③]。

柏拉图描绘的美的阶梯从单一事物到多个事物，从外在美到内在美，从具体事物到抽象事物直至美的理念，为我们构建和优化课程体系提供了很好的参照框架。整个课程体系如果能够参照美的阶梯去搭建，将美的理念贯穿其中，使不同年龄段的学生都能享受尽可能优质、适合的课程，那么整个课程体系就是磁石，会展示出巨大的吸引力。

(二) 磁力显现为事物与心灵的投合

"美的阶梯"展示了一个具体可感、丰富多彩、充满魅力的美的世界，帮助人们通向美的理念。从教育的视角看，柏拉图特别强调包括诗歌、舞蹈等在内的音乐教育或艺术教育的作用。"凡是在天性或习惯或天性习惯上的这些文辞，或歌曲，或舞蹈都能投合的人就不能不从它们得到快感，赞赏它们，说它们美。"[④]这是由于，这些文辞、歌曲和舞蹈都表现了"心灵的尽善尽美""心灵的聪慧和善良"这样一些"好性情"[⑤]。除了艺术之美，正如美的阶梯所展示的，人的形体、行为、心灵，具体事物、制度、知识也是美的或可以成为美的。当事物是美的，就会与心灵的美相投合，引发人的共鸣或应和。诵诗人伊安"在朗诵哀怜事迹时，就满眼是泪；在朗诵恐怖事

①　［古希腊］柏拉图.柏拉图文艺对话集［M］.朱光潜，译.北京：商务印书馆，2013：122.

②　［古希腊］柏拉图.柏拉图文艺对话集［M］.朱光潜，译.北京：商务印书馆，2013：273.

③　［古希腊］柏拉图.柏拉图文艺对话集［M］.朱光潜，译.北京：商务印书馆，2013：271—273.

④　［古希腊］柏拉图.柏拉图文艺对话集［M］.朱光潜，译.北京：商务印书馆，2013：304.

⑤　［古希腊］柏拉图.柏拉图文艺对话集［M］.朱光潜，译.北京：商务印书馆，2013：61—62.

迹时,就毛骨悚然,心也跳动";听众也会随着诵诗人感情的变化而"表现出哀怜、惊奇、严厉种种不同的神情"①。这种"投合说"可以看作马克思主义美学"美是人的本质力量对象化"的萌芽,也是海德格尔美之"应和"说的滥觞。

当事物与人的性情相投,就好像磁石和铁环相遇,吸引力神奇而又必然地显现了！因此,要让人多接触美的事物,如：自然界中的春光旖旎、小桥流水、凌空彩虹、奔腾骏马、百尺飞瀑,社会生活中的朝气蓬勃、关心爱抚、豪迈雄健、大义凛然等种种使人陶醉于幸福安乐的优美景致或让人振奋昂扬的壮美画卷,以及展露上述景象的艺术作品,等等。这些美好的事物具有沁人心脾的感染力,如果善加利用,就能强化心灵中的美。受过这种良好教育的人,可以很敏捷地看出一切艺术作品、自然界及社会事物的丑陋,"很正确地加以厌恶;但是一看到美的东西,就会赞赏它们,很快乐地把它们吸收到心灵里,作为滋养,因此自己性格也变成高尚优美。他从理智还没有发达的幼年时期对于美丑就有这样正确的好恶,到了理智发达之后,他就亲密地接近理智,把她当作一个老朋友看待"②。

(三) 攀登着,欣赏着

美的阶梯上的每一种事物虽然都是美的,却是有层级的。较高的层级可以涵盖较低的层级,因而更有魅力,更值得追求。就像登高望远,一览众山。然而,攀登并非易事,人们常常宁愿舍弃无限风光,也不愿费力前行。柏拉图在《理想国》卷五中,区分了两种人："一种人是声色的爱好者,喜欢美的音调、美的色彩、美的形状以及一切由此而组成的艺术作品。但他们的思想不能认识并喜欢美本身";另一种人则"认识美本身,能够分辨美本身和包括美本身在内的许多具体的东西,又不把美本身与含有美的许多个别的东西,彼此混淆"③。应当说,后一种人登上了美的阶梯的高层。教育或教育者的价值之一就在于帮助学生在美的阶梯上攀登。或者更确切地说,当学生沉迷于某一阶段的美的事物而停滞不前时,教师应提醒学生前方还有更美的风景,激励学生登高远眺,让磁石的魅力更充分地体现。

在攀登阶梯的过程中,有两种倾向都需要注意克服：一是沉迷于低阶的审美愉悦,不愿向上攀登,仅仅成为声色的爱好者;二是一心攀上最高峰,无心观赏沿途美景,甚至把整个旅程看作苦不堪言,看作"必要的恶",由此,美的阶梯难以发挥应有的吸引力。这两种倾向在当下教育中都存在。因此,攀登着,欣赏着,欣赏着,攀登着;在攀登中不忘欣赏,在欣赏中不忘攀登,也许是比较可取的姿态。

---

① ［古希腊］柏拉图.柏拉图文艺对话集［M］.朱光潜,译.北京：商务印书馆,2013：10—11.
② ［古希腊］柏拉图.柏拉图文艺对话集［M］.朱光潜,译.北京：商务印书馆,2013：63.
③ ［古希腊］柏拉图.理想国［M］.郭斌和、张竹明,译.北京：商务印书馆,1994：218—219.

三、教育吸引力之中介：教育者传递磁力

爱美之心人皆有之。但是，要让学生逐级认识和感受丰富、复杂、抽象的美的事物以至美的理念，离不开教育者的引导。教育者正像铁环一样，把学生引入美的阶梯，起到传递磁力的中介作用。

（一）教育者将学生引向美的理念

在柏拉图的隐喻中，磁石所吸引的第一层铁环是诗人，而诗人又将这种磁力或吸引力传给诵诗人；最后，诵诗人通过自己的朗诵和解读吸引听众。如果把创造课程体系中人类文明精华的人，包括科学家、艺术家等比作诗人；教育者则更接近诵诗人。教育者按照美的阶梯优化课程，将学科知识和各种课程资源展现为对学生具有吸引力的磁石，成为直接连接学生与"磁石"之间的"铁环"。这意味着，学生也内在地具备一种被吸引的潜力——潜在的真善美的种子，只是这种子还需要教育者的浇灌和引导，使其破土而出，得以与磁石相遇；反过来说，教育者需要通过必要的对话交流、意义阐释、情绪感染与活动设计，让磁石的吸引力得以彰显，让学生感受到。

其实，柏拉图笔下的苏格拉底正扮演着这样的角色。苏格拉底通过著名的助产术和富有智慧的演讲吸引着众多对话者和听众跟随他一起探究真善美的理念。通过不断地讨论，苏格拉底帮助年轻人澄清思想，取得惊人的进步，不断趋近美的理念，感受到与美的理念的共鸣与应和，也更清晰地显现和感受到自身所具有的"神性"——真善美的光彩。青年们由此激发出强大的内在动力，愿意付出哪怕是极其艰苦的努力，专心致志去求知，并且在不断地与美邂逅中享受这种攀登之旅。即使对于年幼的孩子，也不能小觑，他们心中也有真善美的种子。只要教育者给他们展示的空间和机会，并用美的阳光、雨露照耀和滋润，美的种子就会发芽。

当然，将学生引向美的理念并不容易。柏拉图唯一一篇主要讨论美学问题的对话《大希庇亚斯篇》①，就以"美是难的"结束。这篇对话的主题是试图为"美"下定义，也即典型的苏格拉底式问题：美是什么？其中，苏格拉底花费了好大工夫向希庇亚斯澄清"什么东西是美的"与"美是什么"这两个问题的区别，而希庇亚斯的回答却总是围绕前者：他先后提出美"是一位漂亮小姐"、美是"黄金"及美是"家里钱多、身体好、全希腊人都尊敬、长命到老……"，然而苏格拉底指出这些都是具体的美的事物，具有相对性，且因人而异，不能作为那绝对的、本源的以及一切美的事物

① ［古希腊］柏拉图.柏拉图文艺对话集［M］.朱光潜，译.北京：商务印书馆，2013：178—211.

之原因的"美本身"。在希庇亚斯的几番定义都不成功后，苏格拉底又亲自提出了"美是恰当""美是有用的"（这一观点后来修正为"美是有益的"）"美就是由视觉和听觉产生的快感"三种观点，然而它们最终也都被苏格拉底的"假想敌"或者苏格拉底自己推翻了。最后，苏格拉底只能以"美是难的"暂时结束了对话。这篇对话生动地展示了人们多么容易囿于具体事物而难于观照美的理念；同时也为不断探究美的理念打开了大门，搭设了台阶。

(二) 将爱智慧作为生活方式

一般而言，教育者相对于学生，是比较有智慧、比较懂得善与美的，这也是教育者应当或能够充当向导与中介的原因。但是，由于人之为人介于有知与无知、善与恶、美与丑之间，既具有近似"神性"的真善美的种子，向往真理、正义、勇敢、恰当、和谐等美好状态和品质，同时又常常被糊涂的心智、过分的欲望、怯懦、懒惰、虚荣、急功近利等弱点所累，容易迷失方向，容易半途而废，容易舍本逐末。

这时人们会被形形色色的细枝末节捆住手脚，远离美的理念，甚至出现"消磁"现象：如果教育者缺乏对美的理念或最高智慧的观照，就难以感受到知识的魅力，也不愿意追寻知识魅力，自然难以找到恰当的方式传递这种魅力。更关键的是，难以觉察、确认、释放自身和学生固有的美与向美之心，以及爱智慧的热情。那么，教育过程至好是按部就班例行公事，却缺乏热情，缺乏感染力；蜕化为机械演练、消极怠工、打击伤害也不少见。如此，"教育吸引力""教育中的美"成为奢谈。教育事业涵养德性、激发创造、传承真善美的鹄的，被"装扮"、"应试"、争名夺利所遮蔽。

因此，对美的理念的追寻不可能一劳永逸。苏格拉底不断强调"自知无知"，强调"爱智慧"，也是在提醒我们对自身的弱点保持警醒，提醒我们也许永远无法完全占有智慧和美的理念，而应当把"爱智慧"作为一种生活方式。有学者认为，在古希腊传统中，哲学或者智慧从不只是理论性的知识，它们更指向知道如何去做以及如何生活①。这对于今天的我们仍有启发意义。

教育者要做好传递磁力之中介的根本也在于不断追寻美的理念，追寻智慧，让自身真善美的种子茁壮成长，去与美的理念相投合、相应和，也就是说教育者要先为自己的灵魂"助产"。如此一来，爱学科、爱学生、爱事业与爱自己都成为一以贯之的对美的理念的迷恋，成为爱智慧的具体表现。只要认真阅读柏拉图的对话，就会觉得这种抓住根本的状态是享受，甚至，这也不是很高的要求——人理当如此生活，教育理当如此展开，并不神秘。关键在于，经常与传承真善美的经典为伴，不断

---

① Hadot P. What Is Ancient Philosophy? [M]. M. Chase, Trans. Cambridge：Harvard University Press，2002：44.

用美的理念反思自己的生活，将爱智慧体现在日常生活的点滴之中①。

(三) 艰难美事，上下求索

用美的理念这一磁力之源来凝聚教育事业，用爱智慧作为生活方式和教育方式，是一项充满魅力和乐趣的事情。教育理应像磁石一样富有魅力。这在一些教育者和学生那里已经得到了体现，如苏格拉底和柏拉图，孔子和颜回等人已经提供了鲜活的榜样；许许多多普通教育者和学生也曾或多或少体会到其中的美妙。然而，现实是复杂的，正像个体对美的理念之追求不能一劳永逸，传承美的理念的教育事业更不可能一劳永逸。

学者常以"美是理念"概括柏拉图的美学思想，但我们与其将"理念"看作是某个固定不变的真理而排斥或贬低其他具体事物，或许更具启发性的方式是将"理念"理解为无数教育工作者孜孜以求的"好教育"的理想。正是这一理想激励着教育者立足当下、反思当下、超越当下，不断改进教育现实。但是，这一事业之所以是艰难的，不仅在于教育者在努力接近好教育理想的过程中会碰到许多现实的阻力，而且更根本地，这种理想在现实世界中可能根本就不存在②。因为任何现有的教育都只是在某些方面体现了好教育的理念，任何理论也都只是从某一角度对这种理想进行阐述——它们都是身在其中的教育工作者的一种尝试、一种试验，因而具有可错性。因此，好教育的实现以及对其本身的定义不是由某一权威来决定或复制某一"模板"，而在很大程度上依赖于每一个投身于教育的人的积极思考和试验。正如柏拉图勉励我们的，如果我们所追求的境界美，尽管遭遇到困难，这追求本身也还是美的。③

柏拉图笔下的苏格拉底为所有教育者作出了表率。鲁比·布罗代尔（Ruby Blondell）提出了一个有趣的问题，即：苏格拉底位于美的阶梯的哪一层？无疑，大多数学者认为，苏格拉底是真正观看过理念的人——他处于美的阶梯的顶端。但鲁比·布罗代尔则倾向于认为，苏格拉底是"不在任何地方的人"，或者说他在美的阶梯上"反复上下"④。这意味着，苏格拉底可能不止一次地观看过理念，然而他却不能一直待在那里——就像哲学家不能一直待在洞穴外面一样。一方面，他必须从阶梯顶端下来与他的同胞交谈，对他们进行启蒙。另一方面，哲学家—教育家也

① ［美］加百列·理查森·李尔.柏拉图《会饮》中永恒的美和相适的幸福[M]//［美］詹姆斯·莱舍，［美］黛布拉·尼尔，［英］弗里斯比·C.C.谢菲尔德.爱之云梯——柏拉图《会饮》的解释与回响.梁中和，等译.北京：中国人民大学出版社，2018：141—142.
② 刘铁芳.为什么需要教育哲学——试论教育哲学的三重指向[J].教育研究，2010,31(06)：15—22.
③ ［古希腊］柏拉图.柏拉图文艺对话集[M].朱光潜，译.北京：商务印书馆，2013：167.
④ ［美］鲁比·布罗代尔.苏格拉底处在"爱的阶梯"上的何方？[M]//［美］詹姆斯·莱舍，［美］黛布拉·尼尔，［英］弗里斯比·C.C.谢菲尔德.爱之云梯——柏拉图《会饮》的解释与回响.梁中和，等译.北京：中国人民大学出版社，2018：220.

并非完人，或许他的"一次跌倒就会一下子跌至阶梯的底部"①。教育的艰难与美好就体现在这里：即使是苏格拉底那样的人也不得不终身在美的阶梯上不辞辛劳地反复上下，不断求索——即使已经观看过美的理念也不能确保他永远掌握真理，永不犯错。而教师正像苏格拉底一样，面对近乎相同的教学内容，他要与学生一起"反复上下"，在重复的同时又有所创新，始终以求知的热情带领学生体认到知识之美。这需要的是自我挑战的勇气，更是强烈的责任感。但是正如前文所说，真正的或最好的"不朽"或许就体现在反复求索的过程中。这就像精灵"爱若斯"一样，他一无所有，却终身追求美善与智慧，也因而使得自己拥有了不朽的神性。不仅如此，当教育者在自身追求智慧的同时，还带领他的学生一起攀爬美的阶梯，不朽的神性就得到了传承，正所谓"善教者，使人继其志"——这种继承可能不仅限于狭义的知识和具体观点，而更是继承教师那种爱智慧、不断学习的生活方式。苏格拉底认为，这种在其他美好灵魂中播撒种子的行为比自身孕育出美好的文字更加高尚——或许这本身也是一种孕育："在旁的心灵中生出许多文章，生生不息，使原来那种子永垂不朽，也使种子的主人享受到凡人所享受到的最高幸福。"②

柏拉图在《大希庇亚斯篇》中说出的"美是难的"这句箴言暗示着在美之阶梯上攀登与追求的过程会是艰辛的，与此有关的教育也并非易事；然而令人欣慰的是，教育根本上是一桩"美事"，一切辛劳总是值得的。让教育像磁石，需要师生心怀美的理念，共同营造磁力场；攀登美之阶梯的过程是师生共同创造与欣赏教育之美的旅程；学生在"磁石"——美的理念、美的阶梯和作为铁环的教育者——的吸引下并非放弃自我，而是要用自身真善美的种子与美的理念相应和，并通过独立思考与探索，做到"虽离师辅而不反"，让自身也成为教育磁力场的积极建构者。艰难美事，上下求索，愿教育事业能吸引越来越多的人参与到这种永恒的追求过程中，让教育更像磁石。

思考与练习

1. 有人认为厌学、厌教普遍存在，说明"教育吸引力"根本就不成立，"让教育像磁石"是不切实际的，你怎么看待这样的观点？

2. 你能找到一些"教育像磁石"的实例吗？尝试解释背后的原理。

3. 除磁石说外，说出并解释柏拉图关于美的若干论述，阐述其可能的教育启示。

---

① ［美］鲁比·布罗代尔.苏格拉底处在"爱的阶梯"上的何方？［M］//［美］詹姆斯·莱舍，［美］黛布拉·尼尔，［英］弗里斯比·C.C.谢菲尔德.爱之云梯——柏拉图《会饮》的解释与回响.梁中和，等译.北京：中国人民大学出版社，2018：223.
② ［古希腊］柏拉图.柏拉图文艺对话集［M］.朱光潜，译.北京：商务印书馆，2013：172.

4. 对于《大希庇亚斯篇》中关于"美是什么"的讨论，尝试作出自己的回答，并说说你的根据及可能的教育启示，同时与后续各章的相关回答加以比较。

延伸阅读

1. ［古希腊］柏拉图.柏拉图文艺对话集［M］.朱光潜，译.北京：商务印书馆，2013.

2. 朱光潜.西方美学史（上、下册）［M］.南京：江苏人民出版社，2015.

3. 邓晓芒.西方美学史纲［M］.北京：商务印书馆，2018.

4. ［美］詹姆斯·莱舍，［美］黛布拉·尼尔，［英］弗里斯比·C.C.谢菲尔德.爱之云梯——柏拉图《会饮》的解释与回响［C］.梁中和，等译.北京：中国人民大学出版社，2018.

第二章

在和谐中培养和谐发展的人：亚里士多德美学思想的教育启示

本章要点

1. 亚里士多德的和谐说。
2. 摹仿说与美育启示。
3. 修辞术与审美陶冶。
4. 音乐与心灵的净化。

重要概念

和谐说　摹仿说　修辞术　心灵净化

学习目标

1. 了解亚里士多德和谐说的内涵。
2. 理解亚里士多德的摹仿说、修辞术、音乐观。
3. 掌握亚里士多德的观点对学校美育实践的启示。

主要人物介绍

图 2-1　亚里士多德①

亚里士多德（Aristotle，前 384—前 322），古希腊哲学家，与苏格拉底、柏拉图被并称为"古希腊三贤"。他出身于贵族家庭，从小受过良好的文学和体育训练。大约 18 岁起到雅典跟随柏拉图学习将近 20 年，在学园里也得到了学习修辞学的机会，他被柏拉图称为"学园之灵"。亚里士多德后来成为亚历山大的老师，并创立了自己的学校"吕克昂"（Lyceum），他一边授课一边撰写著作，创建了西方哲学的第一个百科全书式的广泛系统②。

亚里士多德的美学是古希腊美学的最高峰③。亚里士多德是第一个用科学的观点、方法来阐明美学概念和研究文艺问题的人④。亚里士多德一方面总结了希腊文艺的最高成就，另一方面建立了一些规范性的理论，对西方文艺思想界产生了长久的深刻影响⑤。他提出的概念在两千多年中一直处于引领地位。《诗学》和《修辞学》是其两部具有科学系统的美学专著。其他如《形而上学》（涉及艺术与科学、形式与材料、美的客观基础等问题）、《物理学》（涉及艺术与自然、艺术与形式）、《伦理学》（涉及艺术的创造性、艺术与认识、艺术家的修养等问题）和《政治学》（涉及艺术教育问题）等也涉及许多美学问题。作为古希腊哲学家和美学家，亚里士多德在美学史上通常被称为"欧洲美学思想的奠基人"。车尔尼雪夫斯基曾评价亚里士多德是"第一个以独立体系阐明美学概念的人"。亚里士多德的美学思想的立场基本是唯物主义的。艺术摹仿说是他的美学思想的核心，其对美和美感的看法与此有着密切的联系⑥。

---

① ［美］加勒特·汤姆森，马歇尔·米斯纳.亚里士多德[M].张晓林，译.北京：中华书局，2002.

② ［英］罗素.西方哲学史（上）[M].何兆武，李约瑟，译.北京：商务印书馆，2020：203—220；［英］乔纳森·巴恩斯.亚里士多德的世界[M].史正永，韩守利，译.南京：译林出版社，2013：29.

③ 邓晓芒.西方美学史纲[M].北京：商务印书馆，2018：55.

④ 亚里士多德的"科学"主要是从认识或知识的意义来理解的，即科学的任务在于求知识。亚里士多德把艺术放在知识基础之上，即艺术要对所占有的材料有知识，也要对所创造的规律有知识。此外，亚里士多德也将其他科学的观点和方法应用到文艺理论中，如从生物学里借鉴"有机整体"概念，从心理学里带来艺术的心理根源和心理影响，等等。参见：朱光潜.西方美学史（上册）[M].南京：江苏人民出版社，2015：35—62；曾艳兵.失传的亚里士多德《诗学》第二卷[N].文汇报，2017-10-10.

⑤ 朱光潜.西方美学史（上册）[M].南京：江苏人民出版社，2015：60.

⑥ 北京大学哲学系美学教研室.西方美学家论美和美感[M].北京：商务印书馆，1980：38—39；朱光潜.西方美学史（上册）[M].南京：江苏人民出版社，2015：35—36.

一、和谐：从主观神秘到科学的比例秩序

亚里士多德认为，凡是谈及"美"的地方，总是与善、目的以及有目的的创造（广义的"艺术"）联系着。亚里士多德对美的本质的规定正是从对艺术本体的探讨中引申出来的，他是西方美学史上首次把美学当作一种"艺术哲学"来研究的哲学家。朱光潜先生认为，"实际上亚里士多德是把'自然'或'神'看作一个艺术家，把任何事物的形成都看成艺术创造"①，这可以说是抓住了亚里士多德美学思想的主要线索。

（一）实践性知识、生产性知识和理论性知识

从亚里士多德的著作中可以看到，其兴趣几乎覆盖了人类知识的所有领域②。亚里士多德将知识分为三大类：实践性知识、生产性知识和理论性知识。实践性知识主要是关乎行动，或者更准确地说是关于我们在不同环境下，包括私人事务和公共事务中如何行动的知识。《伦理学》和《政治学》是亚里士多德关于实践性知识的主要贡献。生产性知识是关于制造物品的知识，如美容术和农业耕作、艺术和工程技术。《修辞学》和《诗学》是其仅有的关于生产性知识的书，书中致力于确定语言和戏剧的范例，并解释它们是怎样发挥作用的。这些也体现着他的美学思想。理论性知识的目的既不是为了生产也不是为了行动，仅仅是为了讨论真理。它包括三类：数学、自然科学和神学。其著作《形而上学》第十三卷和第十四卷就是对数的本质的敏锐论述；《物理学》则是关于自然科学（植物学、动物学、心理学、气象学、化学和物理学）的专题著作；在对神的研究中，《物理学》证明，必定存在着一个不动的推动者，《形而上学》则得出结论，这必定是一个永恒不变的本体。不动的推动者必须靠被爱来引起变化，这决定了永恒本体的善的本质。亚里士多德将这个永恒本体称为"神"。神的永恒思想必须被引向至善，即他自身③。

---

① 邓晓芒.西方美学史纲[M].北京：商务印书馆，2018：44—45.
② ［美］加勒特·汤姆森，马歇尔·米斯纳.亚里士多德[M].张晓林，译.北京：中华书局，2002：11.
③ ［英］乔纳森·巴恩斯.亚里士多德的世界[M].史正永，韩守利，译.南京：译林出版社，2013：38—43；［美］加勒特·汤姆森，马歇尔·米斯纳.亚里士多德[M].张晓林，译.北京：中华书局，2002：78—80.

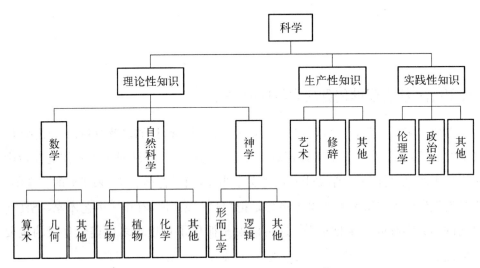

图 2-2   亚里士多德的知识结构图①

（二）美学：从主观神秘走向科学分析

在古希腊时期政治讨论和劝说中，人们当场口述既是主要媒介，也是文学的基础。希腊人在集市上听诗人们的朗诵。对于戏剧、喜剧和悲剧，当时的人们通常是在剧场里直接体验，而非通过文本进行研究。对此，有着百科全书式兴趣的亚里士多德注意到这一领域有待研究，进而转向对这些场合中语言运用的考察和理解。在《修辞学》和《诗学》中，他致力于确定语言和戏剧的范例，并解释它们是如何发挥作用的②。希腊文化起源是很早的。希腊民族在原始公社和氏族社会阶段，就已经有了一套丰富而完整的神话。这是"已经通过人民的幻想用一种不自觉的艺术方式加工过的自然和社会形式本身"，它"不只是希腊艺术的武库，而且是它的土壤"③。文艺在希腊人生活里具有重要的地位。在公元前5世纪前后，希腊的音乐、建筑、绘画、雕刻等艺术也都很繁荣，特别是雕刻，它发展到了欧洲后来一直没有赶上的高峰。而希腊美学理论是有丰富的文艺实践做基础的④。文艺发展本身需要理论性的概括，而这就势必注意到美学问题⑤。

亚里士多德标志着希腊思想发展中的一个重要转折点。这种转折的关键在于亚里士多德首先是个自然科学家和逻辑学家。他放弃了过去的主观的甚至是神秘的哲学思辨，对客观世界进行冷静的客观的颇具科学性的分析，这是一种方法上的

①　[英]乔纳森·巴恩斯.亚里士多德的世界[M].史正永,韩守利,译.南京：译林出版社,2013：43.
②　[美]加勒特·汤姆森,马歇尔·米斯纳.亚里士多德[M].张晓林,译.北京：中华书局,2002：129.
③　朱光潜.西方美学史（上册）[M].南京：江苏人民出版社,2015：3.
④　朱光潜.西方美学史（上册）[M].南京：江苏人民出版社,2015：3—4.
⑤　朱光潜.西方美学史（上册）[M].南京：江苏人民出版社,2015：4.

转变。亚里士多德认识到方法对于研究的重要性，他写成了欧洲第一部逻辑学《论工具》。在《诗学》和《修辞学》里，他用的都是较为严谨的逻辑方法，把所研究的对象和其他相关的对象区分出来，找出它们的异同，然后再就这对象本身由"类"到"种"地逐步分类，逐步找规律、下定义。例如：他先把艺术和"理论科学"与"实践科学"区别出来，找出它的特点再创造；然后再从艺术（包括工艺等）中分出我们所了解的美的艺术，即他所谓"摹仿的艺术"，找出它们的特点再"摹仿"；之后再用摹仿的"手段"或"媒介""对象"和"方式"作为标准来区别诗和其他艺术，以及诗本身各种（如史诗、悲剧、喜剧等）的特质和规律，还有彼此之间的同异和关系。而在这种分析过程中，亚里士多德经常地从希腊文艺作品中举例论证，这就给文艺理论建立了科学分析的范例①。

（三）和谐：融贯整体中的比例和秩序

在亚里士多德的美学思想中，和谐的概念是建立在有机整体的概念上的：各部分的安排见出大小比例和秩序，形成融贯的整体，才能见出和谐②。亚里士多德所理解的秩序存在于自然、天体、人和社会生活中，而秩序是美的原因③。

亚里士多德论诗与其他艺术，一直着重强调有机整体的观念。这也是和他对文艺与现实关系的基本看法分不开的：形式上的有机整体其实就是内容上内在发展规律的反映。整体是部分的组合，组合所应根据的原则就是各部分之间的内在逻辑④。在《诗学》第八章中，亚里士多德认为：一个完善的整体之中各部分必须紧密结合起来，如果任何一部分被删去或移动位置，就会拆散整体。因为一件东西既然可有可无，就不是整体的真正部分。这个有机整体的观念在亚里士多德的美学思想里是最基本的⑤。亚里士多德在《政治学》里说过："美与不美，艺术作品与现实事物，分别就在于美的东西和艺术作品里，原来零散的因素结合为一体。"⑥这也意味着整体本身蕴含着必然的相辅相成的关系，也是亚里士多德所谓的美的体现。从和谐说来看，亚里士多德所称的理想人格是全面和谐发展的人格。本能、情感、欲望之类心理功能既是人性中所固有的，就有要求满足的权利；给它们以适当的满足，对性格就会产生健康的影响。正是从这种伦理思想出发，亚里士多德对诗和艺术进行辩护：文艺满足人的一些自然要求，因为使人得到健康的发展，所以它对于

---

① 朱光潜.西方美学史（上册）[M].南京：江苏人民出版社，2015：36.
② 朱光潜.西方美学史（上册）[M].南京：江苏人民出版社，2015：47.
③ 凌继尧.美学十五讲：典藏版[M].北京：北京大学出版社，2021：28.
④ 朱光潜.西方美学史（上册）[M].南京：江苏人民出版社，2015：45.
⑤ 朱光潜.西方美学史（上册）[M].南京：江苏人民出版社，2015：46.
⑥ 朱光潜.西方美学史（上册）[M].南京：江苏人民出版社，2015：46.

社会是有益的①。

亚里士多德的和谐说还意味着一定尺度产生的美,这需要追溯其"四因说"。亚里士多德认为,任何事物的形成都有四种原因:形式因(即柏拉图所说的"理式")、质料因、动力因和目的因,只有"四因"按照适当的尺度体现在事物中,才能成为美和合目的性的有机整体。如果其中缺乏一定尺度,则整体会受到影响,无法体现真正的美②。

二、艺术与现实的和谐：摹仿说与自主学习

最早的希腊哲学家们,如毕达哥拉斯及其学派和赫拉克利特等从自然科学观点去看美学问题,到了苏格拉底和柏拉图才转而从社会科学观点去看美学问题。亚里士多德可以说是在自然科学的较发达的基础上,达到了自然科学观点和社会科学观点的统一③。苏格拉底是早期希腊美学思想转变的关键。他把注意的中心由自然界转到社会,美学也转变成为社会科学的一个组成部分。他从社会角度讨论,美的评价标准在于对于人的效用;根据效用标准,讨论了美的相对性。从此,美与善的关系以及美学与伦理学和政治学的关系就成为重要的讨论议题。文艺的社会功用问题也从此突出地提到日程上来了。苏格拉底对于希腊的"艺术摹仿自然"的看法也比过去有深一层的理解,见到了艺术的理想化。这里,美学的主要问题也大体明确了,即文艺的现实基础和文艺的社会功用。柏拉图和亚里士多德要解决的也正是这两个主要问题④。

柏拉图对这两个问题给出了答案。就文艺与现实世界的关系来说,柏拉图虽然肯定了文艺摹仿现实世界,但是却否定了现实世界的真实性。就文艺的社会功用来说,柏拉图肯定了文艺要为社会服务,要用政治标准来评价。就文艺创作的原动力来说,柏拉图的灵感说否定了文艺的社会源泉,这是一种唯心主义的取向。亚里士多德对其进行了批判。亚里士多德认为,诗的真实性比历史的真实性更带有普遍性,符合可然律和必然律,而且诗起于人类的爱好摹仿(即学习)和爱好节奏与和谐的本能,对某些情绪起净化作用⑤。

柏拉图的摹仿说对亚里士多德产生了重要影响。柏拉图采取了早已在希腊流行的摹仿说,即把客观现实世界看作文艺的蓝本。不过这种摹仿说是建立在其客

---

①　朱光潜.西方美学史(上册)[M].南京：江苏人民出版社,2015：49.

②　凌继尧.美学十五讲：典藏版[M].北京：北京大学出版社,2021：29—30.

③　朱光潜.西方美学史(上册)[M].南京：江苏人民出版社,2015：35.

④　朱光潜.西方美学史(上册)[M].南京：江苏人民出版社,2015：10.

⑤　朱光潜.西方美学史(上册)[M].南京：江苏人民出版社,2015：30—31.

观唯心主义的基础之上的①。亚里士多德所认为的"'摹仿'②既不指恶意的扭曲和丑化，也不是照搬生活和对原型的生吞活剥，而是一种经过精心组织的、以表现人物的行动为中心的艺术活动"。正如他所说："艺术摹仿不是一种被动的现象，相反，在理性原则的指导下，它的活动充满了主动精神。"③这也意味着学生的模仿学习并不是完全被动地接受和照搬照抄，而是主动地去学习。

摹仿是人的本能。首先，我们是世上最善于摹仿的生物。摹仿是我们开始学习的方式，是一个婴儿开始说母语的方式。以生活中某个领域的学习为例："观察那些优秀的实践者。通常我们可以通过仔细观察某个领域已经获得成功的高水平专业工作者的活动，学到很多东西。这又是一个非常复杂的过程，因为观察榜样并不是无心的摹仿。观察、摹仿的目的是要学到一些东西，一些与你自己打网球的方式相适应的有用的东西。"④

在教学《在大海中永生》这篇文章时，教师在低沉音乐的渲染中给小学生范读，让小学生透过文字去体会作者对邓爷爷的悼念、爱戴之情，用范读来处理文章的内容和情感，更好地为课堂教学服务，以示范促进小学生模仿。在范读《歌唱二小放牛郎》这篇文章时，教师多用悲壮的语气，因为这是一篇歌颂二小英雄事迹的文章，给小学生一种严肃感和沉重感。在教学《秋姑娘的信》这篇文章时，教师用绘声绘色、清新自然的语调范读，让小学生明白秋姑娘的信反映了她对自然的关心。此外，教师还可以让小学生利用课余时间观看名家朗诵视频，学习名家声情并茂的朗读，从名家的声音、情感流露中模仿名家的朗读神韵。

案例 2 - 1⑤

其次，我们从摹仿的作品中获得乐趣。我们只乐于看到真实事件的再现。乐趣产生于当我们观看仿制作品时，我们是在学习，学习是最大的乐趣。摹仿使我们能够"获得事物的意义"⑥。在看到酷似原物的肖像时，也就随之领会并推断眼前的事物是什么。在这种推断中，人的智力的运用得以实现。而人在发挥理解力时会感到莫大的乐趣⑦。

---

① 朱光潜.西方美学史(上册)[M].南京：江苏人民出版社，2015：15.
② 模仿和摹仿的联系与区别。文中在说到亚里士多德的"摹仿说"时用"摹仿"一词，强调通过不同方式对事物进行仿效和表达。例如"舞蹈家只用节奏，不用谐声，因为借助形体的节奏，他们可以摹仿出人的性格、情感和活动"(苗力田.亚里士多德全集(第九卷)[M].北京：中国人民大学出版社，1993：641.)。而在说到"模仿学习"启示时则用"模仿"，注重"摹仿说"对事物原型的参考，强调通过结合生活经验以及自己的理解进行摸索学习。
③ [古希腊]亚里士多德.诗学[M].陈中梅，译注.北京：商务印书馆，1996：213.
④ [美]加勒特·汤姆森，马歇尔·米斯纳.亚里士多德[M].张晓林，译.北京：中华书局，2002：111.
⑤ 艾诗根.小学生模仿学习研究[D].上海：华东师范大学，2017：94—95.
⑥ [美]加勒特·汤姆森，马歇尔·米斯纳.亚里士多德[M].张晓林，译.北京：中华书局，2002：134.
⑦ [英]鲍桑葵.美学史[M].李步楼，译.北京：商务印书馆，2019：85—86.

案例 2 - 2[①]　　　一位英语老师在课堂上经常利用音频、视频、课件帮助小学生模仿单词和句子的发音，让其反复练习，适当的时候为其讲解发音的规律和方法，遇到错误时及时纠正。对于较难的发音则放慢速度，尽量让学生能够听清楚，慢慢领略和体会英语朗读中的语气、语调和节奏。学生在刚开始模仿朗读时，积极性高涨。可是后来学生的热情就消失了。这位英语老师推测是学生跟着录音反复模仿朗读会感到枯燥和乏味。为了能够激发学生的模仿朗读兴趣，他常常变换不同的策略，比如教有关动物单词时，让学生模仿动物的发声；有时喜欢采用"chant"这样的方法，让全体学生跟着语音节奏和押韵来大声朗读与吟唱，用唱的办法来激发学生的模仿兴趣。除此之外，他还常常运用身体动作来解释一些单词的意思，让学生猜猜看看。在适当的时候，他还请学生模仿老师的这些动作、表情和神态，既让学生明白了单词所表达的意思，活跃了课堂的气氛，更激发了学生学习的乐趣。

　　　在上述案例中可以发现，真正的模仿学习并非让学生机械地照着做，而是为学生提供机会发挥自己的理解和想象，进而与学习内容发生关联，实现真正地参与学习。而这一点，这位英语老师也是在摸索中实现的。一开始，教师并没有认识到机械模仿的弊端，因此学生的学习热情逐渐消失。在此基础上，教师考虑到学生的理解参与，通过思考和行动去体会事物的意义，而这也引发了学生的课堂学习热情。反观教育领域，教师在教育教学中要善于将知识与日常生活联系起来，帮助学生在学习中获得具有联系和相似性的体验。亚里士多德认为，这种体验可以激发学生的推断理解进而产生乐趣。这也类似于"寓身学习"的理念，教师为学生提供体验情境，使其在参与中获得学习乐趣。在学习新领域时，模仿可以作为初学者的入门方式。通过模仿高水平实践者可以帮助初学者对某个领域获得初步认识，这是一种较为直观的方式。而教师作为引领未成年人进入新世界的人，也应该审视自身——是否会对学生的言行造成不良影响。此外，模仿不是被动地、没有主观参与地照搬照抄，而是建立在理解的基础上。就教育而言，教师的引导不能仅停留在表面，只追求外在的相似，而是应深入原理本身，给予学生支架，使其能够理解然后获得有意义学习的乐趣。值得注意的是，儿童的模仿需要成人为其提供健康的模仿对象，为其营造良好的环境。亚里士多德也特别强调，被称为"儿童法监"的官员要细心遴选适于儿童倾听的故事或传说。所有这些事项都应为儿童未来的生活道路作好铺垫，各种各样的嬉戏玩要应当是他们日后将热心投入的人生事业的仿照[②]。

①　艾诗根.小学生模仿学习研究[D].上海：华东师范大学,2017：176—177.
②　苗力田.亚里士多德全集(第九卷)[M].北京：中国人民大学出版社,1993：268.

知识链接
2-1①

寓身学习

寓身学习（embodied learning）是在寓身主义运动中产生的。寓身主义运动主要批判学习中心智的离身性，而强调心智的寓身性。拉考夫在1987年提出的新经验主义（Experientialism），是哲学领域反映寓身思想的集中体现。他在后来的《肉身哲学》一书中，将新经验主义明确地表述为寓身哲学。

三、真理与情绪的和谐：修辞术与审美陶冶

亚里士多德写了关于修辞学的对话体文章《格里乐斯》，除了诚实大度地赞扬重要的修辞学家、公共教育家和专业批评家伊索克拉底的文风，还攻击其观点，但这并不能否认他对修辞学的兴趣。他论述《修辞学》的专题论著的初稿至今还保存完好，是其在柏拉图学园求学初期写成并在晚年润色完成的②。修辞学与文学研究密切相关。亚里士多德写了一本历史批评的书《论诗人》和一本论文集《荷马问题》。这些研究不仅表明亚里士多德在文献学和文学批评方面的严肃，也为其关于语言和文体的专题论著《修辞学》，以及阐述悲剧之本质的《诗学》作好了部分准备工作③。

所谓"修辞术"，是指演说的艺术，包括立论和修饰词句的艺术。古希腊的演说主要是散文。所谓"演说的艺术"，也就是散文的艺术④。亚里士多德认为，演讲由可以称之为"逻辑"和"情绪"的两个因素构成。逻辑因素就是演讲者提出他的理由和论据以支持他的结论；情绪因素就是演讲者劝说听众接受他正在论证的结论。《修辞学》特别有意思的是关于演讲情绪方面的讨论。为了使演讲能说服人，一个好的演讲者必须了解人类情绪的结构，懂得如何激起、如何化解听众的情绪，使听众的情绪向有利于演讲者的方向发展。

但是，情绪并非只是简单的冲动。情绪是一种复杂的状态，既包括快乐和痛苦的感情，也包括判断和信仰，以及各种极微妙的处境因素。当一个演讲者了解什么会引起恐惧、怎样消除恐惧、恐惧实际的重要特征是什么时，演讲者就处在随心所欲地影响他的听众的有利位置⑤。值得注意的是，亚里士多德认为，情绪是必要的，但不得牺牲崇高；崇高是必要的，但不得牺牲激动情绪的力量⑥。这也意味着我们

①　张静静.寓身学习研究[D].上海：华东师范大学，2017：9.
②　[英]乔纳森·巴恩斯.亚里士多德的世界[M].史正永，韩守利，译.南京：译林出版社，2013：29—32.
③　[英]乔纳森·巴恩斯.亚里士多德的世界[M].史正永，韩守利，译.南京：译林出版社，2013：32.
④　[古希腊]亚里斯多德.修辞学[M].罗念生，译.北京：生活·读书·新知三联书店，1991：2.
⑤　[美]加勒特·汤姆森，马歇尔·米斯纳.亚里士多德[M].张晓林，译.北京：中华书局，2002：130—133.
⑥　[英]鲍桑葵.美学史[M].李步楼，译.北京：商务印书馆，2019：99.

应合理看待情绪和崇高的内在联系。

亚里士多德认为应将审美上的兴趣引入教育。他认为教育若不致力于培育真正的美感，就是不完备的[①]。在教育实践中，修辞术给予师生的美感不仅在于其对知识的真理探究，也在于其呈现方式的节奏之美。例如，下述教学片段中的教师将读懂文本与呈现语言节奏之美恰到好处地融合在一起，以促进语文之美的流淌。

案例 2-3[②]

上课铃响后，教室里响起嘹亮的《好汉歌》的旋律，"大河向东流哇，天上的星星参北斗哇……路见不平一声吼哇"，就在这时，语文老师铿锵有力的声音伴随着音乐声融入进来，"话说北宋年间，纲纪败坏。贪官污吏把持朝政，百姓处在水深火热之中。天下豪杰纷纷起义，这便引出了同学们在屏幕中所见的《水浒传》中的一百单八将里的部分之人之士。"（屏幕上滚动着部分梁山好汉的图像，最后定格在林冲）

老师接着说："今天咱们单表一人，此人东京汴梁人氏，生得……"（此时，音乐声落）"豹头环眼，燕颔虎须，八尺长短身材，三十四五年纪，官至八十万禁军教头，人送外号——豹子头。"一名学生，看着屏幕上的人物简介回答道。"你道，此人姓甚名谁？"循着老师的话语，学生齐声地回答："林冲……""让我们用响亮的声音喊出他的名字，他叫？"这一次学生更加干脆响亮地回答道："林冲。"老师转身在黑板上洒脱、有力地写下了"林冲"二字。

"说林冲道林冲，天下哪个不知，谁人不晓啊，所以水浒传中有好几个章节都提到了他，比如，第六回写道……""这第八回……""柴进门招天下客，林冲棒打洪教头。""好一个，'林冲棒打洪教头'"，老师放慢了语速，但掷地有声地说着，边说边将板书题目补充完整"棒打洪教头"。

"今天我们就驻足这一章回的一节，一起来好好地读读选自课文的这个题目。"老师就近让一个同学读出这个题目，"林冲棒打洪教头"坐在第一排的女生用平和的音调读道。"饭还没有吃好，劲儿还差了那么一点儿"，老师说道。老师又让这个女生试了一次，这回她语调比之前坚定响亮了。"好多了。"老师边说边让旁边的男生试试，这个男生读得利落有劲儿，"不错，如闻其声"。"林冲棒打洪教头"，"强调的林冲如见其人"。"打的不是别人，就是那个……"老师做了一个手势，学生们顺势回应"洪教头"。老师在第二排和第三排走动着，四五个学生依次响亮地读出了题目。"就这样，把这题目响亮地读出来"，学生们齐声地再次读出"林冲棒打洪教

---

①　[英]鲍桑葵.美学史[M].李步楼,译.北京：商务印书馆,2019：93.
②　刘继萍.课堂生活中的审美体验研究[D].上海：华东师范大学,2021：109—110.

头"，响亮的声音回荡在整个教室……

从上述教学片段中可以发现，这位老师在讲到课文中的人物时，并不只是单调地呈现文章或者灌输式地告诉学生，而是在理解课文的基础上，结合人物特征和社会背景，带着适当的情感，将学生带入一节"原汁原味"的语文课，共同去探究真正的人物角色。这也正是亚里士多德的"修辞术"所强调的逻辑和情绪在沟通表达与展示中的价值。从教育的视角来看，教师需要通过深度学习探究知识的内在逻辑，并以一种符合逻辑的方式引导学生认识知识本身及其内在关联，而非孤立、浅层地灌输知识。同时，教师的引导方式必须考虑到学生的情绪变化和特征。学生的情绪是其健康成长的关键因素。在教育过程中，教师要关注学生的情绪变化，了解学生的喜好和恐惧，为学生营造心理安全的环境。需要引起重视的是：不能只关注学业成绩，而忽略学生的情绪压力和情绪需要的理念与行为，这会阻碍学生的全面发展。同时，教师在教育教学中不仅仅是要完成知识的传授，而是要全身心地参与教育过程，包括教师的情感参与，这样可以促进教师育人感染力的提升。教师应注意处理情绪和教学内容的统一关系。相反，我们在审视教师工作时，也需要关注教师的情绪劳动和情绪问题，并给予必要的关注。

四、节奏与情感的和谐：音乐与净化心灵

艺术的愉悦性和煽情的魅力本身就具有道德作用。亚里士多德认为，音乐有三大目的：教育、净化和精神享受。其中，在教育方面，其目的是"通过选用伦理的乐调"来实现的，也就是说，有些乐调本身就是道德的。在精神享受方面，哪怕仅仅是感官上的享受，从道德的立场来看也是值得鼓励的，因为"精神方面的享受是大家公认为不仅含有美的因素，而且含有愉快的因素，幸福正在于这两个因素的结合"，而幸福则被亚里士多德视为善的一个不可缺少的因素，可以看作亚里士多德把艺术的感染力与道德联系起来的主要纽带，它特别在讨论诗和悲剧时得到强调，甚至被纳入了悲剧的定义之中[1]。音乐的道德教育作用是这样的：节奏与乐调是些运动，人的动作也是些运动，而节奏的和谐就反映着行为的和谐（道德）[2]。音乐是最富于摹仿性的艺术。因为音乐反映心情是最直接的，它打动心情也是最直接的，所以它的教育作用也比其他的艺术较深刻[3]。就连雕塑和绘画，也被亚里士多德认为在表现能力上低于音乐和诗歌[4]。我们可以从一则课例中窥见音乐对于学生心灵的触动。

① 邓晓芒.西方美学史纲［M］.北京：商务印书馆，2018：52—53.
② 邓晓芒.西方美学史纲［M］.北京：商务印书馆，2018：53.
③ 朱光潜.西方美学史（上册）［M］.南京：江苏人民出版社，2015：47.
④ ［英］鲍桑葵.美学史［M］.李步楼，译.北京：商务印书馆，2019：100.

案例 2-4①　　　在音乐欣赏课上,一位老师请同学们在钢琴曲(《如歌的行板》)的伴奏下,欣赏三幅不同的油画,并说出钢琴演奏的音乐比较适合哪一幅画的意境及原因。这三幅油画分别为:(1)列宾的《伏尔加河上的纤夫》;(2)勃鲁盖尔的《农民的婚礼》;(3)莫奈的《草地上的午餐》。

学生1:音乐旋律比较沉闷、忧郁,比较适合第一幅作品。

学生2:(音乐)有一种压抑感,令人肝肠欲裂,使人心都碎了,我选择列宾的《伏尔加河上的纤夫》。

老师:同学们选择的画跟音乐比较吻合,这首乐曲叫《如歌的行板》,是一部充满诗意、深情、宁静和略带忧伤的俄罗斯音乐作品。

在案例中,我们可以看到音乐传达的情感对于学生的直接影响。老师并没有告知学生所播放的乐曲背景和要表达的感情,但学生在节奏和旋律中感受到了乐曲所表达的情感。正如亚里士多德所说,音乐反映心情是最直接的,它打动心情也是最直接的,因此其教育作用也比其他的艺术较深刻②。音乐教育不仅关系到学生艺术修养的发展,更影响着学生的情绪和情感。而美育即是关注人的情绪情感的教育。从这一视角而言,亚里士多德的音乐观启示我们应该注重音乐教育在教育中的重要地位,而非将其视为"副科"或者置于可有可无的境地。

此外,亚里士多德认为,通过对人物情感的摹仿和共鸣(同情、怜悯),现实的痛苦(生理上的、心理上的或社会性的)都在诗和音乐的强烈震撼作用与陶醉作用中得到缓解、治疗,使人们从而恢复到一种纯洁无邪的平静状态。在净化方面,净化也译为陶冶,"净化说"即个体性原则摆脱原始冲动的野蛮性并在道德精神的层次上得到发扬光大。悲剧或音乐最终将把人引向一个理智清明、情感适度的精神境界,这种适度的情感即是"美德"③。这种音乐对于人们心理痛苦的缓解也体现在下述案例中。

案例 2-5④　　　吴某,男,20岁,大学二年级学生,面目清秀,中等个头,身材比较单薄。他在述说情况时面带忧伤,动作拘谨。吴某自述不敢与同学交往,不敢看别人的眼神,常独来独往;上课时也不敢看老师,常被误解为听课不认真,学习基本能胜任,自己曾主动找一些心理学书籍学习,希望从心理学中找到答案,找到"治病"良方,但效果不好,因此选择专业心理咨询。吴某从小和外婆生活,比较快乐开朗,7岁时由父母

①　陈孝余.中小学音乐欣赏有效聆听教学研究[D].福州:福建师范大学,2014:229—230.
②　朱光潜.西方美学史(上册)[M].南京:江苏人民出版社,2015:47.
③　邓晓芒.西方美学史纲[M].北京:商务印书馆,2018:53.
④　王小露.音乐疗法对大学生社交焦虑的干预研究[D].南京:河海大学,2007:33—38.

接回自己家中，才与父母一起生活。经了解，研究者初步认为吴某由于家庭中父母、亲子长期不和，缺乏亲情，父母教育方式简单粗暴，使其从小胆小，进而影响了他与人交往，属于社交焦虑症状。

研究者运用音乐疗法帮助吴某。首先选用与童年回忆相关的曲调优美、情绪平和的音乐对其进行催眠，增强吴某对音乐的感受性，并帮助其在音乐的刺激下产生丰富的视觉联想。然后运用忧愁伤感的音乐使其进入状态。接着播放从世界经典作品中节选出来并加以编排的音乐，引导其回忆生活场景。待吴某醒来后，将回忆告诉研究者，在这个过程中吴某的自信心不断增强，他渐渐认识到自己是可以与人交往的。

最后一次治疗是第十四次治疗，研究者运用了抽象的音乐，将吴某带入到大自然的环境里，他说："看到了茂密的森林，郁郁葱葱的树木，狭长而幽深的山谷，听到了清脆的鸟鸣，闻到了清新的空气，心情舒爽多了。"

在上述音乐缓解求助者痛苦的案例中，我们可以看到，音乐对于心灵的平抚和净化作用。研究者并没有给求助者讲述道理，而是通过不同类型的音乐帮助其释放自己的内心压力。在这个治疗过程中，求助者的情绪逐渐平和，也更加能够正视自己，相信自己。音乐具有净化作用。要达到教育的目的，就得选用"伦理的乐调"[①]。亚里士多德认为，音乐应以教育和净化情感为目的，教育中应采用道德情操型或井然有序且富有教育作用的旋律和曲调[②]。此外，亚里士多德强调，音乐的学习应该遵循这样的原则，即要杜绝专重技巧的音乐教育，不能为参加竞赛而刻苦进行技术训练。以竞赛为目的的表演只是为了取悦听众，追求一些庸俗的快乐，而非为了自身的德性[③]。音乐的力量绝非仅仅是学生学会唱几首歌、弹奏几种乐器而已，它需要与内在的生命相关联，即亚里士多德所认为的从整体的视角来欣赏音乐。音乐的节奏与和谐不能单从形式去看，而是要与它所表现的道德品质或心情联系在一起来看。在注重美育的当下，我们更要审慎对待儿童的艺术教育，警惕音乐教育沦为忽略生命关照的技能训练。

五、反思：在和谐中培养和谐发展的人

综上所述，亚里士多德的美学产生了深刻影响。亚里士多德放弃以往的主观神秘美学，走向科学分析，强调融贯整体中的比例和秩序，即和谐。亚里士多德看到了普遍与特殊的辩证统一，肯定了现实世界的真实性，因而也就肯定了摹仿它的

---

① 北京大学哲学系美学教研室.西方美学家论美和美感[M].北京：商务印书馆，1980：44.
② 苗力田.亚里士多德全集（第九卷）[M].北京：中国人民大学出版社，1993：284—286.
③ 苗力田.亚里士多德全集（第九卷）[M].北京：中国人民大学出版社，1993：282—283.

艺术的真实性。亚里士多德不仅肯定了艺术的真实性，而且肯定了艺术比现象世界更为真实，艺术所摹仿的绝不是柏拉图所说的只是现实世界的外形（现象），而是现实世界所具有的必然性和普遍性，即它的内在本质和规律。这个基本思想是贯穿在《诗学》里的一条红线，是诗与艺术的最有力的辩护，是现实主义的一条基本原则，所以也是亚里士多德对于美学思想的一个最有价值的贡献①。

从教育角度而言，其美学思想给人们诸多启示。首先，从"摹仿说"来看，教育要启发学生在艺术和现实的和谐中自主学习；其次，基于其"修辞术"，教育要注重在真理与情绪的和谐中提升学生审美；再次，就其音乐观而言，教育需在节奏与情感的和谐中净化学生心灵。这些并非意味着要全盘接受亚里士多德的美学思想，而是要基于教育的变革背景和实际情况，以审慎的眼光对待。

思考与练习

1. 请说说你自己对亚里士多德"和谐说"的理解。
2. 亚里士多德的观点对你理解美育有什么启发？

延伸阅读

1. 朱光潜.西方美学史（上、下册）[M].南京：江苏人民出版社，2015.
2. [美]加勒特·汤姆森，马歇尔·米斯纳.亚里士多德[M].张晓林，译.北京：中华书局，2002.
3. [古希腊]亚里士多德.诗学[M].陈中梅，译注.北京：商务印书馆，1996.
4. [英]乔纳森·巴恩斯.亚里士多德的世界[M].史正永，韩守利，译.南京：译林出版社，2013.

①　朱光潜.西方美学史（上册）[M].南京：江苏人民出版社，2015：40—41.

第三章

在审美中从人性自然向自由提升：康德美学思想①的教育意蕴

本章要点

1. 康德审美判断力概念的含义与地位。
2. 审美判断的内心状态与教育启示。
3. 经验审美发展与完善的教化方式。

重要概念

审美判断力　自然的形式的合目的性　自然与自由　鉴赏判断　崇高判断　美的艺术　经验审美的发展与完善

学习目标

1. 理解审美判断力的内涵、运作过程及其在康德哲学中的地位。
2. 体会鉴赏判断、崇高判断和美的艺术中人的内心状态的提升过程。
3. 掌握经验审美在教育中发展与完善的基本方式。

---

① 康德指出"没有对于美的科学，而只有对于美的批判"，意在强调无法对美进行科学研究，无法科学地、通过证明根据来决定某物是否必须被看作是美的，也不存在与主体经验无关的客观普遍的美的规律和标准，而只能对美进行批判（kritik），也就是只能对主体的审美判断力作一种分析考察，确立它的根源、范围、界限，并说明先天规则。因此，康德的美学实际上是审美判断力批判。

图 3-1 康德

主要人物介绍

伊曼努尔·康德(Immanuel Kant,1724—1804)是继柏拉图、亚里士多德以来最有影响的西方哲学家之一,德国古典哲学创始人,古典美学的奠基者。康德一生没有远离过他的家乡哥尼斯堡,中学毕业后就近选择哥尼斯堡大学,先后担任家庭教师和哥尼斯堡大学教师,一辈子过着机械般单调有序的学者生活,但与其平淡无奇的生活形成奇妙对照的是他"毁灭性的、横扫世界的思想"①。

康德在莱布尼茨-沃尔夫的理性主义传统中成长起来,但休谟的经验主义论证唤醒了他"独断论的迷梦",同一时期他迷恋的卢梭使他"学会了尊重人"。为调和唯理论与经验论之间的张力,康德开辟出"批判哲学"的路线,在《纯粹理性批判》中,康德提出认识论上的"哥白尼革命",提出考虑对象符合我们的知识的可能性,并着手对人类"一般理性能力"进行考察,确立它的根源、范围和界限,展现先天知识与先验逻辑,并论证科学的形而上学的可能性。而在《实践理性批判》中他"悬置知识,为信仰留下地盘"②,研究从"人的认识"转向"人的实践",考察"实践理性"也即规定道德行为的"意志"的本质以及遵循的原则;当他完成两大批判后,他发现了两大领域之间的巨大鸿沟,《判断力批判》正是为解决这一自由概念与自然概念分裂的哲学问题应运而生的,也正是在解决这一问题的过程中,康德发现了美产生的条件——审美判断力,并在对审美判断力的批判中展示了其整个美学思想。

① [德]H.海涅.论德国宗教和哲学的历史[M].海安,译.上海:商务印书馆,1972:101.
② [德]康德.纯粹理性批判[M].邓晓芒,译.杨祖陶,校.北京:人民出版社,2004:12.

一、审美与教育旨在联结人性自然与自由

当我们谈到审美教育时，对"审美""教育"以及二者之间的内在关联秉持着一种什么样的信念呢？审美教育概念虽然是席勒在 1795 年发表的《美育书简》中提出的，但作为席勒引路人的康德，其美学思想中已经内蕴着审美教育的原初信念。康德通过"审美何以可能"的颠覆式的追问，显现审美的原初理解与旨趣。他将审美看作审美判断力对形式的合目的性作评判的过程，显现出对人性自然的构建旨趣，而这一旨趣的揭示使得审美与教育以人性为基点而相结合成为可能。

（一）审美的先天原则：自然的形式的合目的性

康德对美学基本问题的研究思路不同于柏拉图开辟的本体论路径，他不在于讨论"美是什么"，而是追问人以怎样的心理机能将事物看作是美的，也就是追问"审美何以可能"。这是否是一个心理学的研究问题呢？康德早年是这样认为的：审美只是心理学的研究对象，属于经验科学的内容。但是在晚年，他发现审美这种现象可以找到它的先天原则，他将审美判断视为一种先天综合判断。在康德看来，审美作为广义的认识，虽然来自经验，却并非都"自经验发生"，还需要有一定"先验范畴"为依据，只有当人们的"每个知觉都包含在这些概念下，然后才借助这些概念而变为经验"[①]。他把这种联结经验的特殊性和先验的普遍性之间的关系的能力称为"判断力"[②]。但是审美判断力不同于规范性判断力，后者是将特殊归摄于被给予的普遍（规则、原则、规律）下，比如我们判断"这朵花是植物""这朵花是红色的"，是用一个已知的一般概念（红、植物）去规定那个出现在眼前的个别事物（这朵花，或"这一个"）；相反，审美判断，"这朵花是美的"，则是抛开一切既定的抽象概念，单从眼前个别事物（这朵花）出发，去寻找和发现其中所包含的普遍性。当然，这种普遍性并非客体、对象的普遍性，而是一种"主观普遍性"，是一种可感觉的关系，即"在客体的被表象出来的形式上想象力和知性交替地相互配合的关系"[③]，也就是美感（审美愉快）[④]。但是，自然界的杂多经验何以能上升到主体的普遍性呢？这就需要追溯到反思判断力所建立的"自然的形

[①] ［德］康德.任何一种能够作为科学出现的未来形而上学导论［M］.庞景仁，译.北京：商务印书馆，1978：63.

[②] 王元骧.何谓"审美"？——兼论对康德美学思想的理解和评价问题［J］.社会科学战线，2006（02）：248—257.

[③] ［德］康德.判断力批判［M］.邓晓芒，译.杨祖陶，校.北京：人民出版社，2002：133.

[④] 邓晓芒，易中天.黄与蓝的交响——中西美学比较论［M］.武汉：武汉大学出版社，2007：138.

式的合目的性"这一先天原则。所谓"形式的合目的性"，就是"一物与诸物的那种只有按照目的才有可能的性状的协和一致"①，反思判断力将自然看作是具有形式的合目的性，也就是把自然"设想成好像有一个知性含有那些经验性规律的多样统一性的根据似的"②，而自然的合目的性形式方面则引起美感（审美愉快）。如此看来，当我们将一个事物判断为美的时候，我们也意识到该物（实际上是人的内心状态）具有形式的合目的性。从这一意义上来理解审美，审美是判断力通过愉快或不愉快的情感对形式的合目的性作评判的过程。

（二）自然的合目的性的意图：联结自然与自由

那么，审美过程中对自然的形式的合目的性的评判有什么意义呢？或者说其更深层次的内涵是什么呢？康德首先向我们说明了其先验哲学的意图——解决自然和自由分裂的问题。康德的前两大批判使得"作为感官之物的自然概念领地和作为超感官之物的自由概念领地之间固定下来了一道不可估量的鸿沟"③。同样地，人也具有两重性，既是作为自然方面的动物性存在，又是作为超自然方面的道德存在。二者在批判哲学的预设中似乎是无法沟通的，在自然这一端我们只能认识客观事物的现象而无法认识自由，在自由这一端我们只能产生道德意义（只能告诉人"应该"怎么做）但无法规定自然的理论知识。而判断力的自然的合目的性概念正是来弥合这一鸿沟的。判断力出于自己的先天原则，坚定地把自然看成趋向于一个目的（自由概念按照自己的规律所提出的目的）的统一性，从而使得自由概念所产生的应该（也就是至善）在感官现象中成为可能。合目的性思想与人类自身的生存紧密相关。叶秀山指出，自由通过自然的合目的性这条原理"进入—下降"到感觉经验世界中来。人在自然里安身立命，如实地把人作为道德王国的成员，又作为自然王国的成员，人生活在目的王国中④。人区别于动物和神灵的独特性在于

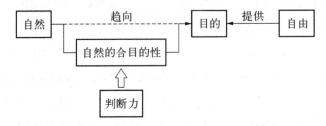

图 3-2   自然与自由因自然的合目的性概念相联结

---

① ［德］康德.判断力批判［M］.邓晓芒,译.杨祖陶,校.北京：人民出版社,2002：15.
② ［德］康德.判断力批判［M］.邓晓芒,译.杨祖陶,校.北京：人民出版社,2002：15.
③ ［德］康德.判断力批判［M］.邓晓芒,译.杨祖陶,校.北京：人民出版社,2002：10.
④ 叶秀山.论康德"自然目的论"之意义［J］.南京大学学报(哲学.人文科学.社会科学版),2011,48(05)：110—120,160.

人并非单独以自然属性或自由属性生存，人在使自己从自然属性有目的地趋向自由属性中而得以作为人生存。

而这种自然的形式的合目的性，首先体现在人的主观感受上，审美愉快正是对主体诸认识能力的游戏中的形式的合目的性的意识，这也意味着人在审美中既感到了自己超越一切尘世利害关系的（超验的）自由本质，同时又以纯感性的方式象征性地实践着这一本质①。审美既是将自己的内在自然有目的地引向自由本质的过程，也是自由本质在现实世界中实践的状态。但当下的现实却是我们常常遗忘自己超自然的道德存在，遗忘自己的自由本质。我们沉浸在自然世界的动物性存在中，欲望无止境地膨胀，科技理性、工具理性被过度发挥，人"囿于实际需要的感觉"与自然规则，而丧失了真正的主体性，结果只是剩下了马尔库塞所说的"痛苦中的安乐""不幸中的幸福感"②。这是当下的一个现实问题，也是教育理应关心的问题，但当前教育在对这一问题上的潜力没有被真正发挥出来。

(三) 审美的育人旨趣：实现人性自然与自由的和谐

审美过程对人性自然的形式的合目的性的评判，其意义是在于将人的内在自然向自由提升，摆脱物的奴役，保持人格独立和尊严，完成自身道德人格的构建③，实现人性自然与自由的和谐。而教育正是关注人性自然的发展，审美对人性自然的构建旨趣已经向我们显现出其育人的价值意义。而面对当今人的自由本质失落的问题，教育应该更清醒地认识到我们要将学生的人性自然引向何方。

以"自然的合目的性"观念来思考人之目的，就不再是陷在经验世界的泥潭。"这目的，我们在外界是永远不能碰到的，我们自然而然在我们内心去寻找，……即在那构成我们生存终极的道德目的，道德使命"④里寻找。弗洛姆受到康德的影响，同样认为不应将注意力集中在自然的王国，而应"在人的自然——精神总体性中观察人，相信人的目的是成为他自己"⑤。因此，人之本质是"人之应是"而不是卢梭的"人之已是"⑥，即人是自由的。人之自由本质"向我们展示出独立于动物性，甚至独立于整个感性世界的生命"，而赋予人一个"合目的性的决定"，使得我们"不受此生的条件和界限的限制，而趋于无限"⑦。但更进一步来说，人所实现的自由本质不同

① 邓晓芒，易中天.黄与蓝的交响——中西美学比较论[M].武汉：武汉大学出版社，2007：139.

② ［美］赫伯特·马尔库塞.单向度的人[M].张峰，吕世平，译.重庆：重庆出版社，1988：7.

③ 王元骧.何谓"审美"？——兼论对康德美学思想的理解和评价问题[J].社会科学战线，2006(02)：248—257.

④ ［德］康德.判断力批判（上卷）[M].宗白华，译.北京：商务印书馆，1964：146.

⑤ ［美］埃里希弗罗姆.自为的人——伦理学的心理探究[M].万俊人，译.北京：国际文化出版公司，1988：4.

⑥ ［德］卡西尔.卢梭·康德·歌德[M].刘东，译.北京：生活·读书·新知三联书店，2015：34—35.

⑦ ［德］康德.实践理性批判[M].韩水法，译.北京：商务印书馆，1999：177—178.

于神之自由，而是伴随着通过自己的自由所实现的与自己的自然，以及与外在的自然，乃至于整个自然之间的和谐。在这里，自由与道德的本性不是与自然相对立的，而是与自然相对应的，是完成于自然的自由。人自身中所具有的最高目的，人的自由本质，同时也是自然与自由相和谐的至善。

教育应当对人性有这样一种基本信念，教育的任务正是引导人性自然有目的地趋向于道德存在、自由本质，实现自然与自由的统一。教育要做的正是通过人类的文化，包括科学、艺术与人类交往，将"自然禀赋均衡地发展出来，让人性从胚胎状态展开，使人达到其本质规定"，即那种"能够自立，并构成社会的一个有机组成部分，而又意识到其自身的内在价值"①的自由行动者。而自由行动者的内在自然，则显现为人性自然与自由相统一的状态。实现人性自然与自由的和谐成为审美与教育的共通旨趣，也使得审美与教育以人性为基点而相结合成为可能。

二、审美显现人性自然向自由提升的进程

以人性为基点的审美与教育的结合，并非意味着将审美方式应用于现实的教育过程，从而提供一种特殊的教育方式以完成人性教化的目的，这一意义上的结合只是一种外在关联②。实际上，审美过程作为人性展开的过程，也是教育的过程，审美向教育显现了人性提升的路径。

（一）鉴赏判断：完善感性，净化利害

| 知识链接
3-1 | 鉴赏判断的四大契机 |

康德通过对鉴赏判断的分析，揭示了把一个对象称为美所需的条件。康德根据判断的逻辑机能指引，从质、量、关系、模态上分析鉴赏判断的四大契机，也是四个要点、关键，它们分别是：无利害而具有愉悦感、无概念而具有普遍性、无目的而具有合目的性、非概念而具有必然性。

鉴赏判断③作为一种内心状态，是借无利害的愉悦或不悦对一个对象或表象方式作判断的心理过程，其实质是想象力和知性的自由游戏。就根据而论，没有任何主观目的或客观目的的表象能够规定鉴赏判断④。也就是说，鉴赏判断是感性的，它

---

① ［德］伊曼努尔·康德.论教育学［M］.赵鹏，何兆武，译.上海：上海人民出版社，2005：6，15.
② 卢春红.审美何以与教育相关联？——论席勒游戏冲动概念的三层内涵及其诠释学维度［J］.甘肃社会科学，2022（06）：42—52.
③ "这里，'鉴赏'一词用的是'geschmack'，这个词同时也有'口味''品味''味道''滋味'的意思，但康德用的通常是最高级的含义，即审美和艺术的'鉴赏'的含义。"参见：邓晓芒.康德《判断力批判》释义［M］.北京：生活·读书·新知三联书店，2018：209.
④ 陈剑澜.康德审美判断力批判的意义［J］.北京大学学报（哲学社会科学版），2018，55（06）：58—71.

立足于人的情感，不对内在的感性素质作知性或理性的强迫，而是促使感性自己引导自己，从自身自然发展出对道德素质的趋向。而在道德状态中，感性中的粗野部分总是以一种被斗争的状态而被压迫，"我们通过对我们自身的某种更高的喜欢或者讨厌来对快乐和痛苦作出判断，看我们是应当拒绝它还是放任它"①。在实践中则显现为试图通过理性的培养对自身的动物性的冲动作出选择与分辨，甚至通过外在规范制定和惩罚压制内在的自然冲动，但仅仅凭人尚未成熟的道德状态下理性的强制，未必能实现斗争的胜利，而囿于因果律的恐惧下所实现的胜利只是一种虚伪的胜利。只有辅之以感性主动的引导、陶冶，方能真正对感官偏好的专制高奏凯歌。

那么在鉴赏判断中，感性是如何发展、完善的呢？其首要的关键在于鉴赏愉悦，这种扩大化了的快乐，使得感性所带来的利害、欲望得到净化。康德区分了鉴赏的愉悦、快适的愉悦和善的愉悦。其中，后二者作为"被称为利害的那种愉悦"，是与目的相结合的，是关切对象实存的，是满足主体的欲求。尤其是快适的愉悦，不仅只是在主观感觉上令人愉快，它还产生了"爱好"，激起了欲望，引发了对那个对象的实存的追求。而这欲望对"纯粹实践理性来说是痼疾"，是"酝酿着许多灾祸的不幸心境"②。但鉴赏愉悦则不同，它的产生是无目的的，和人的欲求能力没有关系，和对象的实际存在也没有直接的关系，它所看中的只是它的"形象"、它的"外观"，从而使人不再是以实际的、利害的关系来评判它，使人从物质性的世界及充满利害关系的世界里走出来，脱离了感官的享受，以一种超然的态度来观赏世界。但即使是超越了欲望与物质，却依然能收获一种快乐，并且由于它与对象无关而全然在自己内心，因而是一种稳定的、长久的、扩大化了的快乐。因此，在人与对象所建立的这种静观鉴赏的关系中，在愉悦被主体所长久的体验中，那些冥顽、猛烈和经常反抗善的一切粗野情欲也就被这种无利害的普遍愉悦驱逐出心灵，尽管这种自由愉悦并不等同于道德情感，但它也并不危害道德情感，甚至促使人开始去思索、去猜测人的自由本性、道德素质，开始去领会道德情感。其次，在鉴赏判断中，人通过感性的方式直观审美理念，为内心接受理念作好准备。审美理念，就是理性理念的感性化。而这一概念的提出似乎与康德所说的"鉴赏判断完全不依赖于完善性概念"相矛盾，但实际上，不依赖于完善性概念的是纯粹鉴赏判断，康德对纯粹鉴赏判断的强调，并非为了反对理性，只是为了使"审美愉悦"与"感觉快适"区别开来，实际上在鉴赏判断中常常会出现与善或完善性概念相结合的情况，尽管损害了鉴赏判断的纯粹性，但也使得我们的感性进一步得到发展。在这样一种鉴赏判断中，

---

① 李秋零.康德著作全集(第 7 卷)学科之争、实用人类学[M].北京：中国人民大学出版社,2004：231.
② 李秋零.康德著作全集(第 7 卷)学科之争、实用人类学[M].北京：中国人民大学出版社,2004：261.

我们以纯感性的方式去领会理性概念，领会纯洁和坚强，领会道德和自由，把理性的内容化为人的感觉意识，不以概念的形式暴露于外，给人以感觉仿佛完全是自由的，使"人们乐意以这样一种判断力为消遣，给予德行或依照道德法则的思想方式以美的形式"①，从而使得人人乐于接受而不受强制②。它使得我们的内心能力为接受理念作好准备，激发我们去追求人的"完善性"，以及"作为一个人格的生存的存在以一绝对的价值"③。

鉴赏判断所显现的完善感性、净化利害的育人路径为我们提供了新的反思方向。当下的教育既有着完美之人的理想追求，但也无奈地渗透着功利化的思维方式，利用着、强化着被称为的"利害的愉悦"。例如，拿到高分的快感，逃离学习的娱乐感。教育者一方面用理性压制人的感性，另一方面又在隐而未显之处助长着感性中的粗野情欲的滋生，也就更奢谈以感性的方式领会理念（当然教育者、学习者也常常将美好的道德品质挂在嘴边，但往往是概念的形式，而非感性的直观，也非居于内心的道德追求）。但倘若我们能够调转方向，从原本忽视感性、压制感性，实则又助长感性中粗野部分的教导方向，转向这条运用感性、完善感性，自然净化利害、情欲的教化路径，便能够真正顺应人之自然的合目的性，将人性自然有目的地向道德提升着。

（二）崇高判断：揭示理性，提升境界

崇高判断不同于鉴赏判断，它作为一种内心状态，是将想象力与知性的自由游戏扩展到想象力和理性之间。因此，崇高判断所显现的人性提升之进程相比于鉴赏判断更进一步，它不是立足感性，对自己感官能力中粗野的部分作温和的陶冶，而是直接发现了人的感官能力、肉体力量的无用和局限，由此唤起自己内心中超感性尺度的能力，使人在一瞬间以感性的方式领会到自身无法直观的本体，感受到理性的力量。

康德把崇高分为"数量的崇高"和"力量的崇高"两种。数量的崇高，是由对象体积上的巨大引起的，比如大自然中的漫无边际的夜空、大海、荒漠，都有一种超越感性尺度的大。在这些自然景象面前，我们意识到自己想象力的无能，唤起了内心"超越感性"的思想冲动，把人的想象力引向无限，也让人感受到了自己超越感官局限的能力。而力量的崇高，则是由自然的强力引起的，比如"险峻高悬的、仿佛威胁着人的山崖，天边高高汇聚挟带着闪电雷鸣的云层，火山以其毁灭一切的暴力，飓

---

① ［德］康德.实践理性批判［M］.韩水法，译.北京：商务印书馆，1999：175.
② 王元骧.论国人对康德美学的三大误解［J］.社会科学战线，2011(07)：10—21.
③ ［德］康德.判断力批判(上卷)［M］.宗白华，译.北京：商务印书馆，1964：45.

风连同它所抛下的废墟，无边无际的被激怒的海洋，一条巨大河流的一个高高的瀑布"①。在这些自然景象面前，我们直接感受到了肉体力量的渺小与软弱；但与此同时，我们在自己内心的理性能力上也发现了另外一种非感性的尺度。因此，尽管我们的肉体力量是不堪一击的，但我们的人格力量却可以胜过自然界的一切强力，"我们有勇气能与自然界这种表面的万能相较量！"②从这一意义上来说，崇高首先就使人"经历一个瞬间生命力的阻滞"，但又立刻激发起"生命力更强烈的喷射"。这一内心状态所伴随的情感体验首先是消极的、痛苦的，只有当人在自身的理性中寻找到一种更加强大的主体性力量，才能带来一种更强烈的快乐，所以由此所伴随着的惊叹或崇敬是一种"消极的快乐"、一种痛快感。尽管这种主体性力量，这种超出任何感官尺度的能力，这种超越感性的巨大人格力量在崇高中还仅仅只是一种表明、揭示，尚未将其真正发挥出来，但这种揭示足以让我们有一种像是战胜了巨大敌手的快感。这是一种与道德情感极其接近的情感，在这样一种情感中，它把人提升到一种"包含有更高的合目的性的理念"；它将促使我们去发展和练习那种被揭示的内心素质，也即实践理性；它将促使我们将这种能力发展出来，而实现道德人格，一种超越自然的自由本质。但这里需要警惕的是，这种超越自然的人格力量，绝不是让我们去肆无忌惮地支配、改造自然界，而只是给我们一种以超越自然之上的独立性，增强我们立于世间的底气。

当前的教育也越来越重视人的理性发展，但是在实践中还是处于一种相对忽视的状态。人的理论理性的发展往往被窄化为知识的习得与理解，而人的实践理性（道德理性）的培育则被降格为道德行为的达成。崇高判断向我们显现的理性的揭示和运用是人性自然向自由提升的必经过程，提示我们亟须有意关注和培养学生的理性能力，在引导学生进行规律探索、知识建构、以自由为本质的道德追求过程中运用、锻炼理性能力，激发人格力量。

（三）美的艺术：传达美感，促进社会性

康德确立的鉴赏的主观原则——共通感的理念表明了鉴赏时对主体诸认识能力的游戏中的形式的合目的性（自由游戏的内心状态）的意识，也即无功利、无概念的必然普遍的愉悦有传达的可能性。而传达的具体实现就要通过艺术，美的艺术，作为将鉴赏愉悦进行表象的方式，虽然没有目的，但却是合目的性的，它促进着对内心能力在社交性的传达方面的培养③。

康德认为，交往是人的一种"天然的倾向"，对于一个社会的人来说，他总是"倾

①　［德］康德.判断力批判［M］.邓晓芒，译.杨祖陶，校.北京：人民出版社，2002：100.
②　［德］康德.判断力批判［M］.邓晓芒，译.杨祖陶，校.北京：人民出版社，2002：100.
③　［德］康德.判断力批判［M］.邓晓芒，译.杨祖陶，校.北京：人民出版社，2002：149.

向于并且善于把他的情感传达于别人，他不满足于独自的欣赏而未能在社会里和他人共同感受"。而这种社交性也是属于人道的重要特点，认同群体、走向社会是人超越自然的重要方面。这一观点在马克思所确立的一条原理"人的本质在其现实性上是一切社会关系的总和"中也可以得到印证。美的艺术使得人的情感传达能够经验地在社会中实现出来，我们可以通过美的艺术去体验那些我们尚未体验过的美感，我们也可以将自己单纯的审美鉴赏的内心活动通过美的艺术传达给周围人，而美感的传达使得我们相互理解，就像列夫·托尔斯泰所说的："艺术的感动人心的力量和性能就在于这样把个人从离群和孤单的境地中解放出来，使个人和其他人融合在一起，促进了人的社交性。"①而这种在情感上与别人所建立起来的协调和统一也是道德情感、道德行为的前提条件，因为"道德中最大的秘密是爱"②与孔子所说的"己所不欲，勿施于人"相似。而只有当一个人意识到别人与自己是统一的，他才会像爱自己一样去爱别人，乐于为别人奉献，为别人牺牲，他才会有高尚的道德情操和道德行为③。

美的艺术向我们显现的美感传达和社会性增强，是人性发展的关键过程，也是教育应着力的重要环节。教育除了强调在理性上达成人与人的交流的可能性之外，也应该重视情感上的沟通交流能力，并在实践中进行落实。

至此，审美通过鉴赏判断、崇高判断和美的艺术三个环节，向我们显现了人性自然向自由本质的提升进程。受教育者在无功利、无概念的普遍必然愉悦中，增进人与人的情感交流，合理调节自身的感性欲望，并为内心能力对理性概念的接受作好准备，而当他感受到自身感性的局限时，他也开始思索自己的理性，发现自己对更高目的的适应性，完成从自然人到自由人的过渡。

三、审美在教育中发展与完善的方式

审美既是人性自然提升的教化进程，也是教育所期待实现的人性状态。而如何使审美在教育中发生、发展、完善，如何使人性自然向着自由提升，如何走向人性自然与自由的和谐统一，则是教育者最为关心的问题。尽管康德分析了审美的先天原则与先天能力，但并不意味着审美状态是与生俱来的。它并不是"一种本源的和自然的能力"，而是一种需要培养的"文化"，是一种"理性的要求"和"理念"④，不是像嗅觉、味觉那样随时拿来就能用的现成感觉，而是要通过努力才有望达到的一

①　［俄］列夫·托尔斯泰.什么是艺术［M］//陈琛.列夫·托尔斯泰文集.长春：吉林人民出版社,1995：199.

②　［英］雪莱.为诗辩护［M］//刘若端.十九世纪英国诗人论诗.北京：人民文学出版社,1984：129.

③　王元骧.美育并非只是"美"的教育［J］.学术月刊,2006(03)：119—125.

④　邓晓芒.康德《判断力批判》释义［M］.北京：生活·读书·新知三联书店,2018：230.

种状态。那么，这样一种状态如何实现呢？康德虽然侧重对审美的先验分析，但也向我们显现了提高和完善经验性审美的教化方式。

（一）互促：道德培育

康德最为看重的是"发展道德理念和培养道德情感"，他认为"唯有当感性与道德情感达成一致时，真正的鉴赏才能具有确定不变的形式"①。康德认为自然的合目的性的最终样态就是自然的道德合目的性，他始终把道德的人视为世界的终极目的。在这里，看似有一种逻辑上的自相矛盾，他既认为审美中产生的审美情感有助于道德情感的领会，又认为道德理念、道德情感是审美的入门。康德对这一矛盾作何解释呢？实际上，在康德看来，这二者是螺旋递进的，道德理念的情感出自审美，而审美的扩大化、普遍化则是在道德情感的更大感受性中实现的。比如，儿童最初本能地会欣赏色彩艳丽、丰富生动的动画，这其中虽然有大量的满足感官欲求的鉴赏（康德称之为"经验性鉴赏判断"），但也带有部分纯粹鉴赏——在观看中儿童的内心也会产生自由情感，从而促进对道德情感的领会。此时的儿童可能很难对自然美以及那些无意义的形式怀有兴趣，但随着道德情感的慢慢发展，儿童便越来越能对那些自由美、纯粹美进行欣赏。而相比于鉴赏，崇高的发生需要在认识能力上有比鉴赏"更大得多的教养"，它"要求内心对于理念有一种感受性"。没有道德理念的发展，没有对道德的信念，经过文化教养的准备之人称为崇高的东西，对于那些哪怕学习过科学但没有道德信念的人来说只会显得恐怖。例如，萨伏依的农夫把一切攀登雪山的爱好者称为傻瓜②；在《三体》中，对人类的道德自觉不自信的叶文洁，在仰望夜空时，会"觉得群星就像发光的沙漠，我自己就是一个被丢弃在沙漠上的可怜孩子"。人类感受到渺小是必然的，这是人超越自然，达到高尚的前提，但始终沉溺于渺小、软弱、恐惧之中，便是道德人格没有发育完全的显现。

因此，在现实的人的教育实践中，审美发展与道德培育呈现出一种相辅相成、相互促进的关系。那么培育道德人格、发展道德情感的具体方式是什么呢？康德特别强调三条思维方式：一是要以主体姿态思维，也就是要运用自己的理性去思考，不要迷信，不要听信权威；二是要站在他者的地位上去思维；三是要一以贯之地思维，而不要自相矛盾。而上述三条思维方式，决定了教育者需要改变过往灌输式的道德说教，抛弃视自己为道德典范与权威代言人的传统，尊重学生的独立人格与主体意识。可采用非正式对话等方式，引导学生进行价值澄清与价值决断；采用适时放手的管理方式，让学生独立去面对抉择、面对风险，去作出决断，去承担后果。

---

① ［德］康德.判断力批判［M］.邓晓芒，译.杨祖陶，校.北京：人民出版社，2002：205.
② 邓晓芒.康德《判断力批判》释义［M］.北京：生活·读书·新知三联书店，2018：249.

（二）引导：典范浸润

康德带有主观主义色彩的先验美学分析强调我们不可能通过概念来为鉴赏规定什么客观的规则，这使得我们在完善审美能力的过程中显得有些手足无措。但他也为我们提供了一个入口。我们能够在审美感觉的普遍可传达性中看出某种一致性，这就是"那个经验性的，尽管是微弱的、几乎不足以猜度出来的标准"①，它体现在某些"典范性"的鉴赏作品之上②。典范性的作品为人的内心状态的合目的性提供了范例，它"把在内心状态中不可言说的东西通过某个表象表达出来并使之普遍可传达"③。也就是说，典范性作品为人的自然素质提供了一位导师，它让人看到发展起来的自然素质是什么样的，那种玄而又玄的想象力与知性的自由游戏是什么样的。于是人便在类似的对象面前，去试图唤起自己内心的自由游戏，唤起完善的感性。当然，典范性的作品并不给我们提供实在的客观法则，它只是引导我们去创造鉴赏的法则，从而使人在唤醒自己的自由愉悦的过程中少走一些弯路。

从这一意义上来说，艺术教育的确起到了至关重要的作用。伟大的艺术作品将我们切实地（而非先天地）置身于他人现实的处境而学习他人的"行为方式"，通过这种体验，想象力得以扩展，变得更加自由，知性的概念也得以充实和丰富④。但是艺术教育并不等于技能传授，并不在于提供优秀的作品当作模仿的范本，并使人放弃自己的评判能力。倘若果真如此，想象力的自由就在合规律性中"窒息"了。我们先来看一些令人遗憾的教育场景：语文课上学生紧张于回应教师抛出的"这句话美在哪里"的问题，脑海中检索诸多修辞手法而无暇甚至无意进入语词所传达的鉴赏状态；音乐课上教师逻辑清晰地分析着音乐作品的主题、节奏、技巧，而学生只是端坐在整齐划一的课桌前，只在为数不多的音乐声响起时给以微弱的声带震动作为回应；舞蹈课上学生被关在练功房里苦练技术技巧，却茫然不知要运用自己的肢体去传达什么。在上述这些课堂场景中，教育者虽然在教学内容中引入了艺术作品，在教学活动中引入了规范性的艺术活动，但常常只停留于技巧分析和典范模仿，没有诉诸学生的创造力，没有真正将学生引入一种鉴赏的状态，而以一种全然非鉴赏的方式破坏了学生应有的鉴赏过程。

那么这是否意味着教师不需要教而只需要给学生提供一些典范作品呢？也并非如此。教师要进一步成为典范与学生之间的桥梁，甚至使自己成为典范。具体来说：一是可以适时补充人文知识，使学生对人性有基本的理解；二是通过留白、情

---

① ［德］康德.判断力批判［M］.邓晓芒，译.杨祖陶，校.北京：人民出版社，2002：68.
② 邓晓芒.康德《判断力批判》释义［M］.北京：生活·读书·新知三联书店，2018：225.
③ ［德］康德.判断力批判［M］.邓晓芒，译.杨祖陶，校.北京：人民出版社，2002：162.
④ 周黄正蜜.向普遍性的提升——康德论教化与艺术文化的融合［J］.安徽大学学报（哲学社会科学版），2015，39（05）：29—33.

境创设、氛围营造等带有艺术性的方式,将学生带入艺术作品所敞开的生存境遇之中,让学生在其中实现情感的获得、交流、陶冶。而更高一层的要求则是使自己成为创造教学艺术的艺术家,使教学成为美的艺术,将自己在面对学科、面对知识、面对作品、面对生活时内心状态中那种不可言说的东西,在肢体上、在眼神里、在音调中、在语言形式上表达出来。同时,也就是将自己和学生的灵魂向着善良、纯粹、坚强、道德的方向提升,将自身和学生塑造成美的艺术品。作家三毛在《最快乐的教室》中就展现了引导学生在艺术中感受和使自身成为艺术的教育过程。

案例 3-1

一张又一张画,就是这么一堂又一堂地分析出来。

是个极好的教授,在他的语言里,最引人的除了知性的分析之外,看见了一种精神的美,而这种无形的精神之美,是一份对于艺术深入了一生的痴狂和研究。

那门课不难,一点也不难,教授说什么,我的心都有呼应。而上课,教授站在画的前方、右方、左方,甚而站在学生的背后,我们听他的声音,眼睛对着的是画。

课堂中教学内容"画",就是一系列的艺术品,教授知性的分析并没有阻碍反而促进了三毛对绘画中所传达的内心状态与审美理念的领会;而教授自身对绘画的审美感受,对艺术本身的热情、痴狂,通过他的语言展现出来,也成为一种美的艺术,甚至于教授自己就成为一种美的理想,向学生显现着,让学生在感性中感受到了纯粹、痴狂的灵魂。而只有在这样的典范的浸润下、沐浴下,学生的内心状态才能像三毛一样从"对文字的领悟"等艺术技巧掌握转向"对于美的极度敏感",自然地唤起那种普遍传达的愉悦,并能够从感性形式中创造审美理念,产生内心的鼓舞生动,为内心能力接受理念作好准备。

(三) 陶冶：投身天地人生

除了道德的培育、典范的浸润和引导,最关键的还是自己审美判断力的锻炼,"如果他的判断力通过练习而变得更加敏锐了,他才会自动放弃他以前的判断"[①]。审美判断力正是在自己运作的过程中不断"自我加强和再生",就像金属般反复冶炼,才会变得愈来愈敏锐、准确而具有普遍性。因此,在学生有了一定的道德基础和审美能力后,教师需要将学生带入宇宙天地和现实人生,让学生在其中陶冶自己的心理机能,在自然和生活中发现优美和崇高。

但现实却是学生被困在高楼大厦和一方课桌中,全然没有了过去的田间嬉戏玩耍,与自然万物做伴的经历。即使身处自然,也总是在认识自然、征服自然,能进行审美练习的机会少之又少。另外,学生感受自然之大、自然之强的机会则更缺

---

① ［德］康德.判断力批判［M］.邓晓芒,译.杨祖陶,校.北京：人民出版社,2002：124.

乏：要么背着书包匆匆赶路无心抬头望望夜空，要么所学的教材中的宇宙天地、自然景象常常被艺术化为可亲可爱的形象，使整体的教育实践也体现出一种柔和性的、松弛而舒畅的教育。在这样的教育中，教育者都更倾向于规避风险，使学生的人生缺少必经的挫折和逆境。然而，倘若审美判断力在经验生活中得不到锻炼，便会慢慢地枯萎。因此，教师首先应该带领学生将视野放大到整个宇宙天地和现实人生中。我们欣喜地看到，如今研学旅行、农耕体验的活动渐渐增多，学生有了走进自然的机会，教育者则更需要抓住机会，发挥活动的育人价值。教师要特别注意渗透审美的眼光，以往在"走进自然"等活动中教师往往渗透的是认识的、功利的眼光，多强调动植物认识、自然保护方式等，这当然是教育中必要的环节。但在认识之外，教师也可以引导学生感受自然生命中的人文意蕴，田间鸟儿的歌唱宣告了欢乐和对自己生存的满足，红色玫瑰和白色百合诉说着热情和纯洁；教师更可以引导学生欣赏万物生命运动的抽象形式，那些山峦的韵律、波浪的运动、各种图形的自由组合，欣赏自然的无限变化与无限美感。而在崇高判断的练习中，教师要特别注意营造学生与对象适当的心理距离：既不能与对象过远，那些艺术化了的景象，并不会让人感觉到不快，只让人感觉到壮美，而非崇高；但是也不能过近，近到会产生实质性的伤害，那就无法产生崇高，而只是恐惧。最后，教师要重视引导学生通过带有艺术性的活动表达在自然中体验到的情感，并在与他人的交流中实现一种扩展；教师也可以创造或引用优秀的典范与学生交流，例如，《诗经》中有大量的自然景物与人文意蕴相关联的描写，茅盾的《风景谈》则更显现出对形式美的感悟，在这样的交流中，名家的博雅精致与学生的自然纯朴但具有独创性之间也能够获得一种协调。

通过道德培育、典范浸润、投身天地人生等教育方式，学生的经验审美不断发展，这也意味着学生的人性自然正在向着道德不断提升，走向人性自然与自由的和谐与统一。

从康德审美判断力批判中，我们发现了审美与教育的原初关联，解读了审美所显现的人超越自然实现自由本质的路径，也发现了教育者在其中的可为之法。但需要注意的是，康德非常注重思维边界的清晰，在思维方式上采用的是"纯粹理性的建筑术"，并力求把经验的现象排除在外，以严密的逻辑思辨讨论审美、鉴赏、崇高、艺术等概念的疆界与局限。因此，在对其理论进行化用时，始终需要意识到实践是综合性的，人性的发展也是综合性的，可从康德美学思想所包孕的经验审美与人性建构的角度入手在实践中实现对其理论的综合运用。另外，康德哲学对人与社会的考察尚且缺乏历史唯物的眼光，在解决人的奴役与社会堕落等问题上，多强调通过摆脱物质欲望，提升自己的道德人格，从而实现对自身境况的超越，实现人的自由和解放，从而忽视了社会本身的历史发展问题。康德对"人之应是"的论证也是基于先天理性所颁布的命令、所宣示的责任的，是超感性的"先验的原理"，但无论如何康德对于自由以及对于人之为人的不可让渡的尊严、权利的维护对当下社会化进程中人的自由本质的失落等问题都极具启示意义。

思考与练习

1. 请说说你对康德审美判断力及其先天原则的理解。
2. 康德的观点对你理解审美教育有什么新的启发？
3. 你认为通过教育促进学生经验审美的发展与完善的可行性与限度是什么？

延伸阅读

1. ［德］康德.判断力批判［M］.邓晓芒,译.杨祖陶,校.北京：人民出版社,2002.
2. ［德］伊曼努尔·康德.论教育学［M］.赵鹏,何兆武,译.上海：上海人民出版社,2005.
3. 李秋零.康德著作全集（第7卷）学科之争、实用人类学［M］.北京：中国人民大学出版社,2004.
4. 邓晓芒.康德《判断力批判》释义［M］.北京：生活·读书·新知三联书店,2018.

第四章

在与美游戏中实现人性和谐完满：透过
席勒美育思想再探审美素养①

本章要点

1. 人性统一的可能性与必要性。
2. 人性和谐的表现样态。
3. 与美游戏作为路径。

重要概念

感性与理性　活的形象　与美游戏

学习目标

1. 能结合教育实际说出感性与理性分裂的若干表现。
2. 能说出"活的形象"的含义并举例说明。
3. 能结合教育实际举例说明如何"与美游戏"。

———————————

① 鞠玉翠,罗文钚.在与美游戏中实现人性和谐完满——透过席勒美育思想再探审美素养[J].教育发展研究,2022,42(Z2)：73—79.

图 4-1 席勒画像

主要人物介绍

约翰·克里斯托弗·弗里德里希·冯·席勒（Johann Christoph Friedrich von Schiller，1759—1805），通常被称为弗里德里希·席勒，18 世纪德国著名诗人、剧作家、历史学家和哲学家，他的文学成就为哲学思考打下了深厚的基础。

席勒早年就从事哲学研究，对他影响最大的是康德。康德哲学是席勒思想的出发点，同时席勒也超越了康德，并摆脱了康德单纯地从审美心理的抽象方面来考察人的审美意识的局限，而注重从人的历史发展和社会关系方面去探讨人的形而上学的本质①。1785 年，席勒写下《欢乐颂》一诗，后来贝多芬为之谱曲，成为其《第九交响曲·第四乐章》的主要部分，传唱至今。"欢乐女神，圣洁美丽，灿烂光芒照大地。"②诗中的欢乐女神，正是席勒心中对"美"的最佳诠释。在《审美教育书简》一书中，席勒这样描写面对女神时人的审美心境："我们一方面不由自主地被女性的优美所感动、所吸引，另一方面又由于神的尊严而保持一定的距离。这样我们就处于同时是最平静和最激动的状态，这样就产生了那种奇异的感触。"③

在 18 世纪欧洲启蒙运动开展得如火如荼、理性主义旗帜高举的时代背景下，席勒提出感性与理性共同构成人的天性并且地位平等，只有在二者相统一时才能使人摆脱物质与道德的单方面强制，从而获得自由，而自由即意味着人性的完满实现。他从人的现实生存状况出发，指出当时人们对理性的过度崇尚、对感性的排斥压抑造成了人性的分裂，最终导致人的异化。基于此，席勒提出"审美教育"思想，以期凭借美的力量在游戏中实现人性的完满。这一思想并非直接指向教育实践，而是从哲学的角度强调美对人性发展具有教育性的影响，其中对美与人性的发展、与教育的内在联系的洞察与阐释，在哲学思想史与教育发展史上都具有极大的价值。

---

① 邓晓芒.西方美学史纲[M].武汉：武汉大学出版社,2008：89.
② 邓映易所译之通行译文.
③ [德]弗里德里希·席勒.审美教育书简[M].冯至,范大灿,译.上海：上海人民出版社,2003：125.

席勒的美育思想主要体现在《审美教育书简》一书中。该书由二十七封书信组成，写作过程充满艰辛。1791年，席勒生活困苦，重病缠身，丹麦奥古斯滕堡（Augustenburg）公爵和史梅尔（Schimmelmann）伯爵从12月起，每年资助席勒一千塔勒银币，以三年为限，由此，席勒得以投身于哲学研究。作为答谢，席勒自1793年2月起，将他近年来对于美学的思考以书信的方式报告给奥古斯滕堡公爵。不幸的是，1794年2月，哥本哈根发生大火，前十封信的原稿在火中焚毁，席勒根据自己留存的提纲重新撰写，自1795年起陆续发表在他创办的《时序女神》杂志上，后来结集成书，被译成多种文字进行出版。本章将通过对《审美教育书简》一书的探析，进一步了解席勒对美和美育的思考，尤其聚焦于美育的目标，即审美素养的要旨、表现样态与实现路径。

人们常用分析的方式讨论审美素养，且较多强调美的感性特征，这为美育实践提供了有价值的参照框架和视角；而席勒以哲学的高度，从批判现实中理性与感性、精神与物质等多方面的分裂出发，立足克服分裂，致力于以美融合分裂状态，呼唤在与美游戏中实现人性的和谐完满。可见席勒的审美教育思想立意高远，具有鲜明的问题意识。他区分了健康教育、理智教育、品德教育、审美教育，分别用于完善人的物质性质（生存与健康状况）、逻辑性质、道德性质、审美性质，约略可以与人们常说的体育、智育、德育、美育相对应。但其审美教育却不是与其他三者并列的，席勒所谓人之审美性质"能涉及我们的各种力量的总和"[1]，审美教育的"用意是在最大限度的和谐气氛中培育我们感性和精神力量的整体"[2]。由此可见，席勒是在完满人性的意义上理解人的审美素养（或美学属性），其审美教育思想启发我们从与美游戏的视角看待教育，将完满人性作为审美素养的要旨，并将审美教育作为教育追求的方向，让学生学着将抽象的原理法则与生活经验贯通，也从有限的万千事物中感受无限，从容探究与应对情感欲望与理性冲突等人生难题。这对于我们思考、深化、拓展与升华当下教育中审美素养的培育以及人的全面发展问题具有深刻的启示意义。

一、审美素养的要旨：基于感性与理性和谐发展的完满人性

关于审美素养，已有研究倾向于通过分析性的路径对其进行不同的架构，将审

---

[1]　［德］席勒.席勒文集（Ⅵ）[M].张玉书，选编.张佳珏，张玉书，孙凤城，译.北京：人民文学出版社，2005：238.

[2]　［德］席勒.席勒文集（Ⅵ）[M].张玉书，选编.张佳珏，张玉书，孙凤城，译.北京：人民文学出版社，2005：238.

美素养作为人应具备的素质之重要组成部分，实质上是将美作为客体，将审美素养作为主体感受、体验、欣赏、表现、创造和评价美的事物的素质或能力，例如黄良将审美定义为一种素质能力，素质包括"兴趣与爱心""审美超越精神"等，能力包括"审美感知能力""审美判断力""审美创造力"等①；何齐宗在讨论教师审美素养时将其分为审美观与审美能力两个方面②；杜卫将审美素养分为审美知识、审美能力与审美意识，为美育实践提供了有价值的参照框架③。而回到最初提出"审美教育"这一理念的哲学家席勒那里可以发现，他是以哲学的高度，从完满人性的意义上理解审美素养，强调人的原始丰富性与整体性，克服人性的分裂。

（一）感性与理性共同构成人的天性

如果要从完满人性的意义上理解审美素养，那么如何认识人性，就是我们的出发点。人性即人的天性或本性，指人先天具有的属性。席勒从先验的角度提出人由感性本性与理性本性构成。感性本性指人在物质世界中的感觉与欲求，将一切内在于人自身的东西外化，通过物质活动在外在事物上留下精神的印记以确证自我的存在，来自感性的驱动被称为"感性冲动"，它使人具有感受的能力，受动地被规定，驱使人直接攫取与消费其对象以满足自己的感觉与欲求，对应人有限的、变化的状态；理性本性指人在精神世界中对秩序与法则的确立，来自理性的驱动被称为"形式冲动"，它要求不变，使人具有思维的能力，主动地为物质世界建立秩序，赋予外在事物以形式和规则，在变化中寻找确定的规律，通过提供永恒的法则使人在变化的状态中保持一致，对应人无限的、永恒的人格。二者的内在关系在于，人格只有通过状态才能够显示自己，成为现实世界的现象，而在一切变化中人格本身始终保持不变，用席勒的话说，"人只是在变化时，他才存在；只有在保持不变时，他才存在"④。以花为例，花从含苞到怒放是花的不同状态，但我们不会因为花的状态随时间的改变而认为它不再是花，相反，花在现实中通过不同的状态显示并确证自身的存在。席勒认为，人身上具有趋向纯粹理性（即神性）的天赋，但由于人本身是现实存在，其理性亦须通过感性方能显现，因此人只能无限趋近但不能实现纯粹理性，在这一过程中不可能离开感性。

来自双重天性的两种冲动都有越出自身界限的倾向，企图占据人性的全部。当感性占据统治地位时，情感支配原则，人成为感觉、欲求的奴隶；当理性占据统治地位时，原则破坏情感，人变得冷漠、固执。偏向感性或理性任何一方的发展都意

---

① 黄良.审美力：美育素质能力构成[M].重庆：重庆大学出版社,1999：4.
② 何齐宗.审美素养：教师创造教学艺术的基础[J].教育研究,2005(07)：82—84.
③ 杜卫.论审美素养及其培养[J].教育研究,2014,35(11)：24—31.
④ ［德］弗里德里希·席勒.审美教育书简[M].冯至,范大灿,译.上海：上海人民出版社,2003：91.

味着人的分裂。欲望与理智的冲突也许人人都曾体验过，是一种真实而普遍的生存状态；教育领域的放羊式和强制式管理方式，也是这种分裂的体现。而人性的完满实现表现在这双重天性都充分但不过度发挥，以达到和谐状态，这种类似"从心所欲，不逾矩"的完满人性正是人的审美素养之要旨。

（二）人性的分裂状态带来生存危机

席勒具有极强的时代精神，他从先验的角度出发分析人的天性，同时始终深切地关注着作为现实存在的人。他指出所处时代国家与教会分裂、法律与习俗分裂、享受与劳动脱节、手段与目的脱节、努力与报酬脱节等弊病，人的物质欲求占据支配地位，"有用是这个时代崇拜的大偶像，一切力量都要侍奉它，一切才智都要尊崇它"[①]。新生的资本主义生产关系带来严格区别的职业和分工，在这样的背景下，人愈发机械化，成为社会大机器中的一个零件——"每个个体都享有一种独立生命、必要时又能结合成为整体的希腊诸城邦的那种珊瑚虫天性，现在让位给一种精巧的钟表结构，无数无生命的部件拼凑在一起，构成一种整体的机械生命。……他耳边永远只响着被他不停地驱赶着的小轮发出的单调的噪声，永远也无法达到他本质上的和谐，他未能将其天性中的人性表达出来，而仅仅成为其活动和知识的印迹。"[②]二百余年过去，着眼如今所处的时代，人们又何尝不是面临着相似的危机？除了个体欲望与理智冲突自身的难以避免性，外部环境似乎并未缓解反而加剧了这种冲突。技术作为几乎能够改造一切存在物的重要力量，正经历着日新月异的发展，知识与技能的掌握能够直接带来可观的物质收益，因而"有用性"或是"实用性"往往容易成为衡量事物价值的主要标准。在这样的技术时代中，教育不可避免地受到影响：一是其目标导向逐渐功利化，强调"有用"的价值取向使教育承载了许多外在目的，因而使其变成一件无奈且枯燥的事情，以自由和愉悦为特征的美被边缘化甚至被遗忘了——我们的教育看似非常注重"理性"，却不幸停留于强制灌输、机械训练和死记硬背，正如席勒所言，规则的枷锁、概念的碎片、语词骨架、"死的字母代替了活生生的知性"[③]，规则和概念的含义脱离了主体的感性经验并未得到真切的理解、感悟，识别真实情境问题、运用所学概念原理进行判断推理、创造美好生活的理性天性并未能够真正得以发展，反而在很大程度上被束缚甚至扭曲；二是教育所应有的感性化、生活化特征在一些时候被强调，却又不幸脱离了理性的指引，变得肤浅、粗糙，许多看似热闹的教育活动并未起到彰显、拓展、丰富、升华学生经

---

① ［德］弗里德里希·席勒.审美教育书简［M］.冯至，范大灿，译.上海：上海人民出版社，2003：19.
② ［德］席勒.席勒文集（Ⅵ）［M］.张玉书，选编.张佳珏，张玉书，孙凤城，译.北京：人民文学出版社，2005：183.
③ ［德］席勒.美育书简［M］.徐恒醇，译.北京：中国文联出版公司，1984：51.

验的作用；三是更多的时候，教育生活中的感性因素被忽视，就连极富感性色彩的艺术课竟然也上得死气沉沉，音乐课缺乏律动，美术课色彩形象单一，在其中的教育者与学生常常处于紧张焦虑的状态之中，难以获得轻松自在的体验，对周遭事物的感知力与欣赏力因此逐渐迟钝甚至丧失。这样，严厉管控与为所欲为式"自由"并存，由此导致人的理性本性与感性本性无法得到充分且平衡的发挥，易走向极端，或刻板僵硬，或冲动暴戾、肤浅怠惰，缺乏对世界的整体理解与独立思考、对生活的赤诚热爱以及对其他生命的共情，又如何能够体验意义、幸福与美好？审美素养的要旨就这样失落了，生存危机与教育危机相伴而生。

（三）感性与理性和谐统一的可能与必要

基于对人性分裂状态的反思，席勒提出要使人的感性与理性和谐发展。那么，看似对立的二者如何可能统一？实际上，感性冲动与形式冲动的对象不同、各有界限，它们并不存在本质上的对立与冲突，由上述花苞绽放之例可以看出，变化与不变能够同时存在。具体而言，感性冲动的对象是最广义的生命，包括"一切物质存在以及一切直接呈现于感官的东西"[①]，指的是世界一切的现象。形式冲动的对象是形象（或"形式"），包括"事物的一切形式特性以及事物对思维的一切关系"[②]，指的是世界一切的秩序、法则。二者有各自的界限，"感性冲动固然要求变化，但它并不要求变化也要扩展到人格及其领域，它并不要求更换原则。形式冲动要求一体性和保持恒定，但它并不要求状态也同人格一起固定不变，它并不要求感觉同一"[③]。正因为二者并不存在本质上的对立，在人的身上有达到和谐统一的可能。因此，席勒指出，人的修养或文明的重要任务在于"第一，为感觉功能提供同世界最多样化的接触……；第二，为规定功能获得不依赖于感受功能的最大的独立性"[④]，将现实世界的最大丰富性与精神的最高独立性结合在一起。在席勒看来，感性与理性在人的发展中同样重要，各有分工、地位平等，"理智如若找到并提出法则，它就做了它能做的事，实行法则必须由勇敢的意志和生动的感觉来担当"[⑤]，因此并不存在感性更好还是理性更好的问题——当它们孤立存在或处于对立时，都是需要批判和否定的对象[⑥]，二者须获得各自妥适的发展，不可偏废。

二、审美素养的表现样态："活的形象"

以完满人性为核心的审美素养呈现出何种样态？感性与理性和谐发展

---

① ［德］弗里德里希·席勒.审美教育书简［M］.冯至，范大灿，译.上海：上海人民出版社，2003：118.
② ［德］弗里德里希·席勒.审美教育书简［M］.冯至，范大灿，译.上海：上海人民出版社，2003：118.
③ ［德］弗里德里希·席勒.审美教育书简［M］.冯至，范大灿，译.上海：上海人民出版社，2003：103.
④ ［德］弗里德里希·席勒.审美教育书简［M］.冯至，范大灿，译.上海：上海人民出版社，2003：105.
⑤ ［德］弗里德里希·席勒.审美教育书简［M］.冯至，范大灿，译.上海：上海人民出版社，2003：64.
⑥ 卢世林.美与人性的教育——席勒美学思想研究［M］.北京：人民出版社，2009：29.

的人是什么样的？美即"活的形象"，是席勒给出的答案。我们将"活的形象"与生活和教育实际联系起来，能够为理解与培育审美素养展示一片广阔的天地。

(一) 美即"活的形象"

席勒所说"活的形象"(lebendige gestalt)，"用以表示现象的一切审美特性，一言以蔽之，用以表示最广义的美"①，它是生活(即内容、质料)与形象(即形式)相互作用、完美融合的产物。具体而言，生活指有限的、感性的、客观存在的外在物质，形象则是无限的、理性的内在精神所创造的形式，形象使生活显现，生活使形象丰富。席勒将美的概念从主体的观照对象扩展到了主体的行为状态，将审美从认识论范畴向生存论范畴进行扩展与转化②，由此可见，美的本质与完满的人性一致。具体而言，一方面，"活的形象"作为观赏对象，不仅限于生物界，例如大理石不会因为没有生命就无法成为"活的形象"——硬而脆的大理石经过雕塑家的手，能够变成肌肤丰腴、秀丽端庄的女神，将健康、活力、善良等理念用鲜活的方式展现出来，达到形神兼备，像绚丽的花朵、坚毅的松柏、清澈的溪流一样引人长久驻足、欣赏；另一方面，"活的形象"也没有扩大到整个生物界的所有生物，人能够成为"活的形象"，但这并不仅是因为他有生命和形象，而是只有当他的感性与理性、生命与形象、受动性与能动性、情感与反思相交融，既拥有最丰富的感受能力又保有最大限度的精神独立时才能成为"活的形象"。以希腊人为例，"他们既有丰富的形式，同时又有丰富的内容，既善于哲学思考，又长于形象创造，既温柔，又刚毅，他们把想象的青春和理性的成年结合在一个完美的人性里"③，其实，不仅是希腊人，每一个感性与理性和谐发展的人本身都是"活的形象"。这不同于单纯"外形好看"意义上的美女帅哥，只有内外兼修，才不断趋近。可以说，"活的形象"一方面是指理性与感性和谐的人；另一方面是感性与理性和谐的主体通过感受与创造将自身的生命内容融入对象之形象。即使看似寻常之事物，经由人性和谐发展之主体，也会产生奇妙的变化，呈现为"活的形象"。例如，司空见惯的花容鸟语在杜甫的笔下成为寄托忧国忧民之思之感的"感时花溅泪，恨别鸟惊心"。经典的艺术形象大概都是"活的形象"——他们鲜活地呈现着世间百态和喜怒哀乐，启迪人真切地感受和思考自己的人生该如何度过，引导人趋近感性与理性的和谐发展。而一个人能够在多大程度上感受和创造"活的形象"，是其审美素养的核心衡量指标。

---

① ［德］弗里德里希·席勒.审美教育书简［M］.冯至，范大灿，译.上海：上海人民出版社，2003：118.
② 杜卫.美育论［M］.北京：教育科学出版社，2014：46.
③ ［德］弗里德里希·席勒.审美教育书简［M］.冯至，范大灿，译.上海：上海人民出版社，2003：44.

(二) 美既是目的也是手段：使人成为"活的形象"

人在感受美和创造美的过程中展现并提升审美素养，用席勒的话能够表达得更明晰——在感受和创造"活的形象"的过程中使自身向"活的形象"趋近，亦即向感性与理性和谐发展的状态趋近。美"从天性方面使人能够从他自身出发为其所欲为——把自由完全归还给人，使他可以是其所应是"①，因此，席勒认为大自然是第一造物主，使人成为物质存在；美则是第二造物主，使人能够具有人性，换句话说，使人可以成为人，成为和谐发展的、真正具备审美素养的人。

席勒提出，感性突出而缺乏理性的"野人"进入人性的标志是"对外观(schein，有版本译作"假象"或"显现")②的喜爱，对装饰与游戏的爱好"③，即审美——对外观赋予纯粹、非功利的欣赏，这是一种精神的"高度的宁静和自由，与力量和朝气相结合"④的心境，如前所述，此时人的生命与形象、情感与反思、受动性与能动性相互交织、无法区分，此时人是"活的形象"，也即真正的人。邓晓芒曾如此描述这一状态："既意识到自己的精神自由，也能感觉到自己的感性存在，在无利害的观照中实现和发挥着自己全部本质的丰富性，使自己的各种技能一起作协调而有益的活动"⑤。在审美状态中，人"已经不再以他所接受的东西为快乐，而是以他所创造的东西为快乐"⑥，能够超越现实质料，关注自身创造的作品。此处的"外观"与日常生活语境下物质实在的外观不同，它在感受力与思维力共同发挥作用时产生，既是感受也是创造，是人通过想象主动地创造出来的。由此可见，主体在审美过程中不仅具有受动性，还有赋予感觉对象以形式的能动性，"事物的实在性是(事物)自己的作品，事物的外观是人的作品"⑦。在席勒看来，审美以具体的感觉器官和抽象的思维能力为基础，二者是自然赋予人的两种感官，使人从被动地感受世界的人提升为能够主动创造"活的形象"的人，从而使自身也成为"活的形象"。审美能够使人的感性本性与理性本性平衡且充分地发挥作用，人性的完满得以实现。彭富春曾对审美之教育性的独特进行评价："与科学教育相比，它是一种感性教育；与道德教育相比，它是一种情感教育。审美教育将自身表现为一种快乐教育和游戏教育。审美教育最根本的特性在于，它既不是片面的身体教育，如体育，也不是片面的智育

①　[德] 弗里德里希·席勒.审美教育书简[M].冯至，范大灿，译.上海：上海人民出版社，2003：168.
②　本人在此选择"外观"为 schein 的译法，是因为考虑到"假象"之译法似毫无凭借的想象、与现实没有关联，而实际上审美过程与现实存在发生联系，"显现"之译法则偏重强调动态的过程，相较之下，"外观"更佳。
③　[德] 席勒.审美教育书简[M].张玉能，译.南京：译林出版社，2009：85.
④　[德] 席勒.审美教育书简[M].张玉能，译.南京：译林出版社，2009：67.
⑤　邓晓芒.西方美学史纲[M].武汉：武汉大学出版社，2008：91.
⑥　[德] 弗里德里希·席勒.审美教育书简[M].冯至，范大灿，译.上海：上海人民出版社，2003：215.
⑦　[德] 席勒.审美教育书简[M].张玉能，译.南京：译林出版社，2009：85.

和德行教育，而是身心合一的教育。"①在席勒看来，审美是使人性从分裂恢复完整的途径，一方面发展人的受动性以建立对世界的感受能力，另一方面发展人的主动性以确保自身在变化中的独立，对人的教育性作用是全面的、完整的。"美固然是形式，因为我们观赏它；但它同时又是生活，因为我们感觉它"②，美与人的感受、欲求等具体的生命状态直接相关，具有直接作用于性格的力量。例如，当观赏者站在维纳斯女神的雕像前，会不自觉地模仿她的优雅体态和端庄神情，至少在内心模仿时，雕像作为"活的形象"就起到了激发、示范的作用，让观赏者的肉身与精神、感性与理性进行了一次有意无意的升级，从而更具"活的形象"的特征与姿态。为此，教育者的职责在于多提供类似的机会，多与学生共同营造类似的环境，必要的时候组织一些讨论交流，以便互相启发，并适时点拨，让学生对"活的形象"有更清晰、丰富、敏锐和切身的感受，从而体现在自我塑造中。

关于美对性格所具有的作用力，席勒指出，尽管美在理想中是单一的、不可分割的，但在现实经验中，美呈现出两个不同的特性以及相应的两种作用，一种是融合性，另一种是振奋性，这两种特性使美分别产生松弛作用和紧张作用。具体而言，融合性的美近似于"优美"，它是柔和、安定、松弛的，通过松弛的作用使形式冲动与感性冲动的力量冷静下来，不逾越各自的界限，避免冲突，使人免于片面的强制，感受美所带来的轻松与愉悦；振奋性的美近似于"崇高"，它能够使人摆脱疲弱无力的状态，保持感性冲动与形式冲动在性格中的力量，使人产生崇敬之感。前文所提到的维纳斯雕像以及常见的鸟语花香、春光旖旎、小桥流水更具优美的韵味，让人在安宁、祥和中体味生活的美好与幸福；而崇山峻岭、浩渺星空以及在乌云和大海间高傲飞翔的海燕则使人振奋，成为激励很多人在遭遇困厄时奋发前行的"活的形象"。由此可见，美的本质赋予审美以教育的功能，这也成为席勒提出教育立足于审美的理由。

三、审美素养的实现路径：与美"游戏"

从上述讨论中不难发现，席勒将美作为发展人的审美素养（即实现完满人性）的手段，其具体路径是与美"游戏"。在席勒看来，审美的就是游戏的，游戏的就是教育的——审美即游戏，游戏即自由，自由即人性完满，人性完满正是教育的追求。

（一）人性的第三种驱力：游戏冲动

谈及"游戏"，首先容易让人想到的是轻松自在且无拘无束地嬉戏、玩耍或娱

---

① 彭富春.哲学美学导论[M].北京：人民出版社，2005：132.
② ［德］弗里德里希·席勒.审美教育书简[M].冯至、范大灿，译.上海：上海人民出版社，2003：207.

乐,而席勒美育思想中的游戏概念和我们日常所说的游戏并不完全一致。其相通的地方在于,自由始终伴随着游戏。不同之处在于,在席勒的游戏理论中,游戏并不是日常语境下以物质对象为目标的游戏,而是人在摆脱了物质欲望与道德法则的强制之后的自由状态——在一定意义上,游戏就意味着"人的诞生"和"人性的复归"①。如威洛比(Leonard Ashly Willoughby)所言:"在席勒看来,美学游戏不是动物的或孩子们的游戏,也不是成年人在消遣和娱乐中的游戏,而是人在自我支配中他的全部生命力的自由发挥。"②伽达默尔(Hans-Georg Gadamer)指出游戏不仅仅是无目的和无意图的,而且也是无劳累感的③,此时人既不紧张严肃也非疲软松弛,而是处在恰到好处的兴奋与专注之中。

那么,人如何能进入游戏? 如前所述,感性冲动与形式冲动有和谐发展的可能,这一可能性将通过一种新的冲动——席勒称之为"游戏冲动"来实现,人便在这一冲动的驱使下进入游戏状态。之所以将游戏冲动称为一种新的冲动,是因为它由感性冲动与形式冲动共同发挥作用所形成,与二者单独发挥作用时的性质都不相同。席勒对这第三种冲动的作用机制进行了分析,提出其中的关键在于游戏冲动是感性冲动与形式冲动在相互作用中进行扬弃的结果。"扬弃"(aufheben)结合"排除、消解"与"保存、提升"二意④,指在克服抛弃消极因素的同时继承发扬积极因素。而在"相互作用"的概念上,席勒受费希特(Johann Gottlieb Fichte)的思想影响较大,后者提出"相互作用"是指一个概念设立多少实在性于自身之中,意味着同时设立了等量的否定性在其对立概念之中,而它设立了多少否定性于自身之中,也就意味着同时设定了等量的实在性在其对立概念之中,由此建立了一个"新的综合"⑤,感性冲动与形式冲动的相互作用便是如此,"一个冲动的活动同时也为另外一个冲动的活动奠定了基础,立下了界限,每一个冲动都正是由于另外一个冲动是能动的才在最高程度上显示出自己"⑥,两种冲动的综合呈现出新的样态,被称为游戏冲动。由此可见,游戏冲动并不是感性冲动与理性冲动的"折衷状态",而是一种对二者扬弃之后形成的"第三种状态"。当游戏冲动"夺去了感觉和热情的那种强有力的影响,就使它们同理性观念相一致;由于它消除了理性法则的精神强制,就使它同感官的

① 石中英.教育哲学[M].北京:北京师范大学出版社,2007:86.
② Leonard Ashly Willoughby. Schiller on man's education to freedom through knowledge[J]. Germanic Review, 1959(XXIX):107.转引自[美]维塞尔.席勒美学的哲学背景[M].毛萍,熊志翔,等译.北京:华夏出版社,2011:205.
③ [德]H. G. 伽达默尔.真理与方法——哲学解释学的基本特征[M].王才勇,译.沈阳:辽宁人民出版社,1987:151.
④ 徐恒醇.《美育书简》导读[M].成都:四川教育出版社,2002:38.
⑤ [德]费希特.全部知识学的基础[M].王玖兴,译.北京:商务印书馆,1986:49.
⑥ [德]弗里德里希·席勒.审美教育书简[M].冯至,范大灿,译.上海:上海人民出版社,2003:113.

兴趣相调和"①，因此，游戏冲动消解两种冲动单独支配存在主体时形成的强制，游戏冲动使感性冲动能够丰富存在主体对世界的感受性而不至于冷漠无情，同时使形式冲动对感性的强度进行节制，探寻事物背后的秩序法则，人在需求与法则之间达到平衡，因不受强制而获得自由，人便是在游戏。

　　这种审美游戏状态类似于孔子所说的"从心所欲，不逾矩"，只是孔子所说的状态基本是指伦理方面，而席勒所说的自由还包括对认识上的"逻辑必然性"的把握所带来的自由。即使是在伦理方面，席勒继承了康德思想，更强调理性的自我立法和主体对自我立法的服从，并由此体现意志自由。理性与感性关系在现实中的表现是复杂的，如果简化地说，理性对感性的压制，可表现在屈服于生硬的教条，压抑自身的合理需要；机械地记诵原理、概念，却缺乏与自身经验的联系。而感性对理性的挤压，可表现在屈服于自身的欲望冲动，无视他人和社会利益；只根据自己的感觉、直觉行事，不参照相关的规律、原理。当个体能用正当的方式满足合理需要，能将抽象的原理用于真实情境的问题解决，特别是能将前述二者融合起来，用原理明智地解决问题，满足自身与他人的合理需要时，理性与感性就达成了和谐，游戏冲动就得到了展现。

（二）与美"游戏"是真正的教育

　　人的天性不会随着简单的生理性成熟而自然得到发展，人必须通过后天的教育才能使自身审美素养得以实现，成为完整的人。对席勒而言，"在谈论教育时，实际上是在谈论一场审美的、快乐的、有意义的游戏"②。作为人所特有的活动，教育应以与美"游戏"为基本理念，致力于使人通过美而成为美。从对人性的理解与对人所处之现实的关切出发，理想的教育是使儿童的两种天性在其历程中得到充分且妥适发展的教育，在二者整合后产生的第三种驱力——游戏冲动——的作用下，儿童既能够感受丰富多元的世界，又成为能动自主的立法者，尤其能够在探索解决真实问题而服务自我与他人的过程中将抽象原理活化。

　　教育应当善用"活的形象"，使自身成为"活的形象"，由此帮助学生成为"活的形象"。这种以美成美的过程，就是与美"游戏"的过程。当"一条大河波浪宽"的歌声响起，当《千里江山图》的画卷展开，当"欲把西湖比西子"的诗句呈现，祖国母亲"美丽的容颜"就印在了学子心中，所谓"生于斯，长于斯"的切身体会便得到了强化，看似抽象的爱国理念在学子心中变得更加具体、真切、鲜活。相反，脱离生活经验、直接传递抽象概念和规范的方式可能使教育历程变得单调乏味，学生逐渐失去

---

① ［德］弗里德里希·席勒.审美教育书简［M］.冯至，范大灿，译.上海：上海人民出版社，2003：115.
② 卢世林.美与人性的教育——席勒美学思想研究［M］.北京：人民出版社，2009：29，190—192.

兴趣，因而不得不依靠强制；而一味迁就学生的感性经验，放羊式、为所欲为式的"教育"，已经失去了教育的引导作用。只有将抽象的原理、概念、规则通过直观、实例、真实问题等方式与学生的感性经验自然地联系起来，成为激发学生感受力、好奇心、想象力、思维力的资源，成为学生发展的养分，指引学生逐渐超越自身，与他人联结、与世界联结，真正掌握席勒所说的"思考上的逻辑必然性"和"意愿上的精神必然性"，教育中的强制才能最大限度地转化为与美"游戏"所期待的自由。个体从学习内容本身向理解世界的扩展过程需要积极的想象力发挥作用，在认识世界后对自身的理解又将更深一层，在这样的不断交互中，个体的生命得以充盈。因此，教育应当避免高强度灌输式的教学方法，而是要保护、激发学生的想象力，给予学生更多创造的空间，使学生既能走出课本、进入生活，增强感知的敏锐性，在"每个课堂里都有机会从某种审美观点出发，去留意色彩、微光和音响，去注意事物的外观"①，将原本单纯附着于认知之上的抽象概念因为经验、感受而变得鲜活，又能主动探索经验背后的规律与法则，也能积极思考其中的规律、法则，获得完整、丰富的教育，获得高度的审美教养，天性得到充分的发展。当然，在学习和教学中看似无所不在的目的性之中，应该有时间和空间中"无目的"的地方，在那里，一个人可以休息、沉思、寻求内心的平衡、找到心灵的平静，并在再次沉浸于学习活动之前找到自己，如果没有与之相对应的"无目的"的静思（restful contemplation），学习活动就不可能有任何富有成效的投入②。因此，教育者应用心设计教育过程，既为学生提供丰富的教育资源，也要留有充分的空间，使学生有足够的机会学习如何感知、观察、体验、评价和创造美好事物，进而充分地感受世界、理解他人、完善自己。

（三）通过审美教育促进感性与理性和谐发展

席勒富有创见地强调人之感性与理性的和谐，并通过与美"游戏"达成完满人性，"感性的人由美引导着走向形式和思维，精神的人由美引导着回归物质，被重新还给感性世界"③。这个促进感性与理性和谐发展的过程正是审美教育的过程。从审美教育的视域来看，在教育实践中，道德与法治观念不是学生被动记忆和服从的教条，而是理性参与立法并亲身实践的过程，让学生切身体验、理解和践行规则及其善意；语言文学教学不仅是为了掌握语言表达的规律，也是为了通过语言文学唤醒学生对自身、对他人、对世界的感受，拓展和丰富学生的感性经验，也提升其推理判断能力，不断加深对相关规律和道德法则的认识、理解与把握，帮助其趋近美的自由状态；科学教

---

① ［美］格林.普通教育中的审美素养［C］//瞿葆奎.教育学文集·美育.北京：人民教育出版社，1989：157.

② Hansjörg Hohr. Does beauty matter in education? Friedrich Schiller's neo-humanistic approach［J］. Journal of Curriculum Studies，2002，34(01)：59—75.

③ ［德］席勒.席勒文集（Ⅵ）［M］.张玉书，选编.张佳珏，张玉书，孙凤城，译.北京：人民文学出版社，2005：228.

育不仅是公式定理的传授，也是为学生提供一种新的理解宇宙万物运转秩序的角度，更是帮助学生通过解决真实问题掌握原理，又运用原理去解决更多真实问题，服务社会发展；艺术教育也不应停留在技能掌握层面，而是经由艺术之感性与理性融合的方式感悟宇宙人生，提升审美素养，提升生活质量；任何其他形式的教育活动都是如此。例如，小学语文课文《威尼斯的小艇》中驾驶技术极高的船夫的形象既是具体可见的感性形象，也可拓展为带有普遍性的"职业模型"——各行各业都有这样技艺高超、驾驭自如、恪尽职守的人，教师既可以引导学生运用所学描绘"船夫们"的风姿，也可以启发学生感受原本抽象的语言规则和敬业品格、工匠精神，使我们平常所说的语言美、行为美、心灵美等抽象内容，鲜活而自然地来到学生身边，如此，师生都能鲜明地感受到他们在"与美游戏"；再如，舞蹈中的穿手动作，经过老师的精心构思，与竹子的千姿百态和优雅、高洁、坚韧等品格联系起来，舞蹈的美就不限于形体，更见于精神；又如，数学中百分比的应用，看似与美无关，但是当教师将其与种种真实生活问题相联系，学生能真切地感悟到它发挥着广泛而神奇的功效，在自己通过掌握它而增长了探究与解决问题、服务生活的能力时，感性与理性的和谐就会显现出来，成长的愉悦就会不期而至……如此日积月累的类似的感性与理性和谐的自由愉悦的"与美游戏"历程，能够帮助学生充分释放和发展感性本性与理性本性，并使二者相互协调，让学生成为"活的形象"，将美作为其生命状态，在对现实世界有充分感受力的同时能够在精神世界独立地思考，和谐、完满而自由地生活，从容探究与应对情感欲望与理性冲突等人生难题。

特别需要说明的是，人们容易对与美游戏的自由状态产生误解，以为自由是依着感性情感欲望为所欲为，既不必受客观规律限制，也不必受伦理法则制约。无数的事实已经证明，不按客观规律办事，只能处处碰壁；不遵守普遍的伦理法则，既有损自己的人格完善，也无法与他人处理好关系。这两方面体现了两种理性必然性：思想上的逻辑必然性和意愿上的精神必然性，亦即真与善。席勒并未将二者及其与感性现实性的关系加以充分阐释。在这个问题上，一些教育学者已提出"立美教育"观，"真正的教育就是立美教育，就是通过立美而达到真善美的统一，由此培养感性与理性统一的完满的人"[①]，这样的人用自由自觉地享受的游戏心态对待艰苦的劳作和世间万物，在不断感受、欣赏、创造着"活的形象"，也不断实现着感性与理性的和谐，发展着自身的审美素养，使自身趋近"活的形象"。

思考与练习

1. 阻碍师生"与美游戏"的因素有哪些，如何让师生更好地与美游戏？

① 鞠玉翠."立美教育"再探[J].教育研究，2018，39(09)：59—65.

2. 阅读席勒的《审美教育书简》，说说除本文所谈的内容，你还获得了哪些
　　启示。

延伸阅读

1. ［德］弗里德里希·席勒.审美教育书简［M］.冯至,范大灿,译.上海：上海人
　　民出版社,2003.

2. ［德］席勒.审美教育书简［M］.张玉能,译.南京：译林出版社,2009.

3. 徐恒醇.《美育书简》导读［M］.成都：四川教育出版社,2002.

第二编

西方现代美学思想的
教育启示

第五章

教育让儿童日常生活走向美：杜威美学思想的探析与启示

本章要点

基于杜威美学思想，尝试回答"教育活动何以充盈儿童审美经验，使其学校生活避免僵化、乏味和单调"这一问题。

重要概念

经验　一个经验　审美经验　情境　表现　兴趣　质料　想象力

学习目标

1. 理解杜威美学思想的重要概念和主要内容。
2. 以杜威美学思想为理论视域，认识和掌握教育实践活动充盈儿童审美经验的方法和途径。

图5-1 杜威

主要人物介绍

约翰·杜威(John Deway，1859—1952)是美国哲学发展中最有代表性的人物。他不仅进一步阐释并发展了由皮尔士创立、詹姆斯系统化的实用主义哲学的基本理论，而且将其运用于社会、政治、文化、教育、伦理、心理、逻辑、科学技术、艺术、宗教等众多人文和社会科学领域的研究，并在这些领域提出了重要创见①，这些创见无论是对于这些领域的理论研究还是具体实践都产生了重要影响。

在中国学术界，杜威的哲学思想和教育思想已为众多的哲学、教育学研究者所熟知，而他的美学思想尚未受到较大的关注，"杜威的几位著名的中国弟子都不研究美学……20世纪初和中叶，中国的美学研究者对美国美学的研究本来就少，对杜威的关注就更少"②，杜威的美学著作《艺术即经验》(*Art as experience*)在2005年才翻译出版。由于杜威的美学思想本身在中国未像其哲学和教育学思想那样受到重视，其美学思想在教育界也没有引起足够的注意。但正如有学者强调的那样："当前中国教育学者关于杜威的研究，仍然没有抓住其思想最深处的灵魂……是一个矮化的杜威。如何解开这层被误解至于矮化了的神秘面纱，需要继续沿着杜威的思想而探究，进入到杜威的美学思想中来。"③

① [美]杜威.杜威全集·晚期著作1925—1953(第二卷)1925—1927[M].张奇峰，王巧贞，译.上海：华东师范大学出版社，2015：1.
② 高建平.从自然王国走向艺术王国——读杜威美学[J].中国社会科学院研究生院学报，2006(05)：103—109.
③ 张俊列，金心红.课程·经验·艺术——杜威课程思想的美学意蕴[J].教育学报，2015，11(05)：65—71.

　　研究杜威的美学思想对我们深入理解杜威的教育理念有直接的帮助和启示。杜威在《艺术即经验》中系统地阐释了其艺术理论和美学思想，但在这本书中他并未谈及艺术与教育的关系问题，这曾让杜威的有些研究者感到很疑惑，如英国哲学家赫伯特·里德曾惊诧道："在这部令人难忘的著作中（即《艺术即经验》），杜威并未在美学与教育之间建立起一种联系，我认为这是一件奇怪的哲学事件。"①有这样的疑惑并不意外，因为从表面上看，确实不像杜威其他的著作或多或少地都要转向教育对人的改造这一问题上来，整本书似乎就是在谈论美学问题，而未涉及教育问题，但当我们将杜威的美学思想贯穿于教育思想时，我们会发现杜威实际上是站在了一个更高的立场上来审视教育。通过教育来改造世界、改造人，始终是杜威的理论旨趣，艺术同样也发挥着教育人和改造社会的功能，杜威在《艺术即经验》的最后，畅想了这样一幅美好前景：艺术从文明的美容院变成了文明本身，艺术将与道德结合从而实现艺术的统一和解放的力量，这些都表明艺术也是杜威关于社会改造和人的改造的一部分。由此可见，教育与艺术都服务于人类社会生活的进步与改造，也正因为如此，艺术和教育能够被杜威等同起来，强调艺术不仅具有教育价值，艺术本身就是一种教育，这一点在1926年杜威发表的《教育中的艺术与艺术中的教育》一文中也得到了充分说明。在这篇论文中，杜威明确提出艺术本质上就是教育，教育就是一种艺术活动的主张②。因而，杜威的教育理论实际上是把教育当作一种改善和促进人类经验的艺术活动的理论，学校教育的全过程也需要是这样一种艺术活动，是使儿童能提高审美能力，获得审美经验的活动。

一、"走向美"的可能："美"就在生活之中

　　"艺术即经验"这一命题是杜威针对艺术分区化、审美专业化，进而造成美的艺术与实用艺术、高雅艺术与通俗艺术被严重分裂和对垒等问题提出的，且杜威认为造成种种分裂的根源在于现代科学带来的科技和工业的发展，"现代社会对科学和基于科学的工业的全神贯注已经是灾难性的了，这些关于'实践的'事物，使我们局限于产生技术变化的活动，但却不会影响在其个性中我们对事物的惬意的认识

①　Read. Education through art[M]. London：Faber and Faber，1943：245.
②　［美］杜威.杜威全集·晚期著作1925—1953（第二卷）1925—1927[M].张奇峰，王巧贞，译.上海：华东师范大学出版社，2015：91.

(enjoyable realization)"①。缺失审美欣赏的后果是可怕的，因而杜威深感作为从事写作艺术哲学的人的时代使命——恢复作为艺术品的经验的精致与强烈的形式，与普遍承认的构成经验的日常事件、活动，以及苦难之间的连续性②。他强调艺术不是现实世界的附加物，更不是奢侈品，人类生活本身就带有一种审美化的气质，因而"艺术即经验"的全部旨趣在于引导人们从生活中发现艺术、获得审美经验，恢复审美经验与日常生活经验正常过程间的连续性。杜威试图恢复审美经验与日常经验正常过程中的连续性的第一步是让"高高在上"的艺术品落入凡间，将审美经验拉回日常经验，且强调那种将艺术品与审美知觉和经验联系说成是降低它们的重要性与高贵性的说法是无知的，因为艺术或审美经验就诞生于经验之中，要理解艺术或审美体验就必须回到日常经验本身。同时，"回到日常生活经验"对学校开展教育教学活动也有直接的启示意义，因为教育实践活动中也出现了"分区化"现象，我们接受的教育内容被严格地确立为语文、数学、英语等诸如此类的理论课程，学习和接受这些课程内容多借助抽象的语言、逻辑运算以及定理公式等，这就导致了儿童知识与日常生活经验相隔离，学校与社会相隔离，当前教育活动的开展同样也需要"回到儿童的日常生活经验"，恢复儿童知识学习和日常生活之间的连续性。

(一) 回到经验即尊重儿童生命成长

要恢复审美经验与日常生活经验正常过程中的连续性，首先要明晰审美经验与日常生活经验两者发生断裂的根本原因是什么，杜威认为原因在于自柏拉图以来的物质与精神二元论哲学体系。这一体系将世界看成是对象，从而形成了精神是主体、物质是对象的二元对立关系。受此影响，人们把艺术品等同于存在于人的经验之外的建筑、书籍、绘画或塑像等客观认识对象，审美经验自然也脱离了日常经验，并产生了高雅艺术和通俗艺术、实用艺术和美的艺术的区分。杜威认为要改变这种看法，超越物质和精神的二元对立，就必须回到一个世界之中，将世界看作是人的生活环境，而非仅仅是认识对象，为此他提出活的生物(live creature)这一概念，他认为人和动物都是活的生物，动物身上不会出现主客体的对立，这是因为它们自身与生活环境结合到了一起，"活的动物完全是当下性的，以其全部的行动呈现出来：表现为它警惕的目光、锐利的嗅觉、突然竖起的耳朵……行动融入感觉，而感觉又融入行动"③。杜威用这种他称之为自然主义的视角来看待人，指出人和活的动物一样，其生命历程都是在一个环境中进行的，且无时无刻不需要与环境发生

① ［美］杜威.杜威全集·晚期著作 1925—1953(第二卷)1925—1927［M］.张奇峰，王巧贞，译.上海：华东师范大学出版社，2015：91.
② ［美］杜威.艺术即经验［M］.高建平，译.北京：商务印书馆，2010：4.
③ ［美］杜威.艺术即经验［M］.高建平，译.北京：商务印书馆，2010：21.

作用——既要面临周围环境的危险,同时又必须从环境中吸取某物来满足自己的需要。杜威还指出,这样的相互作用不是外在的,而是以内在的方式进行交换,"生物的生命活动并不只是以它的皮肤为界,它的皮下器官是与处于它身体之外的东西联系的手段,并且它为了生存,要通过调节、防卫以及征服来使自身适应这些外在的东西"①。由此可知,人在与周围生活不断作用的过程中,使自己不仅置身于环境中,更成为环境的一部分。因为人在世界中,而非世界是人的认识对象,由此精神与物质、主体和客体就得到了统一。

　　活的生物与周围环境的相互作用过程就是经验,"经验是有机体与环境作用的结果、符号与回报"②,在相互作用中,生命也由此得以丰富和发展,"(活的生物)的每一个需要……都是一种至少是暂时缺乏与周围环境足够谐调的表现。但这也是一种要求,一种深入到环境之中,补偿缺乏,通过建构至少是暂时的均衡来恢复谐调。生活本身是由这样一些阶段组成,有机体与周围事物的同步性失去又再次恢复……这种恢复绝不仅仅是回到先前的状态,它在成功地经历了差异与抵制状态之后,使生命本身得到了丰富"③。由此可见,经验就是人的存在,就是生活④,也因如此,作为生命活动表现形式的艺术和教育都需要回到个体的日常经验中。艺术产品诞生的原初都是因为生活的需要,"室内用具、帐篷与屋子里的陈设、地上的垫子与毛毯、锅碗坛罐及长矛等都是精心制作而成,我们今天找到它们,将它们放在艺术博物馆的尊贵的位置。然而在它们自己的时间与地点中,这些物品仅仅是用于日常生活的改善而已"⑤。同样,教育活动的诞生,原初也是与个体生活息息相关的,因为任何社会群体生活经验的延续需要教育,且群体内外部的交流与沟通也是具有教育性的。既然教育原初就诞生于日常经验活动中,因而教育要使日常生活经验走向美的第一步是重视儿童日常生活经验,其本质就是关注、尊重儿童的生命成长,这也是杜威教育理论的核心内容——教育即生长。同时,由于"教育就是通过传递过程使经验的意义得到更新的过程"⑥,使个体获得不断的生长,因而教育目的也就是"经验的持续改造"或"经验的解放和扩充",而非其他外在的目的。

(二) 儿童日常生活经验具有两面性

　　当把研究的目光投向日常生活经验时,发现其关乎个体的生命发展,艺术活动、教育活动在本质上与日常经验息息相关,因而有必要具体研究日常生活经验的

① ［美］杜威.艺术即经验［M］.高建平,译.北京：商务印书馆,2010：15.
② ［美］杜威.艺术即经验［M］.高建平,译.北京：商务印书馆,2010：25.
③ ［美］杜威.艺术即经验［M］.高建平,译.北京：商务印书馆,2010：15.
④ 易晓明.杜威美学思想对当代美育的启示［J］.教育研究与实验,2010(01)：45—50.
⑤ ［美］杜威.艺术即经验［M］.高建平,译.北京：商务印书馆,2010：7.
⑥ ［美］约翰·杜威.民主主义与教育［M］.王承绪,译.北京：人民教育出版社,2017：340.

性质，思考其对艺术和教育活动的具体影响。杜威认为经验是在有机体与周围环境的相互作用过程中形成与发展起来的，相互作用的过程就是做与受的过程，因而做与受之间的互动关系必然制约着经验的影响，使日常经验具有两面性。

一方面，当有机体维持做与受之间关系的平衡时，其生命力就得到提高，并由此产生了艺术或审美经验的萌芽。杜威认为，经验不仅具有生物学上的意义——生命的维持与发展，更触及了经验中审美性的根源——生命的张力，"通过生命的扩展（而不是通过矛盾与被动地适应）进行有机而有生命的调节的奇迹实际上发生了。在这里，通过节奏而达到的平衡与和谐初露端倪。均衡并非机械地而无生气地实现，而是来自于，并由于张力得以实现"①，由此可以发现，有机体的生命始终是在环境下进行的，而且只有当有机体积极踊跃地与环境发生作用并获得平衡时，人们才能触及审美，开启审美的萌芽。有机体为了维持生命的稳定性，因而追求与它的环境之间分享有秩序的关系，即做与受之间失调与谐调关系的平衡，但杜威也指出，生命经验从混乱到和谐的时刻最具生命力，因而获得了审美的巅峰体验，"当一个有机体在与它的环境分享有秩序的关系之时，才能保持一种对生命至关重要的稳定性。并且，只有这种分享出现一段分裂与冲突之后，它才在自身之中具有类似于审美的巅峰经验的萌芽"②。由此可见，有机体的生命力是其日常经验审美性的来源，因此教育活动就不能只是提供给儿童一堆跟他们的生活经验完全脱离的知识，知识只有与儿童已有的生活经验发生联系时，儿童才能在学习过程中体验到新旧经验冲突带来的紧张感，二者平衡带来的愉悦感，以及紧张向平衡转化（如儿童突然想到难题的解决办法）时审美的巅峰体验。

另一方面，当有机体不能保持做与受之间关系的平衡时，日常经验就会走向混乱、片面和肤浅。杜威认为干扰做与受之间关系的原因有两种："太多的做"和"太多的受"。"太多的做"表现在个体渴望和热情的行动，但结果却只流于表现；"太多的受"表现在个体将很多与自己生活意义无关的经历也积累起来，造成太多虚无缥缈的印象，从而导致个体变成感伤主义者或白日梦患者，这同样使日常经验变得扭曲。杜威强调无论是哪一种情况都会使经验丧失审美性，因为"当不存在做与受的平衡时，没有什么能在心灵中扎下根"③。以此来反观学校教育，可以发现儿童的日常经验中也存在做与受不平衡的状况。一方面，儿童遭受了"太多的做"，学习成了"题海战术"，枯燥的反复操练挤占了儿童有目的的、自主的探索和发现的时间与空间，使学习失去了本身应有的乐趣；另一方面，儿童遭受了"太多的受"，学习成了接受各种学科知识"疯狂填塞"的过程，杜威在《民主主义与教育》中也指出了这一现

---

①　［美］杜威.艺术即经验［M］.高建平，译.北京：商务印书馆，2010：16.
②　［美］杜威.艺术即经验［M］.高建平，译.北京：商务印书馆，2010：16—17.
③　［美］杜威.艺术即经验［M］.高建平，译.北京：商务印书馆，2010：53.

象和后果，"学校中过分重视儿童积累和获得知识资料，以便在课堂问答和考试时照搬……这种静止的、冷藏库式的知识理想有碍教育的发展。这种理想不仅放过思维的机会不加利用，而且扼杀了思维的能力"①。教育中做与受关系的不平衡从根本上是由于教育内容的质和量都忽视了儿童自身发展的兴趣与需要，教师传递的知识只有"打动儿童内心"，且知识的难度和量度在儿童接受能力的范围内，知识才会对其产生意义，学习过程才能保持智力发展的兴趣，并发挥知识扩大和丰富经验范围的作用。

二、"走向美"的桥梁："一个经验"

经验是艺术的萌芽，且萌芽的发展取决于"经验"向"一个经验"的转变。由于活的生物和环境的相互作用与生命过程本身息息相关，因而经验就不停息地出现着。但正如杜威所表述的那样，我们生活在一个忙乱而缺乏耐心的人文环境里，经验总是受着"太多的做"或"太多的受"的干扰，因而"没有一个经验能够有机会完成自身，因为其他东西来得是如此迅速。被称为经验的东西变得如此分散和混乱，以至于不配用这个名称"②。为了让日常经验走向审美化，就必须克服经验的混乱性、肤浅性，使其走向完整和完满，为此杜威提出"一个经验"这一概念，"我们在所经验到的物质走完其历程而达到完满时，就拥有了一个经验"③。由此可见，"一个经验"强调经验的完整性，它有开端、有发展、有完成，且杜威认为"一个经验"的完成不是中断，而是高潮，在一个经验的完成之时，前面的活动结果已经被吸收和取得，并成为下一阶段的开始和准备，所以"一个经验"是具有整一性、丰富性、积累性和最后圆满性的经验。在"一个经验"的基础上，杜威进而提出清晰和强化的"一个经验"就是审美经验，"审美既非通过无益的奢华，也非通过超验的想象而从外部侵入到经验之中，而是属于每一个正常的完整经验特征的清晰而强烈地发展"④。此外，杜威还强调"审美的敌人不是实践，也不是理智。它们是单调；目的不明而导致的懈怠；屈从于实践和理智行为中的惯例"⑤。《艺术即经验》的译者高建平认为，"一个经验"为我们提供了一把理解"审美经验"的钥匙，"审美经验"不再是不可言说和把握的神秘对象，只要经验获得完满发展，就能获得审美体验。

既然充满审美性质的"一个经验"是破解日常经验混乱性、肤浅性、麻痹性等弊端的关键，那么什么是"一个经验"呢？杜威在《艺术即经验》一书中曾这样描述"一

---

①　［美］约翰·杜威.民主主义与教育［M］.王承绪，译.北京：人民教育出版社，2017：173.
②　［美］杜威.艺术即经验［M］.高建平，译.北京：商务印书馆，2010：52.
③　［美］杜威.艺术即经验［M］.高建平，译.北京：商务印书馆，2010：41.
④　［美］杜威.艺术即经验［M］.高建平，译.北京：商务印书馆，2010：54.
⑤　［美］杜威.艺术即经验［M］.高建平，译.北京：商务印书馆，2010：47.

个经验"。他写道："如果我们想象一块向山下滚动的石头拥有一个经验,我们也许会得到一个一般化的描述。石头从某处开始,只要条件允许,就会持续地向着一个地点,向着一个静止的状态运动——那是结束。在这种外在的事实之上,我们可以加上这样的想法,石头带着欲求期盼最终的结果;它对途中所遇到的事物,对推动和阻碍其运动,从而影响其结果的条件感兴趣;它按照自己归结于这些条件的阻滞和帮助的功能来行事和感受;以及最后的终止与所有在此之前作为一种连续的运动的积累联系在一起。这样,这块石头就将拥有一个经验,一个带有审美性质的经验。"[1]将这一大段描述具体分析后,我们发现"一个经验"主要包含以下五大性质。

第一,"一个经验"是一个具有连续完整性质的经验,"石头从山顶出发到山底结束,走完了全过程,且最后的终止与所有在此之前作为一种连续的运动的积累联系在一起"。"走完全程"与"达到完满"都强调一个经验的完整性,它有开端和结局。同时,这里的"开端"和"结局"不是简单的"开始"和"停止",它强调关注一个事件的前因和后果,即"一个经验"是吸收了过去的经验形成的,且它的结局是向未来经验开放的,因此"一个经验"整体性中天然地包含着连续性和积累性,且这种连续和积累不是断断续续的,其过程是流畅的,"中间没有空洞,没有机械的结合,没有死点"[2]。这种具有连续完整性的经验必然克服了日常经验中的零碎性和散漫性。

第二,"一个经验"是带有欲求目的的经验,"石头带着欲求期盼最终的结果"。由此可见,"一个经验"的发生发展与个体的需要和冲动息息相关,这些需要和冲动都指向行为的最终目的,这一特征克服了日常经验中的盲目性。

第三,"一个经验"是具有情感性质的经验,在目的的指引下,石头会"对途中所遇到的事物,对推动和阻碍其运动,从而影响其结果的条件感兴趣",而非机械地滚动。杜威也明确指出"经验是情感性的",他认为使一个经验变得完满和整一的审美性质是情感性的。虽然情感的参与是重要的,但并不意味着情感的泛滥,还需要理智的节制,"一个经验要想具有整体性,在其走完全程的过程中,有情感投入,也必须学会节制,带有目的与理智,这样才能不间断,相对集中于经验本身,以达到某种平衡状态"[3]。而"一个经验"的情感性质也克服了日常经验的麻痹性。

第四,"一个经验"的发展过程是有节奏的,而非单调的重复。杜威认为"有规则的变化就是节奏"[4],石头在向山下滚动的过程中会遇到阻碍它运动的事物,"阻滞"和"运动"之间谐调的恢复与失去就使得经验具有了节奏,这种节奏使得经验避

① ［美］杜威.艺术即经验[M].高建平,译.北京:商务印书馆,2010:35.
② ［美］杜威.艺术即经验[M].高建平,译.北京:商务印书馆,2010:54.
③ 余有安.杜威审美经验理论研究[D].金华:浙江师范大学,2016:22.
④ ［美］杜威.艺术即经验[M].高建平,译.北京:商务印书馆,2010:179.

免了单调和重复,而单调和重复恰恰是杜威认为的"审美的敌人",审美的敌人既不是实践,也不是理智,它们是单调,目的不明导致的懈怠,屈从于实践和理智行为中的惯例。

第五,"一个经验"是取得做与受关系平衡的经验。"石头在向下滚动受到阻碍和帮助,它按照自己归结于这些条件的阻滞和帮助的功能来行事和感受",由此可见,石头在运动过程中是一个做(向下运动)与受(受到帮助和阻碍)的过程,且将这种做与受组织成了一种关系(根据受到的帮助和阻碍调整行为和感受)。关系的建立使经验的做与受两方面的关系获得了平衡,从而使经验在深度和广度上获得提升,就如杜威所指出的那样,"一个小孩儿的经验可以是强烈的,但是由于缺乏来自过去经验的背景,受与做的关系把握得少,因而这种经验在深度和广度方面不够"①,"一个经验"的这一特征可以帮助克服日常经验的肤浅性和片面性。

以"一个经验"来审视当下教师的教学实践,我们会发现学生在课堂学习中获得的常常是零散的、枝节的、碎片化的"信息",这些信息无法引发学生的情感共鸣,进而更不会与学生过去、现在和未来的经验相联系和作用,使学生获得认知、实践和情感上的经验生长。那么,能够让学生获得经验生长点,具有审美性质的课堂应该是什么样的呢? 这样的课堂存在吗? 答案当然是肯定的。以下面小学五年级语文教学课为例。

W 老师在分析课文《鸟的天堂》中描写的"……树上变得热闹了,到处是鸟声,到处是鸟影……"这一句话时,让每个学生自由模仿自己日常听到的熟悉的鸟叫声。此时,课堂中学生们都欢快地发出了各种"鸟叫声",顿时"咕咕……""吱吱……""喳喳……""布谷……布谷……"等声音充满了课堂,这时儿童切身体验到了"到处是鸟声"的那种热闹。教师在分析鸟儿与其生活乐园——榕树的关系时,又借助角色扮演,通过教师扮演"榕树",学生扮演"鸟儿",借助师生间温情脉脉的对话,让学生仿佛看到和真正感受到了鸟儿和榕树之间幸福相依的动人画面。

案例 5-1②

在对 W 老师的相关访谈中,她也提到了这样教学设计的目的就是激发学生自身的思考和感悟:"其实在教学中,我还可以通过播放一个有各种鸟叫声的视频让学生来感受,但是我觉得这样就缺少了孩子的切身体会,孩子只有通过具身活动,才能有更深刻的理解。同时,我觉得师生之间的关系就像是榕树和鸟儿的关系,孩子们以鸟儿的口吻表达对榕树的感谢,而我以榕树的口吻表达对鸟儿们的喜爱和

---

① ［美］杜威.艺术即经验[M].高建平,译.北京:商务印书馆,2010:52.
② 这是研究者现场看到的一节语文课,执教教师是上海某公立小学的一位中级语文教师。这位教师的上课风格和方式也丰富和激活了研究者关于杜威"一个经验"的认知经验。

无私奉献，因为能为鸟儿提供舒适的住所是榕树爷爷最大的快乐。这样我和孩子们之间流动的爱意，就让他们真正感受到了鸟儿和榕树之间的深厚关系。"

通过这个教学案例，我们可以发现，这位教师在课堂教学中尤其强调学生的具身认知、真实情感体验和表达等，她有意识地借助了情境教学的方式，并借助这一方式引导学生将教材知识（鸟叫得热闹，人与自然的和谐关系）与以往的日常经验（亲耳听到的各种鸟叫、亲身亲近自然的体验）和当下的体验（课堂中热闹的"鸟叫"、师生之间的温情对话）相联系，进而使其对教材知识、过去经验都有了进一步的认知和体验。这时，教材知识、过去经验都变得鲜活起来，避免了片面、僵化和单调，这些鲜活的经验也为学生经验的进一步丰富提供了生长点，即学生在课堂中获得的切身、深刻的认知与体验会将其引导到其他有所领会和深思性质的事件中去，以此增加更好的理解与欣赏。据此，我们可以说，这一课堂中学生获得的经验是具备连续性、完满性质的"一个经验"：它借助学生以往的生活经验为当下的认知与体验注入了活力，当下的经验也改组和改造了过去的经验，使其避免僵化和单调，并为学生未来更好地体验、理解与欣赏其他事件提供具有深度和广度的背景经验。

三、"走向美"的方法：艺术创作方法的教学运用

在《艺术即经验》中，杜威分析了艺术在经验中的动态生成过程中所涉及的一些重要原则和方法，这些原则和方法既可以解释"一个经验"的动态生成过程，也可以延伸到所有的教育之中，使之成为"教育的艺术"。通过具体分析可以发现，由于杜威都以"经验"为基础解释其艺术理论和教育理论，因而他提出的"冲动的表现化""情感的客观化""质料的形式化"等艺术创作原则和方法，与他提出的"五步教学法""兴趣教学""教材的方法化"等教育原则和方法之间有着本质的联系，因而如果教师能在理解杜威的艺术创作原则和方法的基础上运用这些教学原则与方法，就能帮助其克服教育教学活动中出现的"手段与目的"相对立的现象，促使儿童获得完整的学习经验。杜威称艺术中手段与目的的分离必定是非审美性的，教育中亦是如此。只有当教育过程实现这两者的统一时，教师要求儿童做的事也是儿童自己想要做和愿意做的，也正是在此时，儿童才能全身心投入到学习活动中，没有一丝强迫，充满着自由和快乐，因而获得的经验也必然是强烈的、完整的、清晰的审美经验。

（一）冲动的表现化与"五步教学法"

在"一个经验"产生的源头，杜威找到了"冲动"（impulsion）。杜威认为冲动是任何完满经验的第一步，且这里的冲动有别于刺激（impulse）。刺激是对环境的更

为完整的适应机制的一部分，而冲动"是一种整个有机体的向外和向前的运动"①，且这种向外和向前的运动是为了满足有机体的饥饿和需要，因而冲动来源于本能。同时，杜威还指出，冲动在向外和向前发展的过程中会碰到许多使它发生偏离和受阻碍之物，而个体在将这些障碍和不确定的状况变成有利的力量时，就将原来盲目的、受本能支配的冲动转化为具有目的性、计划性因而也具有意义的行为，而这种质的转化，即通过从过去经验的背景中吸收意义和能量向有思想性的行动的转化，使一个自然活动变为表现活动，且"这种变化是每一个艺术行为的标志"。杜威认为表现行为具有两方面的特征：第一，它是有目的的、有方法的行为。小孩儿本能地哭是不具有表现性的，只有当他知道哭可以作为一种行为的媒介得到妈妈的注意或安慰时，哭的行为才具有了表现性，因而表现行为中手段与目的实现了统一。第二，表现行为中主客体实现了统一。杜威从词源上分析了表现行为中含有的主客体统一的意味，表现的行动（express）表示挤出或压出，要挤出或压出某些东西，就必须要有被压的原材料和外界作用于原材料的压力，就像水果只有跟榨汁机或者人的手及其他工具相互作用时，果汁才会出现；同理，只有有机体的内在冲动与外在环境相互作用时才会出现表现行动，且在相互作用过程中主客体都发生了改变，就像榨汁机里的水果变成了果汁一样，果汁虽然来源于水果，但又不同于水果，客观对象在经过个人经验"蒸馏"后也发生了变化，即拥有了意义。

　　艺术中的"冲动的表现化"原则，在教育活动中的体现是"五步教学法"。第一步，正如一个经验开始于冲动那样，杜威认为思维或者说一个思维的经验，也需要开始于冲动，而思维冲动的引发不能从现成的教材开始，而必须依靠引发儿童兴趣的情境。从经验的源头，我们理解了为什么"五步教学法"的第一步是"先要给儿童提供一个真实的经验的情境"。第二步，根据本能冲动向表现行为转化的标志——行为的目的性，教师所设置的教学情境需要引发儿童将所做的事和活动结果在思想上联系起来，因而"五步教学法"的第二步是要强调情境内部产生一个真实的问题。所谓真实的问题指的是与儿童自身相关的问题，而非来源于教科书或考试内容或教师的问题，只有问题与儿童自身经验相关时，情境所引起的思维的冲动才能与儿童实际关注的行为结果相联系，那么儿童在应对这些问题中所取得的能力自然也能促进其自身生活经验的丰富和扩展。第三步，表现行为的出现是主客体相互作用的结果，依赖于外界的压力和个体内部的需要，因而在教学情境中，教师不仅需要提供"真问题"作为思维的刺激物，更需要提供支持儿童解决问题的材料和方法，以促使儿童与问题产生联系并积极解决。为此，"五步教学法"的第三步是要让儿童占有知识材料并从事必要的观察，从而对付这个问题。杜威认为进入儿童

---

① ［美］杜威.艺术即经验［M］.高建平，译.北京：商务印书馆，2010：67.

思维中的知识材料能够变成一些观念,这些观念帮助儿童解释问题、阐明问题、确定问题的所在,但它们不能提供答案,只能激发暗示帮助儿童一步步逼近答案,因此儿童还有必要进行实际的观察活动以获得直接的观念,这些观念能帮助儿童时刻注意事物的意义或联系,以确保儿童能够维持理智的兴趣。只有完成了以上三个步骤,课堂问题才能对儿童产生真实影响,儿童也才会主动、积极地想出解决问题的办法("五步教学法"的第四步)并在亲自运用方法解决实际问题时,检验之前获得的观念和知识("五步教学法"的第五步),从而使观念和知识都获得了个人意义。

由此可见,"冲动的表现化"原则是与"五步教学法"息息相关的,教师只有在理解前者的基础上,才能明白教学中创设情境、设计问题,以及为儿童提供知识材料的真正原因和目的,避免教学中为情境而情境、为问题而问题和为材料而材料的现象,在创设情境、设计问题和提供知识材料的过程中能以儿童的兴趣和需要为前提,从而克服教学内容与儿童实际生活经验相脱离、儿童课堂问题解决能力与实际生活问题解决能力相脱离的问题。

(二) 情感的客观化与兴趣教学

情感是艺术中的重要范畴,基于经验哲学的立场,杜威强调情感不是在有机体内部自身完成的实体,而是由具体的、独特的情境所激发出来的。因此情感不是独立于客观环境之外的,两者处于不断地相互作用之中,相互作用的过程就是"情感的客观化"过程,具体包含两方面的内容:第一,情感作用于外部客观材料,发挥着选择和组织材料的功能,使它们都染上了自己的色彩,"情感就像磁铁一样将适合的材料吸向自身:所谓的适合,是指它对于已经受感动的心灵状态具有一种经验到的情感上的共鸣"[①]。第二,客观材料作用于情感。在情感作用于客观材料时,客观材料也反作用于情感,使得原初混乱的、模糊的情感得到了改造,变得清晰和完善,这一变化改变了原初情感的性质,使它在本性上具有独特的审美性。由此杜威提出审美情感是客观化的情感,且它不是独立于天然情感的一种特殊情感,而是通过对客观材料的发展和完成而变化了的天然情感。他认为被情境激起的情感的直接显现不是真正的表现,必须要借助客观材料,"强烈情感的爆发因为失控而具有爆发性,在极端情况下,它引起的是扰乱而不是规范材料的作用……情感只有在间接地被使用在寻找材料之上,并被赋予秩序,而不是直接消耗时,才会被充实地向前推进"[②]。关于审美情感,杜威举过很多例子加以说明,如一个人将他的怒火直接发泄出来是消极的,但如果他通过收拾房间等方式间接释放其情感,房间被整理干净

① [美] 杜威.艺术即经验[M].高建平,译.北京:商务印书馆,2010:80.
② [美] 杜威.艺术即经验[M].高建平,译.北京:商务印书馆,2010:81.

的同时，原先烦躁的怒气也都得到了整理和平息，像这样一种"客观化的情感"就是审美情感。

杜威提出的"情感的客观化"这一原则在教育上的延伸就是"兴趣"，两者在本质上具有相似性。一方面，正如情感是在个体与环境相互作用过程中产生的，不存在独立于客观情境的情感那样，杜威认为兴趣的产生也离不开客观情境，"所谓兴趣是指自我与世界在一个向前发展的情境中彼此交织"①，因而不存在某种作为独立实体存在的兴趣，借此杜威批评了教育中出现的把兴趣作为某种特定的、外在于教学本身之外的现象。例如教师把兴趣当作某种富有魅力的特征加到儿童本来不感兴趣的教材中，用快乐"行贿"，"引诱"儿童注意与努力，这样的行为或许可以使儿童对学习产生一时的兴趣，但却不能持久，还会分散儿童学习的注意力。杜威认为弥补的方法在于发现与儿童当前能力有联系的事物和活动（即主动作业），这样才能使儿童乐于从事，并使活动始终如一地、连续地坚持下去。另一方面，正如情感的客观化有"直接宣泄"和"间接整理"那样，兴趣发挥作用也可以分为直接的兴趣和间接的兴趣。杜威认为兴趣从英文词源上说，含有居间的事物的意思——即把两个本来远离的东西联结起来的东西，在教育上这段距离可以视为时间上的……在生长过程的开始阶段和完成时期有一段路程②。由此可以看出，兴趣是居于事物发生过程中并推动其向其目标发展，有些活动比较短暂，其中的兴趣倾向也是直接的；有些活动较为持久，其中的兴趣则相应地具有间接性质，且直接兴趣和间接兴趣之间没有严格的、不可逾越的界限。这里间接兴趣强调意志的重要性，杜威认为，在活动开始和完成之间会出现很多的障碍和苦难，一个人只有有意志，才能够持久地、有力地施行或实现他的目的。因此，教育过程有必要根据活动的持久程度和儿童已有的知识水平适时地引入具有挑战性的活动，以培养和磨炼儿童的意志力。

由此可见，"情感的客观化"与教育中的"兴趣"是息息相关的，教师只有理解了前者，才能实施真正的兴趣教育。一方面，教师的教学过程能激发儿童自身的需要和乐趣，而非通过外部的奖惩手段"引诱"儿童学习。另一方面，教师要重视对儿童意志力的培养，真正的兴趣是指引儿童坚定不移地走向学习目标的持续动力，意志在其中发挥了重要的作用。因而，在兴趣教育中，教师不能简单地用快乐向儿童"行贿"，还要适时地引入具有挑战性的学习任务，磨炼儿童的意志。只有做到这两点，教师才能克服兴趣教学中出现的"为兴趣而兴趣"的问题，实现教学过程与结果、目的和手段之间的统一。

---

① ［美］约翰·杜威.民主主义与教育［M］.王承绪，译.北京：人民教育出版社，2017：139.
② ［美］约翰·杜威.民主主义与教育［M］.王承绪，译.北京：人民教育出版社，2017：140.

（三）质料的形式化与教材的方法化

形式与质料的关系问题是艺术理论中的经典问题，杜威从"经验"的视角来解释其艺术理论，也极大地影响了他对两者关系的讨论。由于受到柏拉图理念论的影响，传统美学理论中将形式看作是超越了质料而存在的独立实体，其特征是永恒性、普遍性①，艺术家的创作是要用现已完成的质料去寻找后来才有的、体现质料的形式的过程。杜威反对这种将质料和形式看作二元对立关系的美学理论，并根据有机体的身体感觉经验给出了形式的定义，"形式是在有机体与周围环境的相互作用，从环境中形成阻碍、抵抗、促进、均衡与有机体的能量②相遇时形成的"③，"形式是一个达到其完满实现的经验的质料"④。由此可见，杜威所认为的形式强调主体的感知经验与质料的亲密互动和共同发展，是当主体动用自身的能量对进入感知过程中的材料（受的过程）进行其各部分间的相互调适（做的过程），以构成整体的平衡时所形成的，即形式在质料被组织起来的过程中逐渐形成的，这就是"质料的形式化"。杜威通过列举一个房间的例子形象地说明了形式是如何在组织质料的过程中形成的：当房间中的沙发、毛毯、桌椅等都被安排在恰当的位置并形成一个和谐的整体时，这个房间就成为了一件艺术品，即房间里的所有物品都被形式化了。"质料的形式化"不仅强调形式的动态生成过程，也强调质料的个性化过程。与柏拉图认为的形式是普遍的，而质料是特殊的观点不同，杜威认为质料是共同的、一般的，质料的形式化是个性化的：一件艺术作品所赖以组成的材料属于普通世界，而不是属于自我，然而由于我以一种独特的方式吸收了材料，并以一种构成新的对象的形式将之重新发送到公众世界中去，因而在艺术作品中存在着自我表现。⑤ 由此可见，虽然艺术材料因来源于日常生活而具有普遍性，但由于艺术家在艺术创作过程中以一种独特的方式吸收和重新组织了它们，因而使一般化的材料具有了个性化，使一件艺术品变得独一无二。同时，杜威也指出，由于人类的生命活动有着共同的节奏（如休息与工作等），这就决定了形式的生成虽然是带有个性

---

① 在词汇学意义上，理念（idea）和形式（form）在拉丁语中是相同的，所以，形式一开始就被认为是一种理念。柏拉图的理念哲学将形式视为原型或摹本，而任何自然分类中的个体物都是它的不完善的摹仿。形式于是成为基础性的必要存在，它就在那里等待被发现。由于理念是超越时间、变化和存在的绝对实在，形式也相应地成为了无时间性的、固定的和抽象的东西。
② 由于杜威主张自然主义哲学，所以他在阐发艺术理论时采用了"能量"这一概念，认为形式的不断发展就是根据事物的潜能来选择和整合，去掉引起混乱、使人分心与无活力的力量以使那些对经验完成有重要作用的能量能够得到更好的发挥。同时，他还从能量的角度对传统的"对称""平衡"等与形式相关的概念做了新的解释。传统美学将"对称""平衡"看作是一种静态的空间关系，但从能量的角度来分析，杜威认为对称是对抗的能量间的均衡，平衡是指获得平衡的过程，是在对立力量相互作用的过程中实现的。
③ ［美］杜威.艺术即经验［M］.高建平，译.北京：商务印书馆，2010：171.
④ ［美］杜威.艺术即经验［M］.高建平，译.北京：商务印书馆，2010：159.
⑤ ［美］杜威.艺术即经验［M］.高建平，译.北京：商务印书馆，2010：124.

化的经验组织过程，但同时也遵循着一定的客观基础。

杜威认为艺术对象都是某种语言，不管它用什么媒介加以表现，都涉及说了什么和怎么说的，即实质和形式这两个要素，教育活动中要思考同样的问题，即教什么（教材）和怎么教（教学方法）。正如批判传统艺术理论中把实质和形式看作是对立关系那样，杜威也批判了传统教育把教材看作是先于方法存在的静态的和独立的知识体系，把方法看作是教儿童如何掌握教材，强调教材和方法的内在统一关系。一方面，教材本身就是方法化了的知识材料。杜威认为：“一门科学的材料总是有组织的……这种材料经过理性的加工，也就是说它已经方法化了……方法就是安排教材，使教材得到最有效的利用。方法从来不是材料以外的东西。”①另一方面，方法是在组织和安排教材中形成的。正如形式是在质料被组织起来的过程中逐渐形成的那样，方法也是在知识材料被有目的地组织过程中逐渐发展起来的，“方法就是使教材达到各种目的的有指导的运动”，这就像弹钢琴需要使用键变得有秩序的方法，但使用键的秩序不是在弹钢琴的活动以前就在音乐家的双手和头脑里的现成的东西，这种秩序存在于使用钢琴、双手和头脑以便达到所希望的结果的许多动作中。同时，杜威在对教材的方法化进行讨论后，还对“一般方法”和“个人方法”进行了讨论。他认为教育中有它的一般方法，这些方法为过去的经验和理智分析所认可。但正如他认为个性化的经验组织使艺术品变得独一无二那样，他认为学习的创造性在于儿童用自己的方式将相似的经验材料作出个性化的解释和分析，并因此获得了思维的创造性及其创造性所带来的快乐。

由此可见，艺术中“质料的形式化”在教育中的延伸就是“教材的方法化”，二者是息息相关的，教师只有真正理解了质料与形式的辩证统一关系，才能避免在教学中将教材与方法相孤立，为此教师在教学中要重视引导儿童在自己的经验中创造性地运用教材知识。第一，教师教学时要提供具体情境，通过让儿童观察和思考，从而从情境中引申出具体的方法；第二，教师的教学方法不能脱离教材，例如利用外部的奖惩措施引诱和威胁儿童学习；第三，教师的教学要将儿童学习的各种教材与儿童有目的的学习活动相联系，因为只有当儿童认识到所学教材在完成自身某种经验中所占的位置时，才能做到有目的地、真正专心致志地学习；第四，教师要避免使教学方法变成枯燥的常规和机械的步骤，重视提高儿童问题处理的灵活性和主动性。教师只有做到这些，才能使教学内容与儿童生活经验相联系，激发儿童内在的学习兴趣并促使儿童在教学过程中进行创造性的思考，从而获得学习的乐趣。

四、“走向美”的目的：让儿童艺术化地生活

教育不仅要思考如何让儿童从日常生活中获得审美经验，也要思考如何让儿

---

① ［美］约翰·杜威.民主主义与教育［M］.王承绪，译.北京：人民教育出版社，2017：181.

童获得的审美经验反过来影响其日常生活，从而使儿童形成艺术化的生活方式，即把艺术创造和欣赏的方法延伸到儿童的一般的日常生活经验当中，引导儿童像艺术家那样观察和体验生活，艺术化地处理个人的日常经验以及创造性地感知和行动。

（一）关注儿童感受和当下生活

杜威强调"经验是处于它是经验的程度之时，生命力得到了提高"①，这句话强调了经验的当下性。人们一直处在经验之中，有过去的经验、现在的经验，个体通过想象还会产生未来的经验，但只有过去的经验不再让人烦恼，对未来的期待也不再使人烦忧时，个体完全处于当下的经验时，审美经验才会产生，因为此时个体完全地与他周围环境积极而活跃地进行交流，其极致是自我与客体和事件的世界的完全相互渗透②，当个体完全与他的环境结合时，这时的经验是清晰而强烈的，艺术（审美经验）也就诞生了。

当下的经验带来了艺术和审美，这就启示教育要引导儿童感受和欣赏当下的生活。为此教育需要注意以下两点：第一，教育要为儿童当下的生活和成长作准备，而不是遥远的未来，这一点也是杜威强调的。杜威反对"教育即预备"的观点，他认为把教育看作是为未来某种生活作预备的观念会导致儿童"丧失学习的原动力""做事犹豫和拖延"，以及"个人的特殊能力标准被一般传统的期望和要求所替代"等不良后果。总之，为未来生活作准备的教育是以牺牲儿童当下的生活为代价的，只有教育不再以未来的幸福生活为"诱饵"引诱儿童学习，儿童才能感受当下生活的意义，从而更具活力地去面对和享受当下生活，这时儿童才会拥有生活的幸福感、愉悦感。第二，学校教育要为儿童感受当下经验留点时间和空间，当学校生活只剩下枯燥的、压迫式的学习时，审美经验是无处可寻的。同时，学校和教师可以创造机会让儿童感受当下的生活，如教师每节课都注意教材知识与儿童日常经验的联系性，引导儿童不断地反思自己的生活经历，体悟当下生活的意义和价值。

（二）指导儿童艺术化地组织个人经验

杜威认为我们在某种程度上都是艺术家，我们所缺少的是艺术家在实施方面的能力③，这里杜威强调的艺术家的能力是指通过某种"媒介"来感受和组织经验的能力。在日常经验中，个体通过运用各个感官去接近和触摸世界以获得感官感受，这些由触觉、视觉、听觉等带来的经验有时是混乱的、矛盾的，而在艺术家创作艺术

---

① ［美］杜威.艺术即经验［M］.高建平，译.北京：商务印书馆，2010：22.
② ［美］杜威.艺术即经验［M］.高建平，译.北京：商务印书馆，2010：22.
③ ［美］杜威.艺术即经验［M］.高建平，译.北京：商务印书馆，2010：232.

作品时,这些经验通过一种特殊的"媒介"得到了整合和清晰,因而具有审美性。例如"色彩"是眼睛与一幅画之间的媒介,日常生活中眼睛看到的色彩是混合的,因为眼睛看到色彩的同时,还受到了其他媒介(如,线条、声音)的干扰,但在绘画中色彩呈现出的景色是没有这些混合与不纯性的,因为此时的媒介就是色彩本身,且"色彩单独地担负起运动、触觉、声音等的性质"①,因此杜威强调"媒介"表示一个特殊经验器官的专门化和具体化发展到了其中所有的可能性都得到利用②,通过媒介,经验得到了完整、清晰与强化。此外,艺术家对某种特定的媒介是带有敏感性的,因而在艺术创作中艺术家可以依赖自己选择的器官及与之相对应的材料,借助媒介,清晰而纯粹地表达观念。

依此反观儿童的日常生活可以发现,虽然儿童拥有很多鲜活的生活经验,但在使用这些材料给予想表达的东西以一个表现时,例如写一篇作文、画一幅画或唱一首歌,儿童反而不知道该怎么样选取和组织材料,因而作文、绘画和歌唱的内容往往流于俗套和平庸。因此,教师在语文、绘画、音乐教学时,不仅要注重教授儿童文学、绘画及音乐方面的知识,更要分析艺术家创作中选取"媒介"的技巧——例如文学家是如何通过文字来表达他的所见、所闻、所感、所思,画家是如何通过色彩、线条等媒介来表达,音乐家又是如何通过音调、音符等媒介来表达等,通过不断引导儿童学习艺术家组织经验的方式,从而使儿童能够更加敏锐地感受、组织和表达自己的日常生活经验。

(三) 肯定和引导发展儿童想象力

艺术的诞生和欣赏均离不开想象力。第一,日常经验本身具有想象性。杜威认为经验是具有想象性的,尽管每一个经验都是在活的生物与其环境相互作用的客观过程中产生的,但只有通过想象才能使先前的经验意义进入到有意识的经验之中,并完成新经验与旧经验的调适,从而使经验不断得到动态发展。第二,审美经验也是具有想象性的。一方面,在艺术创作中,过去经验所带来的意义是通过想象被召唤、集合与综合到自我与物质的相互作用之中;另一方面,艺术作品的欣赏者同样也是通过想象从而使艺术品得以表现。杜威还强调艺术中的"想象"不是幻想。尽管想象来自主观的一种幻想状态,但在艺术创作的具体实践中,具有幻想性质的艺术品材料在"目的"的控制下被选择、组织和发展,从而成为艺术品的质料,同时,艺术欣赏除了要使自己沉浸在无关的想象中,还要将自己的意向和情感与对象联系在一起。由此可以看出杜威理解的"想象"强调理智的客观作用,通过想象走出审美对象给予主体的纯粹当下的感知,并努力感知其过去和未来的存在样态,

---

① [美]杜威.艺术即经验[M].高建平,译.北京:商务印书馆,2010:227.
② [美]杜威.艺术即经验[M].高建平,译.北京:商务印书馆,2010:228.

从而选择出恰当的制作或欣赏行为。

将艺术中的想象的主体和对象扩张到一般日常生活中，可以发现杜威的想象力强调解放人的思想，主张个体运用感知能力和理性能力积极地、创造性地去感知、反思和重构我们在生活中可能面对的境遇和事物。因此，教育要肯定儿童想象力的重要性，而非把儿童想象力当作干扰学习活动的不切实际的幻想，教育教学中注意上述"五步教学法""兴趣教学""教材的方法化"等方法的使用，从而在教学中真正激发儿童的想象力，引发儿童主动思考和探索。除了运用这些教学方法给儿童的想象力创造空间外，教师还要给儿童想象的时间。杜威强调想象力是对行为可能条件、可能方式、可能结果的充分审视、思虑或慎思，审视、思虑或慎思均强调儿童安静地思考，与自己的内心进行对话，但现代教育活动主要是通过师生间的话语交流和互动完成的，因而强调课堂的"有声"，且"现代教育有声性的过度强化淹没了人的无声需要，外在表达挤占了内在寂静"[①]。因而，允许儿童想象的课堂需要教师平衡好"有声"和"无声"的关系，把握好课堂的节奏。

思考与练习

1. 结合自身教学经验，谈一谈你对"一个经验"和"审美经验"的认识和理解。
2. 以杜威美学思想为指导设计或者完善一个教案，以帮助儿童更好地获得一个经验和审美经验。
3. 你认为以杜威美学思想指导自身教学在实施过程中会遇到哪些挑战？结合具体案例谈谈你的看法。

延伸阅读

1. [美]约翰·杜威.人的问题[M].傅统先，邱椿，译.上海：上海人民出版社，2014.
2. 赵秀福.杜威实用美学思想研究[M].济南：齐鲁书社，2006.
3. 李媛媛.杜威美学思想论纲[M].北京：中国社会科学出版社，2010.
4. 孙俊三.教育过程的美学意蕴[M].长沙：湖南师范大学出版社，2006.
5. 董远骞.教学的理论与艺术[M].北京：人民教育出版社，2007.
6. 周义.教育美学引论[M].天津：天津教育出版社，2010.

---

① 高德胜.道德想象力与道德教育[J].教育研究，2019，40(01)：9—20.

第六章

让儿童与世界美好相遇：海德格尔"美的沉思"的教育学审视

本章要点

1. 美作为无蔽真理的现身方式。
2. 回到儿童与世界的共在基础。
3. 本源之美在教育世界的绽出方式。

重要概念

本源　美的沉思　相遇　教育之美　无蔽　真理　生命　此在　世界　共在　在世界之中操心　操劳　操持　本真体验　运思能力　诗意栖居

学习目标

1. 了解海德格尔"美的沉思"的存在论立场。
2. 理解和体会海德格尔"美的沉思"的核心观点与重要概念。
3. 探寻海德格尔"美的沉思"在当代教育背景下的现实意义。
4. 深入剖析海德格尔"美的沉思"与中国本土化教育的适切性。

图 6-1　海德格尔

主要人物介绍

德国哲学家马丁·海德格尔（Martin Heidegger，1889—1976）是现代西方哲学中的一个谜——"没有谁能够像海德格尔这样遭际到如此不同的毁誉褒贬"①。他终其一生都在追寻"存在"的道路上前行，存在论是其一切思想的基础，而诸如美、艺术、诗歌等均为其通向存在的具体路径。海德格尔的"美学"不同于一般意义上的指向感性学的美学概念，而是一种别有异彩的形而上学的美的沉思，是对技术化现实所遮蔽的世界现实的一种回归。与其称其为"反美学"，不若称之为一种对传统美学的批判性超越，是一种存在论基础上的美学超越。《艺术作品的本源》是海德格尔为数不多的集中论述其美学思想的篇章。另外，在《林中路》《荷尔德林诗的阐释》《尼采》等文集，以及《人诗意地栖居》《筑·居·思》等讲稿或文章中也蕴含了诸多海德格尔对美与艺术的论述。海德格尔对美的沉思是存在的本源性思考，是对生命存在的质朴之美的一种回归，即回到生命发生的本真状态。海德格尔对美的本源性沉思启示着教育工作者们回到教育的本源：从教育作为一项发展人的生存性活动出发，思考"教育如何让儿童与世界美好相遇"。教育的本源意义蕴含着尊重、发现、彰显生命存在之美的重要责任。然而，现行教育却与这种本源意蕴渐行渐远了，它在变得强大、确定、科学和可预测的同时，也变得急躁、焦虑和不安，以至于儿童与世界相遇过程中的复杂性、风险性、戏剧性、惊喜性和可能性一并消失。这要求教育工作者回到教育的本源，从儿童与世界的最初相遇中寻找美的可能。

---

① ［英］乔治·斯坦纳.海德格尔[M].李河,刘继,译.北京：中国社会科学出版社,1989：9.

一、美作为无蔽真理的现身方式

海德格尔对美的思考并没有沿袭传统美学的道路，而是全然摒弃以感性学为标志的美学思路，对美与艺术的本质展开了本源性沉思。倘若美有"小写"和"大写"之分，海德格尔眼中的美必然不会停留于目之所及的、可感可触的"小写之美"的范畴——"一种充溢在我们存在者状态上的惬意的漂流"①；而是存在之本源意义上的"大写之美"——"美是作为无蔽的真理的一种现身方式"②。海德格尔的"无蔽的真理"将美引向现象学式的存在者的存在状态。这种本源性重释无疑将美置于更加广阔的天地，美不仅作为艺术的关联物，也是对生命在世生存的种种事件（包括教育事件）的反思。

（一）美曾经就是真理本身

关于"美是什么"的问题，西方哲学家们给予过许多解释：康德认为美是无利害的普遍愉悦；黑格尔认为美是理念的感性显现；席勒认为美是感性冲动和形式冲动的统一……而在海德格尔这里，美与真理形成了一股奇妙的合流，他甚至在《海德格尔文集：荷尔德林诗的阐释》中提出"美曾经就是真理本身"③的论断。当然，这种对美的认识不是无条件的，而是基于一种对美和真理的本源性意义的思考。真理不再是现代意义上的委身于认识或科学的"真理"，即一般认识论或判断论基础上的具有一种正确性命题或由某个主体对一个客体所作的说明，而是本源意义的"无蔽之真理"。他在赫拉克利特的残篇中发现，"无蔽"与"真理"在词源上都指向希腊文"Αληθεια"，而词缀"A-"表示一种否定和阙失，词根"ληθεια"则代表着"被遮蔽"，"真理"便可由此被理解为"不被遮蔽"，即"无蔽"④。也就是说，真理的本源之义是一种无蔽状态。在此基础之上，"美乃是以希腊方式被经验的真理，就是对从自身而来的在场者的解蔽"⑤。至于为何是"以希腊方式"，想必与西方思想史上古希腊时期曾散发的"爱智慧"的灿烂光芒密不可

---

①　[德] 海德格尔.海德格尔论尼采——作为艺术的强力意志[M].秦伟，余虹，译.石家庄：河北人民出版社，1990：118.

②　[德] 海德格尔.海德格尔文集：林中路[M].孙周兴，译.北京：商务印书馆，2015：46.

③　[德] 海德格尔.海德格尔文集：荷尔德林诗的阐释[M].孙周兴，译.北京：商务印书馆，2014：194.

④　[德] 海德格尔.海德格尔文集：演讲与论文集[M].孙周兴，译.北京：商务印书馆，2018：292.

⑤　[德] 海德格尔.海德格尔文集：荷尔德林诗的阐释[M].孙周兴，译.北京：商务印书馆，2014：193.

分,而海德格尔只是想借此表达自身对真理的认识——"真理的本质乃是自由"①。当然,自由并不意味着行为的不加约束和可为,也不意味着某个必需或必然之物的准备,而是意味着"让存在",即"让存在者成其所是","参与到敞开域及其敞开状态,每个仿佛与之俱来的存在者就置身于这种敞开状态"②。简单理解,"让存在",即存在者本身的在世绽出——回归壮丽的生命的整体性展开状态,而非停留于局部的、断裂的"感受"或"经验"所指向的"非真理"之域。如此,美便属于真理的自行发生③。

(二) 艺术作品的本源乃生命之存在

海德格尔对"美是作为无蔽的真理的一种现身方式"的沉思还体现在其对"艺术作品的本源"的拷问。他表示,不论是对物、器具,还是对艺术作品的思考都应回到存在,"根据存在者之存在来思考存在者本身,而与此同时通过这种思考又使存在者憩息于自身"。或者说,从生命存在之真理来思考和解读艺术作品。正如海德格尔对梵高的《农鞋》的解读,海德格尔将作品带回到作为器具的农鞋的存在状态,使鞋成为田间农妇的鞋子,从而使农鞋真正成其所是。艺术作品中磨损的农鞋涌现出一个农妇艰辛劳作的生活世界。

图6-2　梵高《农鞋》

"从鞋具磨损的内部那黑洞洞的敞口中,凝聚着劳动步履的艰辛。这硬邦邦、沉甸甸的破旧农鞋里,聚积着那寒风料峭中迈动在一望无际的永远单调的田垄上的步履的坚韧和滞缓。鞋皮上粘着湿润而肥沃的泥土。暮色降临,这双鞋底在田野小径上踽踽而行。在这鞋具里,回响着大地无声的召唤,显示着大地对成熟谷物的宁静馈赠,表征着大地在冬闲的荒芜田野里朦胧地冬眠。这器具浸透着对面包的稳靠性无怨无艾的焦虑,以及那战胜了贫困的无言喜悦,隐含着分娩阵痛时的哆嗦,死亡逼近时的战栗。"④

尽管梵高"鞋子"的所属问题受到了艺术家迈耶・夏皮罗(Meyer Schapiro)的

①　［德］海德格尔.海德格尔文集:路标[M].孙周兴,译.北京:商务印书馆,2014:217.
②　［德］海德格尔.海德格尔文集:路标[M].孙周兴,译.北京:商务印书馆,2014:220.
③　［德］海德格尔.海德格尔文集:林中路[M].孙周兴,译.北京:商务印书馆,2015:76.
④　［德］海德格尔.海德格尔文集:林中路[M].孙周兴,译.北京:商务印书馆,2015:20.

质疑①，但丝毫不影响生命存在之真理在艺术作品中的本源性意义。作为器具的鞋子在农妇的生命世界中得以保存和显现，从而展示了劳苦大众勤劳朴实、坚韧不拔的美好品质。这种隐显之间的美便是艺术作品的张力，它涌现于"大地"（erde）和"世界"（welt）的争执中。大地乃是涌现着的自行锁闭者，世界是自行公开的敞开者。"世界和大地本质上彼此有别，但却相依为命。世界建基于大地，大地穿过世界而涌现出来。"②正如澳洲学者芭芭拉·波尔特（Barbara Bolt）所说，"艺术作品从不只是一个客体，而常常是一个过程"③。艺术作品是借助大地的力量使生命存在的意义世界得以保存的方式，而作品的解读和欣赏亦是在大地与世界之间的一种旅行或逗留。美作为生命存在之真理的现身方式，涌现于艺术作品的敞开之域。

（三）教育之美是儿童与世界的美好相遇

海德格尔对美的本源性沉思赋予教育之美深刻的内涵意义和想象空间。倘若从海德格尔"美是作为无蔽的真理的一种现身方式"这一论断进行推理，教育之美便是教育的无蔽真理的现身方式。如此，"教育的无蔽真理"又指向何处？这要求返回"存在者的存在"中去领会存在之真理，即回到儿童之存在，审思教育的原初目的或起源。对此，可能存在很多答案，有人会说"为了人的发展"；有人会说"为了儿童的幸福"；也有人会说"为了适应社会发展的需要"；等等。其实，这些答案最终均汇于一处——"教育只有一个主题，那就是五彩缤纷的生活"④。对教育来说，生活是一种内在的原初动力，而不是外界赋予的某种期许。正如杜威所说，"不断发展，不断生长，就是生活"⑤，教育就是不断生长。教育从来不是为了让儿童记忆多少知识点，也不是为了使其取得多高的分数或名次，更不在于获得多少成就或奖励，而在于成长、在于生活、在于与世界相遇。对儿童来说，生活就是不断与世界相遇的过程，生活的每时每刻都是新鲜的、生动的、多姿多彩的。在此意义基础上，教育的本源便在于实现儿童与世界的美好相遇，这也是教育之美的基本要义。所谓"相遇"，不是一方来认识另一方，而是一方居于另一方之中并与其形成一个动态整体，即儿童在世界之中、与世界形成一个有机整体。"相遇"否认一种主客二分的、给予和被给予式的教育之美，而指向一种存在论意义上的"内居式"的教育之美，其现身标志着儿童生命的

---

① 海德格尔对梵高的《农鞋》的解读引发了一场哲学界与艺术界的公案。据说，海德格尔的解读受到了艺术家夏皮罗的公开质疑：梵高一生共画过 8 双鞋子，不知你解读的是哪一双？夏皮罗还指出，梵高所画之鞋根本不是农妇的鞋，而是梵高的鞋。这段争论在德里达（Jacques Derrida）的《绘画中的真理》一书中有十分细致的描述和分析。

② ［德］海德格尔.海德格尔文集：林中路［M］.孙周兴，译.北京：商务印书馆，2015：38.

③ ［澳］芭芭拉·波尔特（Barbara Bolt）.海德格尔眼中的艺术［M］.章辉，译.重庆：重庆大学出版社，2016：49.

④ ［英］怀特海.教育的目的［M］.徐汝舟，译.北京：生活·读书·新知三联书店，2002：12.

⑤ ［美］约翰·杜威.民主主义与教育［M］.王承旭，译.北京：人民教育出版社，1990：58.

质朴发生，是儿童生命活力和蓬勃朝气的集中显现。具体来看，儿童与世界的美好相遇应如荷尔德林所描述的古希腊人的生活智慧那般：他们的生活质朴、纯粹、不加修饰，他们身体强壮、勇敢无畏、热爱反思、享受诗意。教育应关注儿童生命的整体绽出状态，而不能仅聚焦读、写、算等能力的局部展开；应引导儿童通过树木看见森林，而不能将其封闭在一个冷冰冰、硬邦邦、缺乏情感与意志的确定性知识作为唯一管控媒介的被动场域之中。追求教育之美的终极旨趣在于"立美育人"，即"实现用美培养儿童到培养美的儿童的突破，实现从个体小美到万物至美的超越"①。

二、回到儿童与世界的共在基础

19世纪下半叶，人们对经验世界的反思发生了根本转变。现象学（phenomenology）在其中起到了关键作用。胡塞尔（Edmund Husserl）作为现象学运动的正式开启者，针对新康德主义"回到康德去"的口号，提出了现象学的座右铭——"回到事情本身"。如果说"回到事情本身"在胡塞尔那里表现为"回到意识本身"，在海德格尔的存在论里则表现为"回到生命本身"，而这离不开狄尔泰的影响。当然，海德格尔的"生命"既不是生物学意义的生命，也不是胡塞尔笔下"一个完全封闭的主观东西之领域"②，而是"自我与世界的共同关系的整体性，是在历史过程中展开自身的各种生命和经历关系的整体"③。生命本有之美便存于此在与世界相遇的整体性与无限可能之中。海德格尔试图用现象学的方式解密生命存在之美：现象学应回溯"存在者的被感知、被表象、被判断、被爱、被恨、被回忆的方式"④，即生命的"让存在"状态以及这种存在的意义、变式或衍生物。它具体体现为此在与世界的共在，这也是儿童与世界美好相遇的基础。儿童与世界的共在关系充满包容性和超越性，不仅涉及儿童与他者的共在，也包含儿童与万物的共在，更是儿童在世界之中的共在。

（一）儿童在世界中领会自身

海德格尔将"生命之存在"诉诸"此在"（dasein），即人的存在。"此在"便指"作为存在者的人"，其标识了作为存在者的人的特殊性。海德格尔认为，人不是凝固化的、现成的存在者，而是一个未成形的、始终面向可能性筹划自身的开放者。此在总是"从'世界'方面来领会本己的存在"⑤，也就是在世界之中存在。换句话说，作为此在的人总是从他的生存状态（生存活动本身）来领会自身的存在。例如，农

---

① 王鑫，鞠玉翠.审美素养：从素朴审美力到生活艺术家[J].教育研究，2022，43（07）：31—41.
② ［德］胡塞尔.欧洲科学的危机与超越论的现象学[M].王炳文，译.北京：商务印书馆，2001：136.
③ 张汝伦.论海德格尔哲学的起点[J].复旦学报（社会科学版），2005（02）：36—44.
④ ［德］海德格尔.海德格尔文集：时间概念史导论[M].欧东明，译.北京：商务印书馆，2014：56.
⑤ ［德］马丁·海德格尔.存在与时间[M].陈嘉映，王庆节，合译.熊伟，校.北京：生活·读书·新知三联书店，2006：19.

民对自身的领会源自其所从事的播种、除草、施肥、收获等农事活动,其中播下的种子、收获的稻谷、流下的汗水、经受的冷风、刺眼的骄阳等都成为农民领会自身存在的世界元素,附着在世界表面的勤劳、辛苦、焦虑、喜悦也成为农民存在意义的凝结。海德格尔的"世界"并不指向事物或对象的实在世界,而是指向相遇性或遭遇性的意义世界——周围世界。海德格尔在诠释周围世界时曾有一个十分有趣的"讲台实验"。当"学生们习惯地走进教室、走向座位,这个'走向'之中就发生着一种无须语言的构境式的体验"①,无形之中已经为讲台贴满了标签。然而,来自黑森林的农民和塞内加尔小木屋的黑人,他们与讲台的实际生活意义的嵌入和物化绝对疏远,故他们看不到讲台,但会看到一些神秘的箱子(甚至可能猜测其为施展魔法的东西、抵御石块击打等伤害的东西)。也就是说,在周围世界中生活,时时处处对此在来说都是有意义的、世界化的,但这与"有价值"并不相符。此在与世界最切近的交往方式不是一味地觉知的认识,而是活生生地经历着、体验着、操心着,是一种"在之中"的相遇。正如海德格尔所说,"世界就是此在作为存在者向来已曾在其中的'何所在',是此在无论怎样转身而去,但纵到海角天涯也还不过是向之归来的'何所向'"②。世界正是由于存在者的在此才公开自身,存在者也由于能接触到世界之中诸多在者得以通达可能。在这里,主体和客体并不对应着此在与世界。此在与世界存在一种相互生成的审美样式的关系。不是作为此在的"我"来认识"我在之中的世界",而是"我"与"世界"彼此敞开、相互成就、水乳交融,"我"在"世界"之中得以领会自身的存在。

图 6-3　弗莱堡大学哲学系讲堂中的讲台③

①　张一兵.回到海德格尔:本有与构境(第1卷:走向存在之途)[M].北京:商务印书馆,2014:184.
②　[德]马丁·海德格尔.存在与时间[M].陈嘉映,王庆节,合译.熊伟,校.北京:生活·读书·新知三联书店,2006:89.
③　张一兵.回到海德格尔:本有与构境(第1卷:走向存在之途)[M].北京:商务印书馆,2014:183.

儿童作为此在的一种具体体现，亦居于世界之中领会自身的存在，从而经历成长。对儿童来说，生存在世的时时刻刻可能并不都是有价值的，但都是有意义的，这是生命存在的本然模样。教育的本源便在于保证儿童成长的本真模样得以实现，使儿童能够在世界中领悟自身的存在。这意味着必须用一种整体的、发展的、伟大的、纯粹的眼光来看待教育、看待儿童的成长：既要关注儿童生活所需的知识、技能和方法的学习，也要关注儿童面向未来生活的思维、想象、创造等素养的发展，更要保持儿童在世生活的活力、朝气和能量。然而，教育场域却充斥着一种渺小的眼光：人们过度倾向"有价值"（功利性），而忽视了儿童在世生活的"有意义"需求，将教育本身和教育中的人都框定在预先设定的学校教育系统中，从而切割了儿童与世界的整体性，扼杀了儿童从世界方面领会自身的诸多可能性和惊喜。"当习惯的绳索紧紧捆缚住一切，一个接着一个雷同的日子，以及可预见性吞噬掉所有可能性的迹象。"①儿童长期沉沦于被技术手段真空化处理的"教育世界"，被动地接受着抽象、固化的关于世界的解释，并依据这个世界的反光解释自身，便不可避免地陷入以追求"有价值"为目的的分数角逐，进而与儿童生活的本真意味渐行渐远。这种将世界渺小化处理的方式遮蔽了儿童那天真烂漫、对万事万物充满好奇的真切面孔与姿态。对儿童来说，世界是伟大的，与世界相遇的时时处处都闪烁着意义的光芒。教育并不是要将儿童框定在一个被冠以"文明"的有限范围内，而是以生动活泼、充满不确定的世界为基础，使儿童的生命得以绚烂绽出。当然，尊重儿童与世界的相遇方式，并不意味着教育什么都不做、什么都不管、什么都可以，而是要帮助儿童更加美好地建构起自我与生活世界的联系，为其创造适宜的条件、氛围和情境，使其能保持生活的热情与活力，更好地在世界中领会自身的存在。就像野兽派画家马蒂斯（Henri Matisse）的《舞蹈》所描绘的那样，人们脚踩大地，与天同高，在天地间携手绕环、肆意舞蹈、领悟生命意义，明亮耀眼的砖红色就像从生命深处迸射出来的激情、活力和热爱。这种充满激情、活力和热爱的生活状态恰恰是现代儿童缺失的和急切需要的，也是现代教育应当努力的方向。教育只有深入儿童的生活世界，才能获得生命存在的连续状态，使儿童学会在世界中领悟自身的存在，跳出属于自己的"生命之舞"。

（二）儿童在操劳中与万物相依

主-客二元的认知图式往往将物作为人的研究对象，而这种认识方式是不被海德格尔认可的。海德格尔认为，世界之中的物"不是认识论的范畴，而是一种遭遇

---

① ［美］玛克辛·格林.释放想象：教育、艺术与社会变革[M].郭芳，译.北京：北京师范大学出版社，2017：31.

性的存在"①。此在与同为存在者的物打交道时并不触及主-客式的对象性觉识或客观描述，而是物在被使用中与人切身地、充满戏剧性地相遇、相依。或可说，人通过操劳与万物相依，"就是使用物、操作物，让物处于上手状态之中"②。所谓"上手状态"（zuhandenheit），指器具"为了作……之用"的存在状态——称手或可用的，即人用手发动或开启的活动状态，而不仅仅是单纯地摆在那里的静止状态。例如，作为物的"桌子"，不是以一个抽象对象的身份在一个房间中陈列的桌子，而是作为人用其书写、吃饭、游戏、缝纫的桌子。上手之物便是操劳之所及的东西，物尽其用，它与人的关系就越靠近本源，"它也就越发昭然若揭地作为它所是的东西来照面"③。操劳之中蕴含着一种因缘整体性的领会，即一个意义世界向此在展开，而在者也因此最大限度地成为自己。当然，海德格尔的"在者"并不排斥自然之物，任何一种被照面的"事物"，都能在一个特定的场域中被作为此在的我所遭遇。海德格尔终想说明一个道理：人与物均作为在意蕴世界之中的存在者，彼此之间存在一定的同一性或连通性。诚如庄子所言，"天地与我并生，而万物与我为一"（《庄子·齐物论》），人不是在者的主人，人是在者的看护者和邻居，人与万物相互依存。人通过操劳与万物相遇，使其对自身有所领会，也使万物成其所是。

　　处理儿童与万物的关系是教育的关键问题，但现代教育中的儿童却很少以操劳的方式经历万物。长期以来，一种被给予式的思维方式充斥着教育领域，与海德格尔回溯前认识和前世界等主客未分化境域的做法相反，传统教育选择不断向上抽象和简化，将儿童带进一个远离生活的真空地带。这种教育倾向实际上损害了儿童与万物本有的同一性和相依性，阻断了儿童与万物在意蕴世界中的相遇过程。近年来，随着主体性哲学在教育领域的传播，儿童与万物的关系得到改善，如有不少学校利用综合实践课程、研学旅行、社会实践活动等形式来增加儿童与万物的互动。然而，这远远不够。海德格尔的"器物上手论"启示我们：儿童在教育世界之中与各种物打交道应当是沉浸式地、真真切切地遭遇物、邂逅物，而不在于单纯地认识物的能指及其客观化特征。通过操劳与万物相遇、相依是儿童用以探索世界的最自然、最朴素和最原始的方式。例如，小小的婴儿总是喜欢将目之所及的东西抓在手里、塞进嘴里或不厌其烦地扔掉再捡起来，这本就是儿童生命之初与世界中的诸多在者相遇的方式。这也解释了儿童沉迷于玩沙、玩水、玩泥巴、玩虫子的原

---

① 张一兵.意蕴：遭遇世界中的上手与在手——海德格尔早期思想构境[J].中国社会科学,2013(01)：132—150，207—208.

② 张文初.从现代美学视域看海德格尔的"器物上手论"[J].湖南师范大学社会科学学报,2011,40(02)：101—104，134.

③ ［德］马丁·海德格尔.存在与时间[M].陈嘉映,王庆节,合译.熊伟,校.北京：生活·读书·新知三联书店,2006：81.

因——操劳使儿童全身心地与沙子、水、泥巴、虫子等事物相依。"操劳"似乎就是蒙台梭利所说的"工作"，儿童通过工作构造自己，以此恢复正常状态，"儿童工作的愿望代表了一种生机勃勃的本能"①。当然，与成人所从事的各项营生不同，儿童的工作不属于人为制造的文明世界，它是一种无意识的创造性发展，其最终产物便是"成人"。教育要尊重、顺应和利用儿童成长的本然方式，就像老子的"复归于婴儿""复归于朴"（《道德经》二十八章），返璞才能归真，才能使教育之美得以照亮。与其直接告诉儿童苹果如其所是，不如直接给儿童一个苹果，为其制造相依的种种可能。苹果可能成为儿童嘴巴里酸酸甜甜的味道，可能成为牛顿的万有引力，可能成为儿童画里的模特，也可能成为珍藏在书包里的感恩之心……

（三）儿童与他者共同在此

在海德格尔的"共在"思想中，此在不仅要跟作为物的在者打交道，还不可避免地与其他的此在打交道。"世界向来已经总是我和他人共同分有的世界。此在的世界是共同世界。"②共同存在是海德格尔的在世生存论的组建因素。人活着的过程（从出生到死亡）不可避免地总有他者在场。共同在世并不意味着预先具有一个主体性的此在来打量或审视他者。事实上，"每一个人都是他人，而没有一个人是他人本身"③。不同于一般意义上的"我"与"他"，他人不是自我之外的整体的余数，而是自我的复制品，是在我们之中、与我本身并无差别的人。作为此在的自我与他人又是如何相遇的呢？海德格尔提出"操持"的概念，其区别于"操劳"，因为人作为存在者，不像物一样具有上手用具的存在状态，作为自我与他人的此在均具有"主体性质"，这是生存论所规定的。自我与他人共同在此可能存在相互扶持、相互反对、相互怂恿、陌如路人、互不相关等多种操持方式。其中，"代庖"和"表率"是两个极端。所谓"代庖"，即从他人身上拿过"操心"且在操劳中代替他人。"代庖"现象在教育中是十分常见的，尤其表现为教师在教育教学过程中的包办性和预设性——教师以自我为中心预设和把持教育教学活动，直接给予学生抽象化的知识内容，而忽视其在世界之中的操劳过程，以至于学生逐渐沦为被遮蔽的依附者。与之相反，"表率"则意味着为他人生存的能在作出表率，涉及本真的操心（在世界中的自我领悟）。其中，"教学相长"状态便是"表率"在教育领域中的一种体现，教师与学生共在，教师的"教"与学生的"学"形成一个相互促进、共生共长的交互性过程。

海德格尔的"此在共在"与主体间性哲学具有某种亲缘性，它们均源于一种对

① ［意］玛丽亚·蒙台梭利.童年的秘密[M].马荣根，译.单中惠，校.北京：人民教育出版社,2004：183.
② ［德］马丁·海德格尔.存在与时间[M].陈嘉映，王庆节，合译.熊伟，校.北京：生活·读书·新知三联书店,2006：138.
③ ［德］马丁·海德格尔.存在与时间[M].陈嘉映，王庆节，合译.熊伟，校.北京：生活·读书·新知三联书店,2006：149.

主观主义的反思。从某些意义上来讲，"此在共在"就是一种主体间性理论。"如果说胡塞尔的主体间性理论是以一种认识的'思我'为其基础，那么海德格尔的主体间性理论则是以一种生存论的'此在'为其根本。"①前者关心的是自我与他者之间的认识性联系，而后者强调的是自我与他者的生存性联系。"此在共在"不是一个静止画面，而是一种充满戏剧性的动态相遇，其往往在操劳之际被一并带出。在海德格尔的"共在"思想中，"我"与"他"均作为世间的"常人"，其本质是无差的（但在世状态是有无限可能的），即自我与他者是对称的、平等的交互关系，双方可以相互交换位置。只是寻常教育中并非如此，教师和学生的联系常常被"教育者"和"受教育者"的责任关系所捆绑：他们不假思索地将教学作为教师的责任，而将学习归结为学生的责任，且对这种不对称、单向度的责任关系深信不疑。"趋向他人的方式在于我对他或她的责任，这无理由的责任类似于人质的状态，一直走向他者，不需要互惠。"②这种责任关系束缚了教师与学生的生命状态，使教师不能正视儿童的生命力量，也使儿童陷入一种将学习当作硬性任务的认知误区。责任关系的极端化便呈现为教育的"代庖"和儿童的"物化"，就像法国电影《放牛班的春天》中开始时校长的态度，他根本不在意孩子们的想法，更不对他们抱有任何希望，在他眼中，体罚和谩骂不过是家常便饭，而那些"野孩子"只需要服从规则、不制造麻烦。正因如此，"池塘之底"的孩子们选择封闭心灵、自暴自弃，甚至对马修老师表现出的包容和尊重感到无比惊讶、惶恐与不安。最终，马修老师也通过音乐与儿童相遇，使他们各自的生命意义重新被释放出来。如此看来，"'共在'的教育是一种寻根的教育，它寻求儿童与世界的根本关系，强调儿童的教育应该是建立在健康饱满的生命基础之上的"③。当然，在教育场域，这种"共在"所涉广泛，但最基础的是儿童与教师、同伴之间的共在。因此，在日常教育教学中，教育工作者应该具备"共在"意识，要将自身置于与儿童平等对话、相互学习、彼此分享的位置。

三、本源之美在教育世界的绽出方式

海德格尔不仅将美转向本源之思，也从古希腊人的生存美学和现象学反思中找到了走向人的本质的几种方式，或称之为"本源之美的绽出方式"。本源之美在教育世界的绽出实质上是一种回归，即使儿童重回大地——人是万物中的继承者和学习者。这种回归式处理与现行教育世界的真空化、抽象化处理是截然相反的，它旨在还原教育世界与周围世界的联系，恢复儿童内居于世界之中的共在关系，让儿童与世界美好相遇。教育的本源便在于促成此种美好，使生命不息、教育延绵。

① 张再林.关于现代西方哲学的"主体间性转向"[J].人文杂志，2000(04)：9—15.
② ［法］伊曼纽尔·列维纳斯.总体与无限：论外在性[M].朱刚，译.北京：北京大学出版社，2016：182.
③ 黄晓珊."共在"的意义[D].南京：南京师范大学，2014：102.

（一）还原儿童的本真体验：美的照面方式

许多学者认为海德格尔是反对"体验"的，但这一观点实际上仅对了一半。因为在海德格尔的思想中存在两种对"体验"的解释：一种是他反对的，即传统美学意义上的已经被磨损得苍白无力的"体验"——感性知觉（aioθnous），乃至更广泛意义上的主客认识论导向的孤立的、分裂的、对象化的"体验"；而另一种则是他向往的，它属于原始、朴素、主客尚未分化的前理论领域，"就体验乞灵于本己之物而生命只是如此存活而言，体验乃是发生事件（er-eignis）"①。现象学体验从存在意义上摆脱了对象性的观看，而深化为一种"内居性的直观体验"②，一种"向……生活"的本真体验。正如布莱希特（海德格尔的学生）在笔记中所说，"生命以自身为动因，并且具有趋向性；动因化的趋向，趋向性的动因：生命的基本特征，向着某个东西的生活，进入特定的体验世界活出世界（auswelten）"③。海德格尔将体验指向发生事件，实际在于批判主客认识论基础上指向"过程"（vor-gang）的体验——"过程"作为"对象性的被认识的发生事件"④，其本身是疏远的、断裂的、静止的、无涉生命的，是从本真体验中被提取出来的、客观化的东西。在这一点上，杜威有相似的看法："当对象从这种经验中孤立出来时，经验本身就被降低地位而变成单纯的经验过程，而且经验过程因此也就当作好像它本身就是完备的了。"⑤

在以往的教育中，教育者对教育体验的过度干预和风险防控，使教育呈现出生命意义的断裂，即一种"活的体验"的缺失。正如格特·比斯塔（Gert Biesta）所说："如果我们去除教育风险，那也就意味着我们真有机会去除整个教育了。"⑥体验的失活不仅切断了教育与生活的联系，也阻碍了儿童与世界的美好相遇，更使教育的本真姿态和美丽馈赠毁于一旦。真正的教育体验应当是与儿童的生活世界紧密相连的：不论理性和感性，不论艺术和生活，不论理论和实践，都将以一种"向……生活"的生命方式嵌入教育的全过程。体验的活性意味着体验的不确定性、戏剧性和风险性，而儿童与世界的美妙相遇也往往因为这些不确定性和风险性，这大概就是"教育的美丽风险"。值得注意的是，儿童与世界的美好相遇并不总是愉悦的，也可能是伤心的、气愤的，因为丰富多彩才是生活的本真面貌，从儿童的成长来看，每一

---

① ［德］海德格尔.形式显示的现象学：海德格尔早期弗莱堡文选［M］.孙周兴，编译.上海：同济大学出版社，2004：13.
② 张一兵.回到海德格尔：本有与构境（第1卷：走向存在之途）［M］.北京：商务印书馆，2014：180.
③ ［德］海德格尔.形式显示的现象学：海德格尔早期弗莱堡文选［M］.孙周兴，编译.上海：同济大学出版社，2004：18.
④ ［德］海德格尔.形式显示的现象学：海德格尔早期弗莱堡文选［M］.孙周兴，编译.上海：同济大学出版社，2004：12.
⑤ ［美］杜威.经验与自然［M］.傅统先，译.南京：江苏教育出版社，2005：10.
⑥ ［荷］格特·比斯塔.教育的美丽风险［M］.赵康，译.北京：北京师范大学出版社，2018：7.

件事物的存在都是充满生命意义的，都是儿童的生命经历不可割舍的一部分。"美好"的评判标准在于"有意义"，而其与"有价值"并不等同①。教育体验要尊重儿童生命的本真连续性，而不应该被功利心和价值性所裹挟。"我们需要具备一种'疏远'的能力，将体验与实际利益或普遍发生的事情疏离开来，将体验置于审美空间当中。"②儿童不是为了分数而学习，而是为了生命的存在而学习；不是通过死记硬背与重复练习来学习，而是通过活生生的教育体验来学习；不是单向度地认识、解密世界，而是双向地与世界相遇。纪录片《他乡的童年》③在讲述芬兰教育时曾提到一种"现象式学习"（Phenomenon-Based Learning）模式，似乎与海德格尔主张的"生命体验"十分贴近。其中一个教学情境令人印象深刻：教师将课堂带到一片森林中，她给予孩子们一些形容词（如恶心的、可爱的、丑陋的、美丽的等），让孩子们在森林里自行寻找与形容词相契合的东西。这种学习方式在知识与生活世界、自我意识之间建立起了一种连续性和交互性，不仅使学生的生命活力得到充分激发，也使教育本身的体验之美得以充分涌现。

（二）守护儿童的运思能力：美的激活方式

"思"是海德格尔通往存在的重要路径之一。海德格尔认识到思想与存在的关系先于"主-客"对立关系而存在，存在的发生必将伴随着思想的发生，恰如巴门尼德的箴言——"思想与存在同一"。"思"与科学、教化存在本质的不同，因为"思"拒绝不变理性原则及其权力信念，但科学和教化也需要思的参与。海德格尔所谓的"思"不是"为了消除一种偶然的、不知所措的境况或者粉碎那种对思想的厌恶"，而是"以之作为一种响应，这种响应以那种不懈追问的清晰性，全神贯注于不可穷尽的值得追问之物"④，从而更加深刻地领悟存在。海德格尔对"思"的表达有很多种，如思想、思虑、沉思、思考、思念、追思、反思力等，但其本质始终是在存在者的存在中得到规定的，即"参与对意义的探讨"⑤。恰如荷尔德林诗的道说："思想最深刻者，热爱生机盎然。""思"不是一个目的，而是一种生活方式、一种走进人的本质的方式，它会使生命存在变得生机盎然、充满诗意，"让一切在其本身中纯粹地闪现并因此而在场的东西重新闪现出来的能力"⑥，而这种闪现中在场的东西就是美。人是思的动物，从其可能性而言，人是能够思想的，但这并不能保证人真正能够运思。

① ［德］海德格尔.形式显示的现象学：海德格尔早期弗莱堡文选［M］.孙周兴，编译.上海：同济大学出版社，2004：10—11.
② ［美］玛克辛·格林.学习的风景［M］.史林，译.北京：北京师范大学出版社，2016：256.
③ 《他乡的童年》是 2019 年上线的一部纪录片，共 6 集，由战地记者出身的周轶君兼任导演和主持人，每集走访一个国家，分别是日本、芬兰、印度、英国、以色列和中国，以此探寻各国教育的传统和未来。
④ ［德］海德格尔.海德格尔文集：演讲与论文集［M］.孙周兴，译.北京：商务印书馆，2018：71.
⑤ ［德］海德格尔.海德格尔文集：演讲与论文集［M］.孙周兴，译.北京：商务印书馆，2018：69.
⑥ ［德］海德格尔.海德格尔文集：荷尔德林诗的阐释［M］.孙周兴，译.北京：商务印书馆，2014：192.

从时代关系来看，"思"曾经占据人的生活，曾像一颗星绚烂于世界的天空，至少它曾是古希腊人的一种日常生活方式；而今，"思"是贫困的、晦暗不明的，思想建树和文化创新上的淡漠与荒凉成为现代生活的通病，"术"的精致和"思"的匮乏形成强烈的对比①。于是，很多人感叹思想的匮乏，并将"思的希冀"寄托于教育，将培养运思能力作为教育发展的重要任务。殊不知，运思能力从来都不是培养出来的，而是被尊重、保护和引导而来的。因为儿童并不是全然无"思"的，他们对事物的好奇心、对一切"为什么"的追问、在成人看来奇奇怪怪的想法都是"思"的显现。

儿童的运思智慧是最接近古希腊人的，他们总能对所遇世界产生奇妙的想法，并且保持着一种运思的勇气——大概是被称为"初生牛犊不怕虎"或"童言无忌"的东西。然而，教育却总是在惊讶地发现那些奇思妙想、天马行空、古灵精怪不复存在时才幡然醒悟。教育对儿童运思能力的发展不是要另起炉灶，而是要帮助儿童将间歇性的、偶然性的"思"转化为一种常态的"思"的生活方式，使儿童能够自然而然地将"思"用于生活的方方面面，用于与世界相遇的成长过程。倘若儿童将"思"转化为一种生活方式，"思"便不再是刻意的，沉思一件事情便意味着"让这件事情自行道说"②。不是儿童向"思"而去，而是"思"向儿童涌来。诚如儿童与世界相遇之初，儿童总是执着于太阳为什么是圆的、小草为什么是绿的、天上为何会飘雪等五花八门的问题，其均为"思"向儿童自行涌来的过程。这意味着教育工作者需要改变教育思路，将培养运思能力转变为尊重、保护和引导儿童的运思能力，将教育者的身份转变为学习者和守护者的身份，让"思"成为儿童遭遇世界的日常生活方式。"面向思的教育是一种苏格拉底式的'哲学的腐化'。"③苏格拉底在教学之时经常先赋予自己一个"愚蠢的人"的头衔，从忘记一切学问、技艺开始，这本身就是对弟子的运思能力的一种守护，是其教育智慧的体现。对此，海德格尔也提出了他的学习方式——"关注有待思虑的东西"④，即保持对世界的好奇心。学生的好奇心和兴趣点往往是催生学生运思勇气的关键力量。倘若教师能够抓住这些关键力量，守护儿童的运思能力，想必教育的本源之美也会自然绽出。

（三）走向儿童的诗意栖居：美的持存方式

长期以来，提及"诗"，人们常常想到文学、优美的文字、天马行空的想象、不切实际的幻想或玩物丧志的矫情，诗的内涵往往被窄化和低估了。海德格尔对诗的

①　王坤庆.精神与教育——一种教育哲学视角的当代教育反思与建构[M].武汉：华中师范大学出版社,2008：7.

②　[德]海德格尔.海德格尔文集：荷尔德林诗的阐释[M].孙周兴,译.北京：商务印书馆,2014：215.

③　马克·莱索,蒋开君.我们仍然需要面向思的教育——海德格尔论技术时代的教育[J].教育学报,2011,7(01)：3—14,31.

④　[德]海德格尔.海德格尔文集：演讲与论文集[M].孙周兴,译.北京：商务印书馆,2018：140.

诠释则有所不同，他认为诗虽显现于游戏的朴素形态，却不是单纯的幻觉或幻想，而是一种别具一格的想象创造，是一种本真的"筑造"。海德格尔赋予诗崇高的地位。他不仅将艺术的本质归为诗（dichtung）：诗作为澄明着的筹划，乃是世界与大地之争执的道说，是"存在者之无蔽状态的道说"①；还认为"诗的本质是真理之创建（stiftung）"②：作为赠予的创建、作为建基的创建、作为开端的创建。艺术作品是历史性的，相应地，作为艺术发生的诗在其本质上也是历史性的，"诗是人生存的历史性本源，诗启示着人生存在世界与大地之间的根本处境，并为人的历史性生成提供根基"③。海德格尔认为诗与思作为追寻人的本质的两种方式，二者是同一的，"能思的诗本是存在的地形学"④。作诗也是一种运思，是诗人关于"思"的追忆或回忆。诗的使命是"置造"，即通过语言的道说置造此在共在的世界，并为真理的敞开、人与世界的美好相遇奠基。"作诗首先把人带向大地，使人归属于大地，从而使人进入栖居之中"⑤，即人的诗意栖居。海德格尔的"诗意栖居"是一种"在之中"的"内居论"，是此在与世界相遇时的美妙反应的现身。这种"诗意"的显现并非存于视觉所及之处，而常常内含于生命体验之中。

　　"诗意栖居"亦是教育之美的一种持存方式，它并非指向一种具体实践路径，而是一种生命存在状态。倘若要在现实世界寻找一种"诗意栖居"的生命状态，那自然的儿童生命状态必然与之最为相近：儿童无疑是最伟大的诗人，而充满童真与童趣的生活就是儿童最美丽的诗篇。"诗意栖居"是对儿童自然生命状态的一种尊重。这种"自然"并非指向现成的、顺从的自然，而是"自行涌现着、绽开着的强力，是自然的'存在者'与自然的'存在'的同一"⑥。只是，在当前教育世界中，这种自然状态已经很少见了。教育工作者已经习惯将儿童当作一个被给予的对象，而不是作为具有能动性、创造性的生命体。儿童的"不同感官并没有联合起来，说明一个共同而完整的故事"⑦。儿童甚至呈现出一种基于时间和空间分割的"段状"或"块状"人格。事实上，"诗意栖居"是有一定条件的，正如荷尔德林诗中的道说"充满劳绩，但人诗意地栖居在这片大地上"，人的"诗意栖居"是在"充满劳绩"的基础上实现的。也就是说，人只有在充实的操劳中，才能进入诗所道说的存在者的无蔽状态，才能使美得以现身。对儿童来说亦然，"诗意栖居"同

① ［德］海德格尔.海德格尔文集：林中路［M］.孙周兴，译.北京：商务印书馆，2015：67.
② ［德］海德格尔.海德格尔文集：林中路［M］.孙周兴，译.北京：商务印书馆，2015：68.
③ 范玉刚.精神的沉沦与诗意地栖居——海德格尔思与诗对话的真理之路解读［J］.中国人民大学学报，2009，23（02）：130—137.
④ ［德］马丁·海德格尔.思的经验［M］.陈春文，译.北京：商务印书馆，2018：70.
⑤ ［德］海德格尔.海德格尔文集：演讲与论文集［M］.孙周兴，译.北京：商务印书馆，2018：208.
⑥ 赵奎英.论海德格尔对自然审美模式的诗性超越［J］.南京社会科学，2015（06）：130—136.
⑦ ［美］杜威.艺术即经验［M］.高建平，译.北京：商务印书馆，2010：24.

样需要儿童的操劳,但这些操劳并不是那些反复的记忆和无休止的练习,而是儿童的创造性劳动。创造性劳动是儿童主导的、带有儿童主动意愿的、全身心参与的活动,它能够带动儿童生命各个部分之间的连续性。儿童自发的游戏、涂鸦等都是创造性劳动的重要体现,尽管他们的规则并不完善、技法略显拙劣,但每种劳动都是他们想象力和创造力的重要体现。每一位儿童的想象与创造都值得被尊重。前不久,有位教师向本人分享其在《竹节人》(六年级语文)课堂上的惊喜收获,她第一次玩竹节人是在自己的课堂上,且竹节人是学生自己动手做的。这位教师也对学生的创造性劳动给予了充分肯定和积极回应,并邀请他成为课堂小助手,向同学们展示竹节人。教师的尊重和肯定可能只是一句话、一个点头、一个眼神,但对儿童来说可能是生命里的一束光。然而,儿童的创造性劳动被当作不务正业的例子也比比皆是,成人很容易陷入标签化的刻板印象而忽视儿童的创造性劳动,就像电影《地球上的星星》中的小伊夏那样,在"坏孩子"的标签之下,很少有人(包括父母)注意到他画笔下的美妙世界。教育工作者作为儿童"诗意栖居"的守护者和引路人,首先要学会尊重和欣赏儿童的创造性劳动,并因势利导,从而使本源之美在教育世界中得以持存。

海德格尔"美的沉思"中也蕴含了诸多偏执,尤其是对一些哲学思想的诠释,连他自己都称之为"强暴式"解读。但海德格尔对美的本源之思确实打破了人们对美的刻板印象,为教育之美的理解提供了一种全新的开放姿态。教育,尤其是学校教育,决不能停留于对艺术教育的关注,也不能将其束缚在确定的艺术理论或艺术形式当中,更不应将其框定在特定的教育时间和学科空间……因为艺术之美仅作为美的一种表现方式,主要以艺术作品的方式存续;而教育之美的本源在于生命的生存和延续,主要以生动、活泼的生活方式照面。而且,艺术作品的鉴赏或解读最终也难以摆脱周围世界体验的限制,与其说是对作者本意的解读,不如说艺术作品打开了另一个意义世界。如同梵高的《农鞋》,海德格尔由此打开了一位辛劳的农妇的世界,而夏皮罗则开启了画家梵高的创造之途。教育不是一成不变的,它永远处在一个不断遮蔽和解蔽的过程之中,而教育之美就在这种隐显的生命游戏中涌现,与日常教育生活紧密相连。毫不夸张地说,儿童与世界的美好相遇既是教育之美的显现,也是教育本源之所向。

思考与练习

1. 请谈一谈你对海德格尔"美的沉思"的基本理解。
2. 请思考海德格尔"美的沉思"对我国当前教育改革有何启示?

延伸阅读

1. ［德］海德格尔.海德格尔文集：林中路［M］.孙周兴,译.北京：商务印书馆,2015.

2. ［德］海德格尔.海德格尔文集：荷尔德林诗的阐释［M］.孙周兴,译.北京：商务印书馆,2014.

3. ［德］马丁·海德格尔.存在与时间［M］.陈嘉映,王庆节,合译.熊伟,校.北京：生活·读书·新知三联书店,2006.

4. ［澳］芭芭拉·波尔特(Barbara Bolt).海德格尔眼中的艺术［M］.章辉,译.重庆：重庆大学出版社,2016.

5. ［荷］格特·比斯塔.教育的美丽风险［M］.赵康,译.北京：北京师范大学出版社,2018.

6. ［德］海德格尔.海德格尔文集：路标［M］.孙周兴,译.北京：商务印书馆,2014.

第七章

与真理照面：伽达默尔诠释学美学思想的教育启示

本章要点

1. 伽达默尔真理观的指向及意义。
2. 本体论的游戏观及基本特征。
3. 理解的内涵及媒介。

重要概念

真理　游戏　理解　语言

学习目标

1. 厘清伽达默尔对传统真理观的批判和反思路径，了解其对艺术真理性的辩护。
2. 明晰伽达默尔的游戏观，深入分析其游戏思想的独特性。
3. 领会伽达默尔对理解的内涵及意义的诠释，思考如何从理解的视角重新认识教育情境中的师生关系等问题。

图7-1 伽达默尔

主要人物介绍

汉斯-格奥尔格·伽达默尔（Hans-Georg Gadamer，1900—2002）是德国著名的哲学家，哲学诠释学的创始人，被誉为"德国人文科学首席使节"。伽达默尔曾就学于马堡大学、弗莱堡大学、慕尼黑大学等，主攻哲学、古典语言学、艺术学和德国文学等课程。他也曾先后在马堡大学、莱比锡大学、法兰克福大学、海德堡大学任教，主讲美学、伦理学和哲学。伽达默尔是一位多产的学者，著述颇丰，其代表作《诠释学：真理与方法》是哲学诠释学的经典之作。整体而言，伽达默尔的美学思想集中体现在《诠释学：真理与方法》中，该书的出发点是对科学时代境况的反思，更准确地说是一种反抗，即反抗自然科学方法对世界的控制和统治，并进而为精神科学领域内的真理寻求合法性地位。序言中，伽达默尔阐明了他对自己理论建构的总体策划："本书的探究是从审美意识的批判开始的，以反对那种被科学的真理概念弄得很狭窄的美学理论。但是，我们的探究并不停留在对艺术真理的辩护上，而是试图从这个出发点开始去发展一种与我们的整个解释学经验相适应的认识和真理概念。"①伽达默尔的最终目的是寻找一条通往真理的非自然科学化的道路。真理概念可谓是理解伽达默尔哲学思想及其美学思想的关键。同时，他在追问艺术真理性的问题时指出，游戏是艺术作品的存在方式，而艺术作品的意义存在于理解和解释的无限过程中。可以说，伽达默尔美学思想中的"真理""游戏""理解"等概念对我们思考教育具有重要的启示意义。

---

① ［德］汉斯-格奥尔格·伽达默尔.诠释学Ⅰ：真理与方法［M］.洪汉鼎，译.北京：商务印书馆，2010：译者序言ⅶ—ⅸ.

一、教育的目的：让学生与真理照面

　　教育目的是教育的基本概念，也是教育的基本价值追求，澄清教育目的对教育实践具有直接的指导价值和意义。伽达默尔的诠释学美学以艺术经验中的真理问题为出发点，通过承认艺术的真理性为被近代科学范式所把持的真理理解提供了全新的视角。就学校教育的目的而言，正如雅斯贝尔斯所言，教育不能失去虔诚之心，对终极价值和绝对真理的虔敬是一切教育的本质，而丧失"绝对"的热情，人就不能生存①。进一步说，教育旨在帮助学生认识真理、追求真理和抱持对真理的信仰，进而能够传递真理和推动真理的发展。

（一）通往真理之途：超越狭隘的真理观

　　伽达默尔在《诠释学：真理与方法》中指出，诠释学的任务是要使我们承认艺术真理和一般传统真理的合法性。历史地看，一方面，美学与真理的讨论长久以来都是相对的或少有交集的，真理的讨论属于知识论或逻辑学的范畴，而美学则属于感性层面。另一方面，艺术并不包含真理的成分和意义，这是自柏拉图以降的西方哲学或美学的传统。柏拉图在其哲学中区分了理念、现实和艺术三种事物，分别对应其哲学中的三个世界，即理念世界、现实世界和艺术世界。就三者关系来看，理念世界是第一性的，现实世界是第二性的，是对理念世界的模仿，而艺术世界是第三性的，因此在他看来，艺术只是对摹本的模仿，和真理隔着三层远。在自近代以来的美学中，真理范畴或者被限制在与真实事物的符合性上，或者被限制在艺术表现的精确性上，这也就是科学的美学理论所追求的。一些美学家认为，将真理概念应用于美学体系中是错误的、荒谬的，并明确排斥艺术与真理之关系的问题。伽达默尔指出，这种对艺术的成见源于科学的普遍权力要求或科学方法论对我们的统治，这直接导致我们窄化了真理和美学的范畴。

　　科学思维或方法论只是认识、理解和反映世界的一种方式，而不是全部的或唯一的方式。当我们戴着科学的显微镜去观察美，那么美也就被肢解而不能称之为美。也就是说，艺术作品的美是无法通过科学分析的方法来实现的。伽达默尔指出，艺术具有一种超出方法论指导的特有的经验真理的能力。在与艺术的照面中，我们将经验一种感性真理和生活真理，这种真理关系到我们整个自我理解并影响

---

① ［德］雅斯贝尔斯.什么是教育［M］.邹进，译.北京：生活·读书·新知三联书店，1991：44.

我们整个世界经验①。这打破了传统意义上的科学的真理观或"符合论"的真理观。

伽达默尔的思想深受海德格尔的启发。在海德格尔看来，事实上，科学并不是真理的原始发生方式，科学无非是"一个已经敞开的真理领域的扩建"②。因此，海德格尔向本源处追问，将真理（希腊文为 aletheia）解释为"无蔽"（unverborgenheit），这里并不是名词，而是动词意义上的"解蔽"或"揭示"。伽达默尔承续海德格尔的观点，同样把真理也理解为"无蔽"，真理生发事件在于某种被遮蔽的东西显然可见。在艺术作品中与我们照面的是一种对在者的特殊揭示，也是一种本源的显然可见③。

按照伽达默尔的观点，真理问题就不再是科学意义上的"符合论"的真理，而是作为揭示和解蔽意义上的真理。追求真理是教育的使命，正如雅斯贝尔斯所说的，我们需要对真理抱持虔敬和信仰。同时，教育者也需要思考和回答如何引导学生揭示、探究、发现和共享真理，让学生在与真理的照面中获致对真理的源源不断的兴趣与热爱。

（二）追求开放的对话结构

如何揭示和发现真理呢？按照柏拉图的观点，"需要经过长时间与对象进行科学的交往，并在相应的生活团体中，真理才突然出现在灵魂中，犹如一盏被跳起来的火星点燃的油灯，然后再靠自己供给燃料"④。更进一步而言，交往与团体指向对话，"对话的唯一目标是对真理的本然之思"⑤。简言之，对话是真理的传达方式。

就对话的过程而言，主要有三个方面：首先是解放被理性限定的，但有着无限发展的和终极状况的自明性，然后是对纯理智判断力的怀疑，最后是通过构造完备的高层次智慧所把握的绝对真实，以整个身心去体认和接受真理的内核和指引⑥。在教育过程中，师生对话是最为普遍和基本的一种对话形式。师生对话的状况内含着对师生关系的理解和认识。伽达默尔区分了三种我与你的关系。第一种是客观化的关系，类似自然科学家观察事物的方式。在这种我与你的关系中，你只是一个手段，以让我达到我的目的。第二种是主体化的关系。按照伽达默尔的分析，这种我与你的关系从根本上说，不是一种直接的关系，而是一种反思的关系，即你只是被认为是投射于我的反思意识。这种认识比第一种有所进步，认为你是人而不

① 洪汉鼎.《真理与方法》解读[M].北京：商务印书馆，2018：84.
② ［德］马丁·海德格尔.依于本源而居：海德格尔艺术现象学文选[M].孙周兴，编译.杭州：中国美术学院出版社，2010：44.
③ ［加］让·格朗丹.诠释学真理？论伽达默尔的真理概念[M].洪汉鼎，译.北京：商务印书馆，2015：167.
④ ［德］雅斯贝尔斯.什么是教育[M].邹进，译.北京：生活·读书·新知三联书店，1991：18.
⑤ ［德］雅斯贝尔斯.什么是教育[M].邹进，译.北京：生活·读书·新知三联书店，1991：19.
⑥ ［德］雅斯贝尔斯.什么是教育[M].邹进，译.北京：生活·读书·新知三联书店，1991：19.

是物或工具,但我只肯定我而排斥你,这样就对他人保持一种距离,我是在我与你
的交互关系之外去认识你。第三种是真正的关系,也是最高层次的"我—你"关系。
我以完全开放的态度承认你是一个人,真正把你作为你来经验①。如果说在第一种
关系中,人只是作为纯粹的客体,在第二种关系中,人处于一种被计划好的、规定性
的环境之中,那么在第三种关系中,人就是最为自由的,且处于一种开放的状态中。
按照伽达默尔的观点,师生之间的对话建基于师生之间所建构的开放自由的关系。
让我们来看这样一则课堂对话的案例。

案例 7-1②

　　于漪老师有一次上公开课,讲《宇宙里有些什么》,让学生自由提出疑问。有一
名学生站起来发问:"老师,课文中有这么一句话,'这些恒星系大都有一千万万颗
以上的恒星',这里的'万万'是多少?"话音刚落,全班同学都笑了。"万万"就是亿
呗,这是小学数学知识呀! 提问的学生非常后悔自己提了一个被人讥笑的问题,深
深地埋下了头。于漪老师见状,便微笑着对大家说:"同学们不要笑,也不要小看这
个问题,它里面有学问呢。哪位同学能看出其中的奥妙?"经于老师这么一问,课堂
一下子沉寂下来了。过了一会儿,一位学生站起来回答:"我觉得'万万'读起来响
亮许多,顺口许多。"于老师说:"讲得好! 其他同学还有高见吗?"另一位学生站起
来说:"还有强调作用,好像'万万'比'亿'多。"在确认没有不同看法后,于老师总结
道:"通过对'万万'的讨论,我们了解到汉字重叠的修辞作用,它不但读起来响亮,
而且增强了表现力。那么,请同学们想一想,我们今天这个知识是怎样获得的呢?"
全班同学不约而同地将视线集中到刚才发问的学生身上。这个学生如释重负,先
前的惭愧、自责一扫而光,仿佛自己一下子聪明了许多。

　　在上述案例中,师生之间的对话和互动是开放的。当课堂出现一个问题,即
"'万万'是多少"的小插曲时,这个看似与语文课堂毫不相关的问题也被教师敏锐
地捕捉到了。面对这样的意外之事,有些教师或许会做跳过的处理,或者认为这是
学生幼稚的观点或无厘头的恶作剧,倘若这样处理的话,对话的空间就闭锁了,真
理也就无从传达或揭示。然而,还有些教师则会对学生的经验和视域保持开放,并
基于自身的专业素养和专业意识迅速感知到这个问题的价值,然后通过引导学生
之间的共同讨论来澄清疑惑,让大家在深入思考后揭示出语言的精妙并体会到发
现真理的满足感和愉悦感。正如雅斯贝尔斯所言,本真的真理存在于生活交往中,
存在于对话中,但真理的传达并非朝向所有人,而只是倾向于具有敏感气质的人。

---

① ［德］汉斯-格奥尔格·伽达默尔.诠释学Ⅰ：真理与方法[M].洪汉鼎,译.北京：商务印书馆,2010：
506—509.
② 孙瑞欣.课例反思[N].中国教育报,2006-10-19(09).

教师在与学生的互动交往中，需要具有教育的敏感性，及时察觉和捕捉真理生发的契机和空间。

二、教育的应有品格：游戏精神

在追寻艺术真理性的道路上，伽达默尔选取"游戏"这一概念来表征和阐释艺术作品的存在方式。依循伽达默尔所开辟的存在论意义上的游戏观，游戏是主动性与被动性、自由性与严肃性的统一。更根本地说，游戏是人的本真存在方式，游戏精神也应成为教育的本然追求和应有品格。

（一）游戏作为艺术作品的存在方式

事实上，游戏一词是西方美学中的一个显性概念。就游戏与美的关系而言，两者具有共通性。胡伊青加指出，游戏带有引人入迷的、吸引人的特质，我们用以指称游戏因素的那些词汇，绝大多数都属于我们用以描述美的效果的词汇：紧张、均衡、平衡、冲突、变化、消融、解决等①。历史地看，以康德和席勒为代表的近代美学将游戏理解为一种主体性的、精神的自由活动。在康德看来，艺术作为一种游戏，具有因其自身就使人愉快的、不涉及利害的特性。席勒在《审美教育书简》中指出："在审美国家中，人与人只能作为自由游戏的对象相互对立。通过自由给予自由是这个国家的基本法则。"②质言之，近代美学视域下的游戏带有鲜明的主体化倾向。伽达默尔打破这种主观意义上的游戏理解框架，从存在论的层面重新阐释游戏，他旗帜鲜明地提出："游戏并不指态度，甚而不指创造活动或鉴赏活动的情绪状态，更不是指在游戏活动中所实现的某种主体性的自由，而是指艺术作品本身的存在方式。"③将游戏视为艺术作品的存在方式意味着，我们在艺术经验中所遭遇的东西就如同在游戏中所遭遇的东西，也即我们经验艺术的方式乃是一种游戏方式④。

在此我们需要厘清游戏的内涵和特征。伽达默尔清理了关于游戏的两种流俗之见。第一种误解：游戏的主体是游戏者。比如我在玩象棋，那么我就是游戏的主体。伽达默尔从游戏一词的比喻性意义上加以说明，得出游戏活动是一种循环往复运行的、无主体的运动。也就是说，游戏活动中的主体或者说游戏者并不是游戏

① ［荷］J.胡伊青加.人：游戏者——对文化中游戏因素的研究[M].成穷，译.贵阳：贵州人民出版社，2007：10.
② ［德］弗里德里希·席勒.审美教育书简[M].冯至，范大灿，译.上海：上海人民出版社，2022：237—238.
③ ［德］汉斯-格奥尔格·伽达默尔.诠释学Ⅰ：真理与方法[M].洪汉鼎，译.北京：商务印书馆，2010：149.
④ 洪汉鼎.《真理与方法》解读[M].北京：商务印书馆，2018：110.

的存在方式,即便有主体的话,"游戏的真正主体也不是游戏者,而是游戏本身"①。可以说,游戏先于游戏者,游戏先于游戏者的意识。进一步而言,游戏是主体性消失的活动,这指向游戏的自成目的性。

在伽达默尔看来,一切游戏活动都是一种"被游戏"过程。这一被动的表达实际上是强调游戏者被游戏的魅力所吸引和征服,游戏事实上是主宰者。"被游戏"并不是指强制,而是说,游戏者不自觉地被游戏所吸引而卷入其中,在这个过程中,自我、现实等一切都隐匿了,主体与客体的区分也消解了,全副身心都倾注、投入在游戏中。进而,游戏者就会自然而然地在此过程中体验到兴趣感、自由感、愉悦感、成长感等,这是游戏具有魅力的一种表征。因而,从目的的角度来看,游戏者投身、沉浸在游戏过程中所关注的即为游戏过程本身而不是外在的目的。从这一点上来说,游戏是自成目的的,也就意味着游戏是非功利的。

第二种误解：游戏是一种无所拘束、随心所欲的玩,不具有严肃性。伽达默尔认为,游戏事物本身并不具有严肃性,但游戏活动本身却带有神圣的严肃性。这种严肃性可以用游戏所具有的"秩序结构"(ordnung)来解释。被游戏本身的秩序结构所吸引而投入其中的游戏者,他们会更专注地参与其中,关注自身的表现,就像被支配一样。比如,参加比赛的运动员被游戏本身的魅力所支配,使得参与者紧张起来并投入比赛②。可以说,这种严肃性是一种出于内在的而非外在强加的严肃性。

(二) 游戏作为课堂生活的本真存在方式

历史地看,游戏是人类社会的一种古老活动和普遍现象,从更本源的意义上说,游戏不只是生活中的边缘现象(randphänomen),而是生存的根本现象(grundphänomen),正如死亡、爱情、工作、斗争等基本范畴一般③。将目光投向教育领域,游戏对我们来说并不是个新鲜词,游戏的教育价值、文化价值等已经普遍得到研究者的肯认。杜威曾指出,学校之所以采用游戏和主动的作业,并在课程中占一明确的位置,是理智方面和社会方面的原因,并非临时的权宜之计和片刻的愉快惬意④。有研究者提出,教学必须体现游戏性,没有游戏性的教学不是"好教学"⑤。就教学本身而言,教学过程不单是理性的、抽象的、科学的,而且还是情感的、诗性的和审美的。游戏与教学的本然追求具有内在相通性。

---

① [德] 汉斯-格奥尔格·伽达默尔.诠释学Ⅰ：真理与方法[M].洪汉鼎,译.北京：商务印书馆,2010：153.
② 洪汉鼎.理解的真理：解读伽达默尔《真理与方法》[M].济南：山东人民出版社,2001：85.
③ 张振华.芬克的游戏思想[J].中国现象学与哲学评论,2017(01)：114—138.
④ [美] 杜威.民主主义与教育[M].王承绪,译.北京：人民教育出版社,1990：211.
⑤ 郭晓明.论教学的游戏品格[J].湖南师范大学教育科学学报,2002(02)：41—45.

一般而言,教育领域对游戏的理解至少包括两个层面:"作为具体活动"的游戏,以及"作为游戏精神"的游戏。前者将游戏视为一种实体性活动,在这种观点下,游戏往往以教学策略和教学手段的形式出现。在此,我们并不否认游戏活动对教育教学的独特意义和重要价值,但这种理解容易导向工具取向,进而将游戏作为教学活动的插曲和附加物。原因在于其中隐含的逻辑是游戏与教学的分离,即借助外在游戏的糖衣引诱学生,以消解学习过程的苦涩、沉闷与劳累。因此,在将游戏作为一种教学手段使用时需保持审慎。后者是从更上位的抽象意义来理解游戏,这就为游戏与教学的深度融合提供了理论准备。游戏精神也是一种"游戏态度",表现为心智态度,而游戏只是这种态度的外在表现。正如杜威所言,"游戏态度比游戏本身更为重要"①。相较而言,在精神层面理解游戏,为游戏在教育教学中的出场留有更大的包容空间,也直抵教学的本质和要求。

雅斯贝尔斯指出,教育是导向人的灵性生成和灵魂觉醒的活动,教育过程是让受教育者在实践中自我练习、自我学习和成长,而实践的特性就是自由游戏和不断尝试②。反观教育现实,日渐盛行的工具理性等多种因素的叠加挤压了游戏的生存空间,游戏活动往往被隔离在学习之外,甚至成为学习的对立面,游戏的教育意义难以得到充分释放。那么教育中的游戏精神该如何体现呢? 让我们来看这样一则案例。

案例 7 - 2③

我发现自己还像个孩子,至少还像个孩子似的好奇、好玩,喜欢和孩子们在一起,希望和孩子相通。

我常常教什么内容,让孩子们学什么内容,自己也同样兴致勃勃地玩什么内容。不仅课前,而且课后也玩个没完;不仅玩跟学习有关的,而且还"节外生枝",玩衍生出来的内容。一轮《肥皂泡》教下来,我就玩出了"新水平",能把肥皂泡吹得比篮球还大,让它在教室里空晃荡,那高兴劲,那情景,整个课堂都会沸腾,谁不想试一试呢? 于是课内的、课外的研究兴致勃勃地、主动地开始了。

……

我的一些课常常会玩出一些意外的新花样来,那大抵就是自己的好玩玩出来的。尽管我经常忙得不可开交,可我仍醉心于"玩",容忍自己的"玩",道理很简单,希望孩子们去鼓捣,去探索,去发现,教师自己能不下水、不鼓捣、不研究一番吗?

有时候我也逗孩子们。一次给二年级上课,我在头发上、衣服上沾满苍耳和鬼

---

① [美]约翰·杜威.我们怎样思维·经验与教育[M].姜文闵,译.北京:人民教育出版社,2005:173.
② [德]雅斯贝尔斯.什么是教育[M].邹进,译.北京:生活·读书·新知三联书店,1991:3—4.
③ 章鼎儿.我的"特色"与追求——章鼎儿自述[J].小学自然教学,1988(03):13—16.

针草走进教室,惹得大家哈哈笑。然后让他们摘下来认认是些什么东西,研究研究它们是怎么沾在衣服上的……,到最后,每个人都沾着种子离开实验室。

透过这则故事,一个醉心于"玩"、沉湎于"游戏"的小学自然课教师的形象跃然纸上,那个在课堂上"吹着肥皂泡",浑身"沾满苍耳和鬼针草"的教师仿佛就鲜活地呈现在我们面前。在此,我们看到了一个充满好奇心、探究欲和生命活力的教师形象。从教师的角度来看,教师的教学可能是枯燥、聊以营生的劳务,也可能是兴趣盎然、趣味横生、自由创造的活动。就自然课而言,这门学科的内容包罗万象,"对一个不熟悉又不感兴趣的人来说,教这门课一定会感到莫大的负担和痛苦。我则恰恰相反,所有的内容都是我深感兴趣的,教这些内容,乃至不知是出于教学的需要或是出自个人的兴趣,自学这些内容,对我来说是乐在其中的享受"[①]。倘若教师不是把教学当成一项苦差事,而是将其看作目的,并以一种游戏的精神投入其中、沉浸其中、享受其中,教师正在做的事情也是自己想做的事情,那么教学就会充溢着深刻且持久的审美享受,而学生也会在此过程中获得极大的审美满足。将教学过程视为游戏也意味着在教与学的过程中,教师与学生全副身心地游戏于课堂。在此过程中,教师的教和学生的学都不再是为着某个外在的目的,也不再是沉重的负担,而是迸发出惊奇感、愉悦感、自由感、成长感的游戏过程。

三、教育过程：理解作为视域融合

在伽达默尔的诠释学体系中,理解无疑是一个核心概念,甚至简单地说,诠释学就是关于理解和解释的学问。就诠释学本身的发展来说,古典诠释学是从方法论的视角来探求理解,是一门"关于理解的技艺学",其目的是炮制一套理解科学的规则体系和程序。而哲学诠释学所探究的是人的世界经验和生活实践的问题,也就是"理解何以可能"的问题。在此意义上可以说,理解是"此在"本身的存在方式,而不仅指向主体的行为方式。按照伽达默尔的观点,理解是视域融合的过程,语言则是理解得以发生的媒介和基本条件。在教育学话语体系中,理解不是个新鲜词。有学者从本体论视角指出,"理解性是教育的一种根本属性"[②]。从理解的视角审视教育,教育过程指向多重要素之间的视域融合,包括理解者与文本知识之间、教师与学生之间、理解者的历史与现在视域等层次。

(一) 教育过程中的理解：指向视域融合

在伽达默尔看来,艺术作品的真理性并不单纯存在于艺术作品中,也不单纯存

---

①　章鼎儿.我的"特色"与追求——章鼎儿自述[J].小学自然教学,1988(03)：13—16.

②　邓友超.论教育的理解性[D].上海：华东师范大学,2004：4.

在于审美主体的意识中,而是存在于对它的理解和解释的无限过程中①。在现实生活中,我们阅读一首诗歌、鉴赏一幅画、观看一场戏剧等都是对艺术作品的再现,也构成这些艺术作品继续存在的方式。这也意味着,艺术作品的意义只有在被表现、被理解和被解释时才能实现,同时这种理解和解释是不断更新的,正如伽达默尔所言:"对艺术作品的经验从根本上说总是超越了任何主观的理解视域的,不管是艺术家的视域,还是接受者的视域。作者的思想绝不是衡量一部艺术作品的意义的可能尺度。甚至对一部作品,如果脱离它不断更新的被经验的实在性而光从它本身去谈论,也包含某种抽象性。"②

就理解而言,它指向一个视域融合的过程。"视域"一词在德语中对应的词是horizont,意思就是"地平线",也即基于一个视点所能视看的区域和范围。从这个意义上看,视域具有开放性,表征着一个可移动的、拓展着的边界,基于此,不同的视域之间才有融合的可能性。理解是理解者与理解对象发生视域交融的过程。在此,理解者作为主体并不是没有内容的、空洞的存在,而总是带着自身的前理解参与到理解过程中的。这意味着理解发生之前,理解者就已经形成了自身的一种视域。在此,伽达默尔为前见的合理性进行了有力辩护,强调前见是理解发生的条件,是历史赋予理解者或解释者的生产性的积极因素,"如果我们想正确地对待人类的有限的历史的存在方式,那么我们就必须为前见概念根本恢复名誉,并承认有合理的前见存在"③。对于理解者而言,他是负载着历史性和传统经验的个体,他的前见、他的历史境遇、他的传统都构成理解的必要条件和基础。从"时间距离"来看,按照伽达默尔的观点,一方面,理解意味着理解者现在与过去的视域融合。另一方面,在理解者与理解对象的互动过程中,理解者自身有视域,文本也有自己的视域,可以说,理解过程也指向这两种视域的交融过程(视域融合)④。因此,"视域融合"在多个层次上起作用:有当下与过去的融合,有阐释者与它所理解的东西的融合,还有阐释与阐释对象的融合⑤。

伽达默尔指出:"人的实践行为最根本的是一种理解行为,获得对他人、对一切文本意义的理解。人们在理解中获得和创造出指导行为的意义准则。"⑥在此,他肯

①　[德]汉斯-格奥尔格·伽达默尔.诠释学Ⅰ:真理与方法[M].洪汉鼎,译.北京:商务印书馆,2010:译者序言xi.

②　[德]汉斯-格奥尔格·伽达默尔.诠释学Ⅰ:真理与方法[M].洪汉鼎,译.北京:商务印书馆,2010:译者序言xi.

③　[德]汉斯-格奥尔格·伽达默尔.诠释学Ⅰ:真理与方法[M].洪汉鼎,译.北京:商务印书馆,2010:392.

④　张能为.理解的实践[M].北京:人民出版社,2002:44.

⑤　[加]让·格朗丹.伽达默尔传:理解的善良意志[M].黄旺,胡成恩,译.上海:上海社会科学院出版社,2020:363.

⑥　张能为.理解的实践[M].北京:人民出版社,2002:95.

定了理解对实践行为的指导意义。教育作为一种实践活动，自然也需要把握理解的尺度。在教育情境下，视域融合发生在历史与现在、主体与客体、自我与他者之间。具体而言，在理解者（师生）与文本内容之间、师生之间、生生之间、理解者的历史与现在经验之间的互动中都内含着视域交融的过程。当我们考虑到视域的特征，那么学生就不是作为"空的容器"走进课堂，而是带着自身的特殊经验和视域与教师在课堂生活中相遇，教师同样也有自身的视域，学生的任务是借由教师的教扩大自己的视域，并与教师的视域相交融。同理，在面对文本时，比如语文中的古文教学，教师所要教的不是单纯的文本的内容，也不单是教学生明白一些人生道理。古文所呈现的是古人对其生活境域的表达，这种表达与我们当下的生活存在一定的时空距离，而教师之教所要承担的就是引导学生感知并理解古人的生活世界，以实现与作者的视域融合。

（二）教育过程中理解的媒介：语言

理解离不开语言，语言是理解发生的普遍媒介。理解的实现形式是事物本身得以语言表达，因此对事物的理解必然通过语言的形式而产生。那么何谓语言？在当代分析哲学家的眼中，语言是指称和标志对象事物的符号系统。因此，符号本身不具有任何绝对的意义，而只是符号使用者用以进行指示和表达的工具。从语言与世界的关系来看，伽达默尔指出，"语言并非只是一种生活在世界上的人类所拥有的装备，相反，以语言为基础，并在语言中得以表现的乃是：人拥有世界。对于人类而言，世界就是存在于那里的世界……但世界的那种存在确实是通过语言被把握的。这就是洪堡从另外的角度表述命题的真正核心，即语言就是世界观"①。也就是说，在伽达默尔看来，语言是存在的表现。这一观点与海德格尔的语言观具有相通性。海德格尔曾说，"无论如何，语言是最切近于人的本质的，处处可见语言。所以，用不着奇怪，一旦人有所运思地寻视于存在之物，他便立即遇见语言，从而着眼于由语言所显示出来的东西的决定性方面来规定语言"②。也就是说，语言本身不是空洞的，而是负载着意义的，滋养、保存和传达着我们的生活世界。

伽达默尔的语言观对我们理解教育中的语言学科教学具有启示意义。比较典型的是在英语课堂实践中，英语学习被异化为简单的单词短语的记诵和文段的翻译，导致一些学生对英语学习失去兴趣和热情。这种现象所映射出的是一种工具主义的语言观，即从语言功能的角度将语言视为一种交流的手段或工具。在此我们无意否认语言的沟通交流作用，但从本源的意义上说，语言不仅是语言，语言的

---

① ［德］汉斯-格奥尔格·伽达默尔.诠释学Ⅰ：真理与方法［M］.洪汉鼎，译.北京：商务印书馆，2010：623.
② 孙周兴.海德格尔选集［M］.上海：上海三联书店，1996：981—982.

形态就是生活的形态，它们构成了我们的文化、价值、真理和世界经验。只有作此理解，语言的丰富意义才能铺展开来。

概言之，伽达默尔的阐释学美学追问艺术的真理性问题，认为游戏是艺术作品的存在方式，而艺术作品的意义存在于理解和解释的无限过程中。从伽达默尔的阐释学美学出发，围绕"真理""游戏""理解"等概念审慎分析教育的目的、品格和过程将有助于深化教育理论。第一，从教育目的来看，教育需要回答的是如何引导学生揭示、探究、发现和共享真理，在与真理的照面中获致对真理的源源不断的兴趣与热爱。第二，就教育品格的角度而言，游戏精神应成为教育的本然追求，充满着游戏精神的课堂生活是自成目的的，是自由性和严肃性的统一，同时具有无穷的吸引力。第三，从理解的视角审视教育，教育过程指向多重要素之间的视域融合，包括理解者与文本知识之间、教师与学生之间、理解者的历史与现在视域之间等多个层次。

思考与练习

1. 真理是伽达默尔美学思想的一个重要概念，在教育学的视域下，请深入思考教师应如何引导学生探索、揭示和热爱真理。

2. 以伽达默尔的游戏观为理论参考并结合课堂教学实践，进一步思考如何实现游戏与教育的深度融合。

延伸阅读

1. ［德］汉斯-格奥尔格·伽达默尔.诠释学Ⅰ：真理与方法［M］.洪汉鼎，译.北京：商务印书馆，2010.

2. ［加］让·格朗丹.诠释学真理? 论伽达默尔的真理概念［M］.洪汉鼎，译.北京：商务印书馆，2015.

3. ［德］伽达默尔.美的现实性：艺术作为游戏、象征和节庆［M］.郑涌，译.北京：人民出版社，2018.

4. 孙丽君.伽达默尔的诠释学美学思想研究［M］.北京：人民出版社，2013.

第八章

使学生具身地投入世界：梅洛-庞蒂美学思想的教育启示

本章要点

1. 科学、艺术与生活世界的关系。
2. 儿童画的本质。
3. 身体的范畴与内涵。
4. 教学过程的创造性维度。

重要概念

生活世界　绘画　身体　创造与转化

学习目标

1. 了解梅洛-庞蒂对科学思维范式的批判及艺术与生活世界的亲缘关系。
2. 反思儿童画的本质。
3. 明晰梅洛-庞蒂的身体观。

图 8-1　梅洛-庞蒂

主要人物介绍

　　莫里斯·梅洛-庞蒂（Maurice Merleau-Ponty，1908—1961）是法国的现象学家和存在主义哲学的代表人物之一。梅洛-庞蒂曾在索邦大学执教，开设心理学与教育学讲座。在西方哲学界，他被认为是"法国最伟大的现象学家"和"无可争议的一代哲学宗师"①。梅洛-庞蒂著述丰富，其哲学代表作为《知觉现象学》。他认为知觉是我们与世界打交道的最原初的方式，只有通过对知觉的重新描述才能回返存在本身。诚然，他的理论深受胡塞尔现象学的启发，但又超越其意识现象学的范畴，形成了独具特色的"身体现象学"。"身体"这一主题在梅洛-庞蒂的整个哲学体系中一以贯之。对身体的复魅及对知觉世界的回返，使得梅洛-庞蒂的哲学超越理性主义的传统而带有鲜明的感性特质。梅洛-庞蒂的美学思想与其哲学思想是贯通的。艺术与审美的感性特质与其哲学思考有着相当的亲缘性。他力图将艺术经验提升至存在经验，达到存在论和美学的交错，"眼"与"心"的交织②。事实上，梅洛-庞蒂没有专门的美学专著，他对艺术的思考散见于哲学作品中，如《知觉现象学》《意义与非意义》《符号》《世界的散文》等。国内学者将梅洛-庞蒂的五篇美学作品编选成集③，依次为《作为表达和说话的身体》《塞尚的疑惑》《间接的言语及沉默的声音》《眼与心》《表现与儿童画》。其中，美学名篇《眼与心》更是被誉为对艺术作品的诗的沉思。

①　赵敦华.现代西方哲学新编[M].北京：北京大学出版社，2001：149—150.
②　[法] 莫里斯·梅洛-庞蒂.眼与心[M].杨大春，译.北京：商务印书馆，2007：10.
③　[法] 梅洛-庞蒂.眼与心：梅洛-庞蒂现象学美学文集[M].刘韵涵，译.北京：中国社会科学出版社，1992.

一、科学、艺术与生活世界

梅洛-庞蒂的美学思想是其哲学思想的隐喻性表达，其现象学的哲学思考发端于胡塞尔晚期的"生活世界"理论①。胡塞尔从欧洲科学的危机谈起，认为科学的危机表现为科学丧失了其对生活的意义。梅洛-庞蒂延续胡塞尔对科学与生活世界关系的论断，并认为科学思维的操控性和透明性使得科学失去了与世界血肉相连的关系。而艺术（绘画）则以感性的方式纯粹地表达生活世界。作为一种特殊艺术形式的儿童画则是儿童对世界的知觉表达。

（一）科学遗忘了生活世界

梅洛-庞蒂的现象学思想来源于胡塞尔晚期对"生活世界"的阐发。胡塞尔提出生活世界的概念是为了应对欧洲科学的危机。他认为，现代人的整个世界观唯一受实证科学的支配，并且唯一被科学所造成的"繁荣"所迷惑，这种唯一性意味着人们以冷漠的态度避开了对真正的人性具有决定意义的问题②。欧洲科学的危机或者说科学世界的难题表现为科学遗忘了生活世界，丧失了其对生活的意义。因此，胡塞尔敦促现代科学重新思考其起源并找回被遗忘的意义，即回到生活世界。胡塞尔意义上的"生活世界"是一个始终在先被给予的、奠基性的、直观的和主观的世界，也是原初明见性的王国。

这个说法似乎过于抽象，生活世界的内涵仍然流于玄妙。倪梁康对科学世界与生活世界的关系进行了论述，认为两者的区别表现在两个方面：一方面，科学世界超出了生活世界的直观、主观、相对的视域，将自己显现为一种超主观的、超相对的客观性；另一方面，科学世界的基础建立在生活世界的直观视域之上③。简言之，生活世界是科学世界的始基。事实上，脱离开直观的生活世界，科学命题也就无法得到检验和证实，同时也会丧失意义。胡塞尔对科学危机的剖析和对科学与生活世界关系的揭示，对梅洛-庞蒂的思想产生了深刻的影响。

与胡塞尔相同，梅洛-庞蒂也对现代科学理念或科学思维表现出批判的态度。在他看来，科学或者说科学思维具有两方面的特征。其一，科学思维具有操控性。

---

① 梅洛-庞蒂在 1939 年阅读了《国际哲学杂志》悼念胡塞尔的专辑，并开始了解到《欧洲科学的危机与超越论的现象学》中的生活世界理论，同时他到胡塞尔档案馆花了六天时间阅读了该书的未刊稿。

② ［德］胡塞尔.欧洲科学的危机与超越论的现象学[M].王炳文,译.北京：商务印书馆,2001：18.

③ 倪梁康.现象学及其效应[M].北京：商务印书馆,2014：129.

所谓的操控性是指它赋予事物各种内在模式,依据这些模式的指标或变量对事物进行其定义所容许的各种变形①。这种操控性主要表现为科学对理智模式的崇拜。此外,操控也意味着去操作、去改变,唯一的条件是在实验控制之下……科学不是观察并记录现象,而是根据某种设计,在实验室条件下"产生"这种现象②。梅洛-庞蒂认为这是一种绝对的人工主义。其二,科学具有透明性,集中表现为科学的抽象化和客体化。梅洛-庞蒂认为科学的思想是一种俯瞰的、关于一般客体的思想,科学把整个存在都看作是"一般客体",就是说它好像对我们并不重要,然而却又是注定为我们的能力服务的③。也就是说,存在变成了外在于我们的"超越之物",成为了我们理智构造的产品。科学思维的这种特性会对科学本身造成伤害,使得科学丧失自身的根基而变得漂泊无依。此外,这种客体化思维也会妨碍人文科学的发展,进一步将人类生活框定在某种"既不再有真也不再有假的"文化体制中。诸此种种,所造成的后果是科学与现实世界渐行渐远。质言之,现代科学的原则和思维方式使我们失去了与世界的那种真实的血肉相连的关系。

以此反观教育领域,科学思维对教育实践的侵越首先在某种程度上表现为一种硬化的精神,一种强势的、操控的思维。它总是试图通过操控使教育达到预期结果,将教育打造成"安全无风险"的空间。这种操控性,主要表现在借助科学统计、数据等手段来达到教育质量控制的目的。直观地说,教育评价的具体操作通常都是先制定出完备、细化的评价指标体系,然后进行量化测评,并据此对被评对象赋分和划定等级。因此,有学者指出,现代教育评价的核心逻辑是技治主义,它是一种治理和管理的技术化思维,也是追求通过建构框架去实现事务硬化的精神④。其次,科学思维的透明性决定了它往往以一种抽象的和有一定距离的方式来审视教育。比如,教育评价中的标准量化就体现着对确定性和同一性的追求,它试图以一套明确的指标"一刀切"式地来评价所有个体。它把个体抽象为"类"的存在,隐含的错误假设是所有个体均具有相同的属性和特质,进而可以用统一的标准进行衡量。也就是说,其内在的逻辑为"抽象的人"而非"具体个人",这在某种程度上放大了个体之间的共性而抹消了个性和差异性。

科学思维的强势性试图将教育紧紧抓住,使教育变得确定、无风险。如果说科学思维将教育推向强势的一面,那么比斯塔"弱势"的视角则启发我们重新理解教育。比斯塔以"教育之弱"为切入点,将教育譬喻为"美丽风险",认为教育总会包含

① [法]莫里斯·梅洛-庞蒂.眼与心[M].杨大春,译.北京:商务印书馆,2007:30.
② [法]莫里斯·梅洛-庞蒂.眼与心[M].杨大春,译.北京:商务印书馆,2007:31—32.
③ [法]梅洛-庞蒂.眼与心:梅洛-庞蒂现象学美学文集[M].刘韵涵,译.北京:中国社会科学出版社,1992:125.
④ 余清臣.现代教育评价的技治主义及其限度[J].山西大学学报(哲学社会科学版),2019,42(01):103—109.

风险，因为教育不是机器人之间的互动，而是人与人之间的相遇①。固然，我们总是带着特定的教育目的来实施教育活动，并期望通过教育行动来达到预期的结果，如最为常见的是提高学生的学业成绩。但比斯塔警示我们不可将其等同于"教育技术"，因为教育的"输入"和"输出"不可能是完美匹配的。如果我们去除教育风险，那也就意味着我们真有机会去除整个教育了②。可以说，去除了教育的风险也就取消了教育的可能性。据此而言，"教育之弱"才是教育得以存在的基础。

（二）艺术纯粹地描绘原初世界

梅洛-庞蒂认为现象学具有双重属性。一方面，现象学是关于本质的研究，作为一种超越论的哲学，它悬置自然态度的一切断言，以便更好地理解世界；另一方面，现象学也是一种将本质重新放回存在的哲学，在进行反省之前，世界作为一种不可剥夺的呈现始终"已经存在"，所有的反省努力都在于重新找回这种与世界自然的联系③。可以看出，梅洛-庞蒂在《知觉现象学》前言中对现象学的创造性解读已经显现出存在主义的理论倾向。如前所述，科学的思想是一种俯瞰的思想、关于一般客体的思想，梅洛-庞蒂认为应该将其重新置于某种预先的"有"之中，即让它重新贴近于感性的世界④。如果说，科学以理智的模式远离了世界，那么艺术则是以感性的方式维持着与世界的原初关系。梅洛-庞蒂指出，艺术尤其是绘画，就是从这蛮荒的意义之大泽汲取养料的。这里所说的"蛮荒的意义之大泽"就是原初的世界，蕴含着丰富意义与生机的生活世界。

梅洛-庞蒂在面对艺术问题时并非空泛地谈论，而是更加聚焦在具体的艺术形式中，尤其关注绘画。在相关文稿中，画家塞尚的艺术创作总是以范例的形式频频被提及。在梅洛-庞蒂的视域中，绘画的表达发生在与原生存在的切近联系中，这种非语言的、非概念的沉默表达与现象学的追求有着异曲同工之妙⑤。在此意义上，绘画被赋予了哲学性的解读，每种绘画都是一种对世界的表达，都是画家试图去把握和言说的对世界的原初经验。在此需要重点说明两个方面。

一方面，画家的创作能够悬置惯常经验而直指事物，画家能够纯粹地注视世界而无须对其作出评估。梅洛-庞蒂以塞尚为例指出："我们早已习惯于把这些东西想象成必要的，不容置疑地存在着的。然而塞尚的画却把这种习以为常变得悬而

① ［荷］格特·比斯塔.教育的美丽风险［M］.赵康，译.北京：北京师范大学出版社，2018：7.
② ［荷］格特·比斯塔.教育的美丽风险［M］.赵康，译.北京：北京师范大学出版社，2018：7.
③ ［法］莫里斯·梅洛-庞蒂.知觉现象学［M］.姜志辉，译.北京：商务印书馆，2001：1.
④ ［法］莫里斯·梅洛-庞蒂.眼与心［M］.杨大春，译.北京：商务印书馆，2007：32.
⑤ 宁晓萌.表达与存在：梅洛-庞蒂现象学研究［M］.北京：北京大学出版社，2013：163.

未决,他揭示的是人赖以定居的人化的自然之底蕴。"①因此,塞尚笔下的人物在他人看来总是奇特的,自然本身也被剥离了一些泛灵论者所认为的某些属性。也就是说,在塞尚的画中,我们看到的是一种对亲熟性、欲望和目的性等的悬置以便纯然地朝向世界和自然。此外,梅洛-庞蒂类比了画家与作家和哲学家,认为只有画家才能纯粹地、"天真"地注视事物而不需要对其进行评价或表明立场。作家和哲学家都需要对事物作出明确的判断,表明自身的立场,以便为公众提供建议并承担起"发言人"的公共责任。而在画家面前,认识和行动这些口号都是无效的,他的工作就是将其所看到的世界描绘出来。

另一方面,画家描绘世界,将世界呈现在绘画作品中,身体是实现这种质变的关键。正如梅洛-庞蒂所说,"任何绘画技术都是身体技术"②。从表层上而言,画家的创作离不开身体器官的直接参与,眼睛需要用来注视,双手用于绘画。梅洛-庞蒂指出:"事实上人们也不明白一个心灵何以能够绘画。正是通过把他的身体借给世界,画家才能把世界转变成了画。"③这句话将身体、世界与绘画关联起来,也进一步将其观点引向更深处。梅洛-庞蒂这样写道:"在一片森林中,我有好多次都觉得不是我在注视着森林,而是那些树木在注视着我,在对我说话……而我,在那里倾听着……我认为,画家应该被宇宙穿透,而不能指望穿透宇宙……我期待着从内部被淹没、被掩埋。我或许是为了涌现出来才画画的。"④画家在注视树木的同时,树木也在注视画家,画家与世界借助身体的知觉经验而形成一个交相融合的整体。在论述"世界之肉"的概念时,梅洛-庞蒂更加直白地指出了身体与世界的关系,"我的身体是可见的和可动的,它属于众事物之列,它是它们中的一个,它被纳入世界的质地之中,它的内聚力是一个事物的内聚力。但是,既然它在看,它在自己运动,它就让事物围绕在它的周围,它们成了它本身的一个附件或者一种延伸,它们镶嵌在它的肉里,它们构成它的完满规定的一部分,而世界是由相同于身体的材料构成的"⑤。简言之,身体与世界具有同质性。正是基于此,画家借由身体将世界转化为画才成为可能。

梅洛-庞蒂借由绘画延伸至对身体、世界及其二者关系的思考中。在此视域下,世界绝不是指向科学思维操控下的世界,而是灵性的、蛮荒的、原初的生活世界。结合第一部分对科学思维的批判,在科学、艺术与生活世界的关系中,他试图通过艺术找回与生活世界的感性关系。艺术在梅洛-庞蒂的视域中具有重要意义。但在学校教育实践中,艺术教育往往得不到应有的重视。科学与艺术之间往往存在着张力,这种张力也反映着理性与感性之间的疏离。在现实的教育情境,以知识

---

① [法]梅洛-庞蒂.眼与心:梅洛-庞蒂现象学美学文集[M].刘韵涵,译.北京:中国社会科学出版社,1992:50.
② [法]莫里斯·梅洛-庞蒂.眼与心[M].杨大春,译.北京:商务印书馆,2007:47.
③ [法]莫里斯·梅洛-庞蒂.眼与心[M].杨大春,译.北京:商务印书馆,2007:35.
④ [法]莫里斯·梅洛-庞蒂.眼与心[M].杨大春,译.北京:商务印书馆,2007:46.
⑤ [法]莫里斯·梅洛-庞蒂.眼与心[M].杨大春,译.北京:商务印书馆,2007:37.

技能传授为主导的教学往往重视学生理性的发展而忽视对学生感性能力的培养。

（三）儿童画表达儿童的世界

梅洛-庞蒂从表达的意义上描述绘画和儿童画，他指出，"绘画是儿童对世界的表达，从不是简单的模仿。我们必须再一次在完整的意义上采用'表达'这个词，就好像感知到的和被感知的之间的交叉点，而不是构造的简单复制的合并。而且，所有绘画的原则是表达事物，而不是像事物"①。梅洛-庞蒂是从现象学的视角审视儿童画的，儿童画是一种原始表达，是儿童对其所感知到的世界的一种再现②。当人们提及儿童画时，总是会不自觉地引入成人的立场或把儿童画与成人画加以对比，比较典型的做法是我们会以成人画的几何透视技巧为尺度衡量儿童画。几何透视法是一种呈现立体空间的技术手段，在绘画中较常使用。但问题是，久而久之，这种技巧就存在着被固化的风险，成为我们对所知觉世界进行表达时的优先选择或唯一选择，似乎只有它能精确地反映我们的视觉。反之，与此不相符的画法就会被认为是潦草的或混乱的。这种现象在儿童画中尤为突出。例如，当表现立方体时，儿童可能会画出四五个并列的正方形来朴素地表达自己的想法。这种简单的拉平的技法往往会被认为是不精确的。梅洛-庞蒂对此进行了批判："我们现在已经无权，也没有必要仅仅通过诉诸于儿童画与平面投影透视法会和的最后环节来定义儿童画了。"③事实上，透视法并非现实主义，它是对事物表象的一种视觉构造，本身也有局限性。成人是视觉上的看事物，儿童则是尝试表达事物本身。在这个意义上，儿童比成人走得更远。他们的绘画与成人相比，更加主观和更加客观：更加主观是因为它们从面貌中解放出来，更加客观是因为它们尝试复制事物真正的所是，而成人只是从一个角度表达事物——他们自己的角度④。

长久以来，儿童画被视为一种最简略的，同时也是受到贬抑的表达形式。儿童的绘画作品被认为是涂鸦。在现实的艺术教育中，往往会存在以下两种倾向。其一，模仿论。将学生的绘画创作简化为单纯的模仿。教师倾向于以像不像来评判儿童的美术作品。在教学过程中，也会出现教师要求学生跟着教师的范例进行绘画或者根据书本的范例进行绘画。其二，技巧论。教师以绘画技巧来评价儿童的

---

① Maurice Merleau-Ponty. Child Psychology and Pedagogy：The Sorbonne Lectures 1949—1952［M］. Translated from the French by Talia Welsh. Evanston：Northwestern University Press，2010：170.（参考邵燕楠老师的中文译稿，该稿未公开出版）
② 韦永琼.表达与儿童画——梅洛-庞蒂的儿童现象学管窥［J］.内蒙古师范大学学报（教育科学版），2019，32（12）：38—43.
③ ［法］梅洛-庞蒂.世界的散文［M］.杨大春，译.北京：商务印书馆，2005：167.
④ Maurice Merleau-Ponty. Child Psychology and Pedagogy：The Sorbonne Lectures 1949—1952［M］. T. Welsh，Trans. Evanston：Northwestern University Press，2010：170.（参考邵燕楠老师的中文译稿，该稿未公开出版）

绘画。仿佛绘画的能力就是描绘的能力，就如投影透视此类的规律性关系一样。这些都在某种程度上忽视了儿童自身的表达。梅洛-庞蒂认为，虽然投影透视法把我们感受到的完满给了我们，然而这是一个投射的、压扁了的、在一位神灵的注视下，变成了散文的感受。相反，当一位艺术家以真正的创作动作，毫不犹豫地重新采取儿童的表现方法时，这些表现方法将会带给我们一种秘密的共鸣，通过它，我们的完满就会对着世界的存在自己打开，并自己成为诗①。事实上，在儿童的认知模式中，世界首先是作为一种感知出现的。让我们来看一则案例。

案例 8-1②

这是幼儿园里六岁孩子和老师一起欣赏毕加索的作品《格尔尼卡》时的对话。

幼：这里有一个妈妈抱着孩子。

师：妈妈抱着一个怎样的孩子？

幼：头耷拉下来了，眼睛也闭起来了。

师：什么时候小宝宝会耷拉着头，闭着眼睛呢？

幼：一定是睡着了。不，他好像死了。

师：妈妈做了一个怎样的动作？

幼：头抬得很高，嘴巴张得很大。

师：什么时候嘴巴会张这么大？

幼：大喊大叫的时候。

师：这位妈妈抱着自己死去的孩子，会喊什么呢？

幼（握拳高举）：老天爷呀！救救我的孩子吧！是谁杀了我的孩子？我一定要找他报仇。

……

图 8-2 《格尔尼卡》

---

① ［法］梅洛-庞蒂.眼与心：梅洛-庞蒂现象学美学文集［M］.刘韵涵，译.北京：中国社会科学出版社，1992：171.
② 孔起英.体验：儿童审美发展之必需［J］.学前教育研究，2010(10)：23—28.

在这则案例中，我们会发现教师在引导幼儿进行美术作品欣赏时，并没有采用一种抽象的方式，而是着眼于幼儿的感知与体验。教师首先引导幼儿对画面中所呈现的形象（孩子与妈妈）进行整体感知。在幼儿感知到人物形象后，教师进而引导他们体验画中的人物所传达出的情感。教师在这个过程中一步步地引导幼儿全身心地投入到作品中，所以他们会与画中人物共情，会激动得"握拳高举"。正如梅洛-庞蒂所言，儿童画是儿童的知觉表达，同样地，在引导幼儿进行艺术作品欣赏时，教师也要回归儿童的知觉体验。

二、具身存在：教育培养整全的人

知觉、知觉世界抑或感知体验这些词，都指向梅洛-庞蒂哲学中的重要范畴——身体。事实上，梅洛-庞蒂是借助于绘画进行艺术与身体的哲学思考的。上述部分的内容已经涉及身体与世界的关系问题，这一部分则着重于探讨身体与心灵，以及身体主体与他人的交织关系。在对身体概念的厘清中试图实现身体在教育领域中的复魅。

（一）身体—主体：身心合一的整体

梅洛-庞蒂对身体概念的提出是基于对笛卡尔身心二元论的批判。笛卡尔提出要通过怀疑一切的方法来获得知识，也就是绝对的确定性。在他看来，感官及身体经验等都是值得怀疑的，都不是获得真理的可靠来源。他提出："我认为我没有感官。我想象物体、形状、广延、运动和地点都不过是我的心灵的虚构。"[1]更是直接宣称"我是一个思想的存在"。可以说，笛卡尔在知识论层面上将身体驱逐了出去，也导致了身心的分离与对立。

区别于笛卡尔的二元论思想，梅洛-庞蒂则基于身心统一的意义来谈论身体。他认为，身体和心灵并不存在截然的区分，身体承载着心灵，心灵寓居于身体。这种身体观也体现在他对绘画的哲学式理解中：在绘画中，最根本的统一是身与心的统一、眼与心的统一。梅洛-庞蒂这样来形容塞尚的绘画创作：精神在目光中被看到和读出来，而这些目光不过是各种颜色的组合。其他的精神只能肉身化地、附着于一个面孔和一些动作才能被提供给我们。在这里把心灵与身体、思想与视觉对立起来是无济于事的，因为塞尚恰恰回到了这些观念得以从中抽取出来的、把它们不加分离地提供给我们的那种原初经验[2]。

梅洛-庞蒂将主体界定为身心合一的整体，同时也强调身体和心灵的统一最终是在身体中实现的。这里的身体不再是机械的身体，而是充满了生机和灵性的身

---

① ［美］丹尼尔·托马斯·普里莫兹克.梅洛-庞蒂［M］.关群德，译.北京：中华书局，2014：7—8.
② 杨大春.杨大春讲梅洛-庞蒂［M］.北京：北京大学出版社，2005：128.

体,这种生机和灵性恰恰来源于精神,但精神又不是一种外来的力量。所以,梅洛-庞蒂的身体已经蕴含了精神的火花,这火花是精神与身体交织统一的火花:"身体的灵化并不是由于它的诸部分一个挨一个地配接,另外,也不是由于有一个来自别处的精神降临到了自动木偶身上:这仍然假定身体本身没有内在,没有自我。当一种交织在看与可见之间、在触摸和被触摸之间、在一只眼睛和另一只眼睛之间、在手与手之间形成时,当感觉者—可感者的火花擦亮时,当这一不会停止燃烧的火着起来,直至身体的如此偶然瓦解了任何偶然都不足以瓦解的东西时,人的身体就出现在那里了……"①此外,梅洛-庞蒂还强调灵魂与身体的结合不是由两种外在的东西——一个是客体,另一个是主体——之间的一种随意决定来保证的。灵魂与身体的结合每时每刻在存在的运动中实现。我们通过第一入口,生理学入口进入身体时在身体中发现的就是存在②。在梅洛-庞蒂的现象学视域中,意识或者说心灵不是直接在场的,而是必须与身体结合才能获得出场机会的。在此意义上的心灵,是一个肉身化的心灵。知觉者不是作为纯粹的思考者,而是作为一个身体—主体存在的。

从人与世界的关系来看,原初的人与世界的关系是一种感知的关系,这种感知发生在一种原初的、身体的和前意识的水平上③。这也意味着,人在世界中的存在首先是身体存在,身体是人存在、感知和经验的必然前提。可以说,我们所进行的一切活动都需要身体的参与,包括学习。难以想象没有身体,我们如何能够思考、学习和交往。但在教育实践中,身体却长期处于被遮蔽甚至被贬抑的尴尬境地,学习也就异化为发生在学生脖颈以上的智性活动。这不得不引起我们的深刻反思。

(二) 身体间性:主体与他人的交织

梅洛-庞蒂的身体概念不仅限于身体主体的意义上,更是延伸至主体与他人的关系层面。在他看来,现象学的世界不属于纯粹的世界,而是通过我的体验的相互作用,通过我的体验和他人的体验的相互作用显现意义,因此,主体性和主体间性是不可分离的④。从身体的维度上看,这就引出了身体间性的意义。

身体间性体现的是我与他人的关系,这里所说的他人不是生物学意义上的普遍的类概念,而是那些烦扰着我的人、与我打交道的人。主体与他人的可逆性关系是以身体为载体的。我的身体,作为我把握世界的系统,建立着我所知觉的物体的统一性;同样地,他人的身体,作为象征行为和真实行为的载体,从我的某个现象的

---

① [法] 莫里斯・梅洛-庞蒂.眼与心[M].杨大春,译.北京:商务印书馆,2007:38.

② [法] 莫里斯・梅洛-庞蒂.知觉现象学[M].姜志辉,译.北京:商务印书馆,2001:125.

③ [加] 马克斯・范梅南.实践现象学:现象学研究与写作中意义给予的方法[M].尹垠,蒋开君,译.北京:教育科学出版社,2018:150.

④ [法] 莫里斯・梅洛-庞蒂.知觉现象学[M].姜志辉,译.北京:商务印书馆,2001:17.

条件限制中挣脱出来，向我提出真正交流的任务并赋予我的物体以主体间性或客观性的新维度①。在《知觉现象学》中，梅洛-庞蒂指出，是我的身体在感知他人的身体，在他人的身体中看到自己意向的奇妙延伸……所有他人的身体和我的身体是一个单一整体，一个单一现象的反面和正面，我的身体同时寓居于两个身体之中②。梅洛-庞蒂引用了婴儿的例子加以说明，"我"和婴儿做游戏，我张开嘴并把婴儿的手指放进"我"的嘴里，佯装作出咬的姿势。与此同时，婴儿也会张开嘴巴。这一现象体现出主体间的意味，婴儿能在"咬"的这个动作中感知到自身身体的意向，能够感知到与他的身体相关的我的身体，并由此能感知到他的身体中我的意向。

将身体间性的意义投射到教育领域，这为我们重新理解师生关系提供了新思路。正如雅斯贝尔斯所言，教育是人与人的主体间灵肉交流的活动……而这种人与人的交往关系体现出我与你的对话和敞亮③。在课堂生活境域中，教师和学生互为主体，两者通过身体的相遇和交互而开启情感的交流和理性的对话。身体并不囿于肉身所占有的空间范围，而是能够通过想象、情感等而延伸至物质性空间之外。对于教学而言，教师的教所呈现的不单是纯粹的知识，教师的身体语言同样也参与到教的过程中。同理，学生的学也并非传统意义上的学习，而是包含着学生对教师身体召唤的解读和回应。古已有言"言传身教"，身教也适切地体现出了师生身体间性的意义。教师在教学的过程中，整个身体都包含着教育的意义，是一种鲜活的教学资源。比如，教师与学生之间看似不起眼的目光交汇或视觉交往也带有教育意蕴。在视觉的交织中，师生之间能实现视域融合和心灵共振。发生在课堂中的视觉交往虽然带有瞬时性、隐秘性，但却是真实存在于我与你之间的。学生与教师的目光交汇能形成一种共鸣空间，学生在此体验着教师的言行，回应着教师的身体召唤并确证着自身的存在。

（三）回返身体：教育培养整全的人的始基

如前所述，梅洛-庞蒂是在身心统一的整全视角下讨论身体的概念、主体与他人的关系及其在艺术中的体现的，这对教育有着深刻的启示意义。

教育作为培养人的一种实践活动，应在身心之整全意义的视角下对受教育者进行培养。有学者提出整全式教育的概念，所谓的整全式教育是指以个体完整成人为取向，以个体身心发展之历时性与共时性内在秩序的统一为基础，德智体美诸种教育彼此和谐的整体性教育实践④。可以看出，整全式教育的概念凸显个体身心

①　［法］莫里斯·梅洛-庞蒂.知觉的首要地位及其哲学结论［M］.王东亮，译.北京：生活·读书·新知三联书店，2002：16.
②　［法］莫里斯·梅洛-庞蒂.知觉现象学［M］.姜志辉，译.北京：商务印书馆，2001：445.
③　［德］雅斯贝尔斯.什么是教育［M］.邹进，译.北京：生活·读书·新知三联书店，1991：2—3.
④　刘铁芳.追寻生命的整全：个体成人的教育哲学阐释［M］.北京：高等教育出版社，2017：17.

发展的统一与和谐。梅洛-庞蒂认为，身心的统一寓于身体，而整全式教育同样要以身体为始基。从本源意义上来说，教育始自身体，身体与世界的直接联系是个体发展的基础性的联系。合理的教育路径正是从身体与事物的相遇出发，让个体充分地感受事物，让事物完整地呈现在个人的世界之中，培育个体与周遭事物的亲近，以此为基础引导个体去认识、分析、理解、改造事物①。

如果"教育始自身体"这一观点没有异议的话，那么为何要重新凸显身体在教育场域中的意义呢？恐怕要联系现实的教育实践来回答。如前所述，具身存在是人的本然状态，具身的概念消弭了身体与心灵的分离。但在现实的学校教育中，身体往往处于被压制与边缘化的状态，身体在教育中的地位仍没有得到有力的辩护。

那么，在此背景下重新提出回返身体意味着什么？李政涛认为，身体转向意味着对于人的生命本质性存在的再认识。事实上，教育学意义上的身体包容了所有可能的意义。对身体的转向还意味着对人的体验和感觉的转向。原发的身体体验是知识之根，也是教育之根②。从这个意义上来说，回返身体就是回返体验。梅洛-庞蒂在《知觉现象学》的前言中指出，胡塞尔的本质应该和本质一起带回体验的所有活生生的关系，就像渔网从海洋深处带回活蹦乱跳的鱼类和藻类③。诚然，现象学是通过悬置自然态度的断言达至本质的，但同时梅洛-庞蒂也指出，应将本质重新放回到体验中。在体验中，身心总是交织在一起，无法分开④。成为一个体验就是内在地与世界、他人和身体建立联系，一切体验都是在世界中的我的身体的体验。

"如果你们想引导一个青年人走上正确教育的小道，就当心别去妨碍他与自然结成朴素、信任、私密般的关系：森林、岩石、波浪、猛禽、孤单的花朵、蝴蝶、草地、山坡都必定在用自己的语言对他说话，在它们之中，他必定宛如在无数相互投射的映像和镜像之中，在变幻着的现象之彩色漩涡之中，重新认识了自己；如此他将凭借自然的伟大譬喻不知不觉地感应到万物的形而上学的统一，立刻怡然于她的永恒的持久性和必然性。"⑤人在与自然的切身体验中感受到万物的统一性。由此，教育也应该唤起学生的体验，或者提供更多的机会让学生获得更多的体验。

---

① 刘铁芳.追寻生命的整全：个体成人的教育哲学阐释[M].北京：高等教育出版社,2017：138.
② 李政涛.身体的"教育学意味"——兼论教育学研究的身体转向[J].教育理论与实践,2006(21)：6—10.
③ ［法］莫里斯·梅洛-庞蒂.知觉现象学[M].姜志辉,译.北京：商务印书馆,2001：11.
④ ［加］马克斯·范梅南.实践现象学：现象学研究与写作中意义给予的方法[M].尹垠,蒋开君,译.北京：教育科学出版社,2018：151.
⑤ ［德］弗里德里希·尼采.论我们教育机构的未来[M].周国平,译.南京：译林出版社,2012：66—69.

三、创造与转化：教育使学生学会重新"看"世界

梅洛-庞蒂在对艺术的思考中，提出了创造与转化的概念。如果说画家在绘画过程中对世界进行了转化，那么教师的教学过程同样也是一个创造的过程。这种创造性表现在两个层面：第一，教育使学生学会重新"看"世界，这种"看"的眼光需要学生始终保持一种惊奇的姿态；第二，教师的教学不是将书本知识原原本本地传递给学生，而是要实现意义的增殖。从这个意义上来说，教师是给教学情境带来新事物的人，教学是一个馈赠礼物的行为。

（一）艺术家的创造与转化

梅洛-庞蒂认为艺术不是一种模仿或表象，更不是凭空的一种制作，而是一种表达活动。如前所述，艺术描绘并表达着世界，但事实上对画家来说，这种表达并不是直接的。画家并不会将外部实在原原本本地搬到画布上，而是要实现某种"连贯的变形"。比如在雷诺阿那里，会出现"大海的蓝色变成了《洗衣妇》中的小溪的蓝色"的情形，而这最终表达的是世界在画家的知觉中实现的"秘密转化"①。这种转化也同时意味着一种创造。

梅洛-庞蒂极其推崇塞尚的画作及其艺术见解，他认为绘画就是塞尚的存在方式。在绘画的过程中，塞尚并不拘泥于透视等绘画技法，而主要是以这些技法为手段把风景的构成重新当作新生的有机体来把握。应该把视线所获得的那些分散的视像一部分一部分地连接起来，把由于眼睛的游移不定而被打散了的东西重新结合起来。也就是说，"把大自然飘忽不定的双手合拢起来"②。这句话读起来有些令人费解，但实际上传达的是，塞尚的绘画追求一种原初意义上的表达，画家本人的创造性在于能够直接指向事物，而不是用熟悉的符号去传达固有的含义。

诚然，艺术家的这种表达是艰苦难成的，对于塞尚来说更是如此。塞尚在作画时，像解剖一样精细，他画下的每一道笔触，都像遵守网球规则那样一丝不苟。之所以如此是因为，"实际经验到的事物不是从感官材料出发被找到或者就被提供出来的，而是作为这些材料得以辐射出来的中心一下子就被提供出来的。我们看见了物品的深度、滑腻、柔软、剪影——塞尚甚至说，它们的味道"③。塞尚的一笔往往需要包含诸种可能性，所以塞尚常常要持笔沉思一小时才画下一笔。对塞尚来说，画成一幅静物画必须工作一百次，而画成一幅肖像画则要对人物的姿态改动一百五十

---

① 杨大春.杨大春讲梅洛-庞蒂[M].北京：北京大学出版社，2005：144.
② ［法］梅洛-庞蒂.眼与心：梅洛-庞蒂现象学美学文集[M].刘韵涵，译.北京：中国社会科学出版社，1992：51.
③ ［法］梅洛-庞蒂.眼与心：梅洛-庞蒂现象学美学文集[M].刘韵涵，译.北京：中国社会科学出版社，1992：49.

次。因此，画家始终在重新开始，而不会机械地重复，不会原地踏步。没有什么东西处于已经完成的状态——巴尔扎克在《驴皮记》中谈到一种"有待表达的思想"、一种"有待建立的体系"、一种"有待解释"的科学，传达的无非也是这样的意思①。

（二）"看"：对世界保持惊奇的姿态

梅洛-庞蒂在《知觉现象学》中指出，真正的哲学在于重新学会看世界②。这种"看"世界首先意味着我们置身于世界之中，我们在世界中存在，同时我们也并不是被动地接纳世界，而是始终对世界保持一种惊奇的姿态。我们知道，哲学始于惊奇。"不论现在，还是最初，人都是由于好奇而开始哲学思考的，开始是对身边所不懂的东西感到奇怪，继而继续前进，而对更重大的事情产生疑问，例如关于月象的变化，关于太阳和星辰的变化，以及关于万物的生成。一个感到疑难和好奇的人，便觉得自己无知（所以，在某种意义上，一个爱智慧的人也就是爱奥秘的人，奥秘由奇异构成）。"③也就是说，好奇或者说惊奇是驱使人们获得智慧的动力。

但惊奇是有内容的，而非空洞的说辞。刘铁芳认为，惊奇总是对某事物的惊奇，惊奇意味着个体与事物之间的深度连接，朝向事物，倾心于事物。从个体自身而言，惊奇总是意味着关注、观察，发现某物，领会某物，投身某物之中，甚至寻求某种行动。惊奇不仅内含着个体感受、发现事物的能力，更意味着个体关注、体验、进入事物之中的身心姿态④。

在教育实践中也是如此。学生知识或智慧的获致总以学生的惊奇体验为支撑。教育教学要想真正发挥作用就要唤起学生的惊奇之心，让学生获得更多的惊奇体验。让我们来看两则案例。

案例 8-2⑤　　《点亮小灯泡》是教科版《科学》四年级下册第一单元的第二课。在代老师的课上，她让学生尝试连接了一个简单的电路。电池、导线、小灯泡，这些东西在学生眼里就像是积木玩具里的每一块部件。学生按照老师给的图纸，要将这些部件拼接成一个组合的形式。当学生完成拼接，电路连通时，灯泡突然亮了，一堆看着杂乱无章的原件居然一下子就发出了光。学生们兴奋异常，高高地举起自己手中连着电源和导线的正在发亮的灯泡，大声地朝巡视各组情况的代老师大喊："老师，亮了！亮了！"接下来，代老师观察到，在她没有给出任何指令的情况下，很多学生开始尝试其他的连接方式。

---

① 杨大春.杨大春讲梅洛-庞蒂[M].北京：北京大学出版社，2005：129.
② ［法］莫里斯·梅洛-庞蒂.知觉现象学[M].姜志辉，译.北京：商务印书馆，2001：18.
③ ［古希腊］亚里士多德.形而上学[M].苗力田，译.北京：中国人民大学出版社，1993：31.
④ 刘铁芳.追寻生命的整全：个体成人的教育哲学阐释[M].北京：高等教育出版社，2017：101.
⑤ 李雅婷.现象学教育学视域下的科学素养的养成[D].北京：首都师范大学，2017：59，66.

初中的第一堂化学课上，化学老师提着一盒实验器材走进教室。那时候我们还不知道化学是什么，对老师和化学都充满了好奇。简单地自我介绍后，老师就把木盒子端上讲桌。

"我们先来打个赌吧！老师手里有一张白纸，待会老师能让它变出字来，你们相信吗？"

"不信！"大家齐刷刷地回应道，我也疑惑地摇着头。

老师笑了笑，拿出一张普通的白纸。大家全都目不转睛地看着，生怕一眨眼就错过了什么。

紧接着，老师又从玻璃瓶中取出滴管，滴了少量的白色液体。慢慢地，白纸上映现出粉色的"化学"两个大字。

老师举着手中的"化学"展示给我们看，说道："看，这就是化学。"讲桌下发出"啊啊啊"的惊叹声。

化学一下子在我心里就像"魔术"一样，吸引着我去探索更多……

这两则案例都出自真实的课堂教学片段。在第一则案例中，学生具身地感受到了"电"的神奇；在第二则案例中，学生具身地体验到化学的"魔力"。杂乱无章的原件经过摆弄组合就能发光，白纸滴上液体就能变色，这些内容使学生感到兴奋和惊奇。在获得这种惊奇的体验后，学生会主动地尝试其他的电路连接，会对化学学科充满更多的探索欲望。从学科的角度来看，不同的学科代表着人们"看"世界的不同视角。教师应该在教学中通过唤起学生的好奇体验而将学生带入不同的世界中。

（三）教师之教的创造：意义增殖

如果说艺术家的绘画过程是一种创造，那么教师的教学过程同样也是一种创造。正如画家并不会把外在世界原原本本地搬到画布上，教师也不是把书本知识原原本本地教给学生。画家需要经历"变形"和"转化"，同样地，教师也需要一种转化。这种转化类似于比斯塔"超越"的观点。比斯塔对建构主义和"接生术式"这两种教学观进行了批判：它们都认为教学在于牵引出学生固有的东西，教师只是学生学习的同伴或辅助者。而比斯塔则认为，从最广义的意义上来看，人们应该把教师理解为一个给教育情境带来新事物的人，带来"不曾有的"事物的人。从超越的角度思考教学，意味着教学可以被理解为一个礼物或者一个馈赠礼物的行为。① 在现象学教育学的语境下，这种超越可理解为意义增殖。

---

① ［荷］格特·比斯塔.教育的美丽风险［M］.赵康，译.北京：北京师范大学出版社，2018：66.

　　"意义"事实上是与"概念"相对应的。梅洛-庞蒂在《知觉现象学》中指出，现象学重返事情本身，就是重返认识始终在谈论的在认识之前的这个世界，关于世界的一切科学规定都是抽象的、符号的、相互依存的，就像地理学关于我们已经先知道什么是树林、草原或小河的景象的规定①。由此可知，概念具有抽象性、符号性，而意义是前概念的，未被概念规定的。在我们用树林、草原和小河的概念来规定它们之前，我们已经在风景中知道了它们。它们在风景中向我们呈现的是事情本身。

　　胡塞尔在《欧洲科学的危机与超越论的现象学》中指出，意义是建立在意义之上的，较早的意义在有效性方面将某种东西传给较后的意义，它甚至以某种方式进入较后的意义中②。根据已经获得的成果获得新的成果，而这种新成果又为更新的成果奠定基础，如此等等——这乃是意义流传增殖的统一过程③。

　　如果以现象学的视角来关联教育，现象学以"加括号"的悬置获得认识发生的原初的展开，教育恰恰是"打开括号"，让括号里的每一个内容都能够引起儿童直接、原初察觉的意识状态④。而"怎样使学生知觉、体验、直接意识到教师所呈现的内容"，更能体现出教师的专业性。正如有学者所说，教师应当使学生知觉、体验、直接意识到的不是知识、概念，而是知识、概念与他们直接意识到的世界、生活的意义对象之间的直接联系⑤。比斯塔也提示我们，教育不仅是对我们已经知道的或已经存在的事物的复制，也是对新的开始和新人进入这个世界的方式有真正的关注。这种导向既涉及我们怎样把世界带给儿童和学生，还涉及——可能首先涉及——我们如何帮助儿童和学生参与到这个世界中，从而进入这个世界⑥。教师之教的创造性就在于此，教师需要介入学生意义增殖的过程，通过教学使学生体验并意识到知识、概念所蕴含的意义，从而与世界建立联系。

　　梅洛-庞蒂的美学思想与其哲学思想是一脉相承的。他反思科学思维对生活世界的疏离与控制，回返艺术找寻与世界感性的原初关系。通过对儿童画这一艺术形式的本质思考，提出儿童画是儿童对世界的知觉表达，消解当前艺术教育中唯模仿论和技巧论的错误倾向；同时也借助绘画进行艺术与身体的哲学思考，在身心统一的整全视角下讨论身体的概念、主体与他人的关系。甚至有研究者将梅洛-庞蒂的美学思想直接表述为"身体美学"，以凸显身体概念在其整个哲学和美学中的重要地位。就像画家在艺术创作过程中的创造与转化，教师的教学过程同样也是一个创造的过程，它应使学生学会重新"看"世界，使学生体验并意识到知识所蕴含

① ［法］莫里斯·梅洛-庞蒂.知觉现象学[M].姜志辉，译.北京：商务印书馆，2001：3.
② ［德］胡塞尔.欧洲科学的危机与超越论的现象学[M].王炳文，译.北京：商务印书馆，2001：458.
③ ［德］胡塞尔.欧洲科学的危机与超越论的现象学[M].王炳文，译.北京：商务印书馆，2001：457.
④ 宁虹，孙瑞玉，刘帆，等.师棋推演：教育发生的模拟实现[J].教育研究，2017，38(08)：127—136.
⑤ 宁虹.严格科学地实现素质教育——教师的专业[J].教育研究，2012，33(11)：4—10，15.
⑥ ［荷］格特·比斯塔.教育的美丽风险[M].赵康，译.北京：北京师范大学出版社，2018：12.

的意义，从而与世界建立联系。

思考与练习

1. 梅洛-庞蒂认为儿童画本质上是儿童对世界的表达，请结合教育实际谈一谈，教师应该如何看待和评价儿童的绘画作品。
2. 身体在教育场域中遭遇缺位状态，深入思考梅洛-庞蒂的身体观对教育实践有何启示。

延伸阅读

1. ［法］梅洛-庞蒂.眼与心：梅洛-庞蒂现象学美学文集［M］.刘韵涵，译.北京：中国社会科学出版社，1992.
2. ［法］莫里斯·梅洛-庞蒂.知觉现象学［M］.姜志辉，译.北京：商务印书馆，2001.
3. 杨大春.杨大春讲梅洛-庞蒂［M］.北京：北京大学出版社，2005.
4. Maurice Merleau-Ponty. Child Psychology and Pedagogy：The Sorbonne Lectures 1949—1952［M］. T. Welsh，Trans. Evanston：Northwestern University Press，2010.

第九章

自我创造：福柯生存美学的教育意蕴

本章要点

1. 福柯的自我概念。
2. 自我创造的两层含义。
3. "说真话式"教育的两个方面。
4. "说真话"与"诚"的比较。

重要概念

生存美学　自我创造　主体性与真理　关心自己　修身实践　伦理
批判　说真话

学习目标

1. 了解福柯晚期思想的转向。
2. 理解福柯的自我概念及自我创造的内涵。
3. 理解福柯的"说真话"概念及其与自我创造的两个方面的关联。
4. 体会"说真话式"教育的内涵与局限。

图9-1　福柯

主要人物介绍

米歇尔·福柯(Michel Foucault，1926—1984)生于法国中西部的维埃纳省普瓦捷市的一个医生家庭，先后在法国高等师范学校、巴黎大学受教，师从希波利特、冈圭朗、阿尔都塞、梅洛-庞蒂等名家，是法国20世纪著名的哲学家、社会历史学家、思想史学家。

福柯曾在乌普萨拉、华沙、汉堡等地任文化职务，并在法国的克莱蒙费朗大学和巴黎第八大学教授心理学和哲学，并于1970年当选法国最著名的学术研修机构——法兰西学院的思想体系史终身讲座教授。就在福柯的学术声望蒸蒸日上之时，1968年"五月事件"的发生将他的兴趣引向了政治运动。在其后半生中，福柯频繁地签署请愿书，参加示威游行等活动，为法国囚犯、阿尔及利亚移民、波兰工联分子、越南难民等所有可怜的人仗义执言。

在教育学界,读者熟悉的往往是创作《规训与惩罚》的福柯。在这部经典著作中,福柯深刻揭示了现代社会在看似自由和人道的背后对人的规训实质。在这种无所不在的规训权力的笼罩下,人似乎只能不断地与权力做斗争,却无法设想一个自由与宁静之地。然而,就在写作《规训与惩罚》后的几年里,福柯出人意料地将研究视野转向了古希腊哲学,并从柏拉图、塞涅卡、伊壁鸠鲁、普鲁塔克等人的作品中发现了一种"生活的艺术"(tekhne tou biou),或"生存美学"(aesthetics of the existence)。在福柯生命的最后几年里,他对这一主题颇为着迷。在生存美学的主题下,福柯着重探讨了认识自己与关心自己、主体与真理的关系、修身实践、说真话等重要概念。然而,相对于《规训与惩罚》,福柯的晚期著作在教育学领域却鲜有人问津。

在欧美国家,教育学界对福柯晚期著作的研究以迈克尔·彼得斯(Michael A. Peters)为首。迈克尔·彼得斯教授于 2007 年与其夫人蒂娜·贝丝蕾(Tina Besley)共同主编了《为何是福柯——教育研究的新方向》(*Why Foucault? New Directions in Educational Research*)一书。该书汇集了教育学领域内对福柯晚期哲学研究的 14 篇论文。其中,托马斯·柯兰(Thomas Coelen)在《古代师生关系中的教育学与自我关注》(*Pedagogy and Self-Concern in Master-Student Relationships in Antiquity*)一文中指出,在早期著作中,福柯将教育视为一种规训,而在晚期著作中,福柯将古代教育学视为一种首先要求教师达至真理与自我的"灵魂教育学"(psychagogy)。并且,在这种古代教育学中,导师被要求"说真话"(parrhêsia)。肯尼斯·韦恩(Kenneth Wain)在《自我创造的伦理学与教育的未来》(*The Ethics of Self-Creation and the Future of Education*)一文中指出,福柯与尼采都将伦理学与教育看作"自我创造",并将"自我创造"归于道德与美学的范畴。总体来说,这些论文的问题在于:其一,对福柯晚期使用的诸多概念的讨论较为散乱,未能整理出体系;其二,西方学者在讨论"说真话"等概念时往往将其与基督教传统中的"告解"(confession)相联系,并主要从后者出发揭示其在教育实践中的价值。我们认为,这种做法一方面体现了西方文化的特色,另一方面却未能揭示"说真话"概念在古希腊的原初含义,更偏离了福柯探讨此概念的本意。

在国内,教育学界对福柯晚期著作的研究以金生鈜教授为代表。早在《规训与教化》①一书中,金教授就对福柯晚期哲学中的主要概念,如关注自我(又译"关心

---

① 金生鈜.规训与教化[M].北京:教育科学出版社,2004:160.

自己"）、自我治理、自我创造等有所涉及，尽管不是作为主要内容。其后，在《作为心灵教育艺术的辩证法》①一文中，金教授直接使用了福柯在古代教育学中发现的"psychagogy"一词，并将其译为"灵魂教育学"；在《教育者自我治理的本质与方式》②一文中，金教授探讨了福柯的自我治理、自我关心等概念，并将自我修炼与自我塑造看作教育者之为教育者的前提，更是其进行心灵教育的前提；在《教育者的直言真言》③一文中，金教授更是以福柯的"说真话"概念为主题，指出"说真话"（即文中所谓"直言真言"）是探究真理的话语方式，是教育者应有的伦理品质。在这些研究中，由于金教授的主要关切在于灵魂的优秀和完善，因而侧重于福柯与古希腊哲学的连续性，而忽视了其中的断裂及福柯晚期哲学自身的整体性。

在上述已有研究的基础上，本书试图将福柯晚期哲学作为一个整体，在探讨其内涵的同时揭示其中的教育意蕴。在此基础上，本书试图将福柯作品中涉及的"自我创造""说真话"概念作为西方文化中的教育表达，从而与中国文化语境中的"诚者自成"进行比较，揭示出中西文化语境中对好教育的认识的异同。

一、自我：有待创造的艺术品

在《性经验史》中，福柯曾给出一个对生存美学较为完整的表述：借由生存美学，"我们必须理解那些审慎的和自愿的实践，人们通过它们不仅确定了各种行为的规则，而且还试图自我改变，改变自己独特的存在，把自己的生活改变成一种具有审美价值和反映某些风格标准的作品"④。从这段话中，我们能够知道自我、自己的生活乃是生存美学关注的对象。生存美学把生命"建构为一个美学的对象、美学的规划和观察的对象：生命作为美的作品"，"把自我当作一个艺术品来创造"。福柯认为，生存美学长期以来一方面被"赋予事物、东西、颜色、空间、光、声音和词语以美学形式"的艺术美学所遮蔽，另一方面则被灵魂的形而上学研究所遮蔽，这就导致将生命或自我作为美学对象的观念对我们来说显得陌生⑤。

福柯指出，生存美学的主题一直存在于从苏格拉底、柏拉图到基督教早期的古希腊罗马世界中，并且在生存美学发展的过程中，生存的艺术（the art of existence）

①　金生鈜.作为心灵教育艺术的辩证法[J].教育学报,2018,14(01)：13—20.
②　金生鈜.教育者自我治理的本质与方式[J].高等教育研究,2021,42(06)：21—28.
③　金生鈜.教育者的直言真言[J].新课程评论,2021(01)：7—12.
④　[法]米歇尔·福柯.性经验史(增订版)[M].佘碧平,译.上海：上海人民出版社,2002：129.
⑤　[法]米歇尔·福柯.说真话的勇气：治理自我与治理他者Ⅱ[M].钱翰,陈晓径,译.上海：上海人民出版社,2018：201—202.

越来越等同于自我的艺术(the art of oneself)①。在此,福柯想要说明的是,在苏格拉底、柏拉图哲学中,对自我的关注、自我的艺术是为一个人进入城邦并统治他人作准备;而在希腊化时期的哲学中,自我的艺术本身即是目的。但无论如何,自我的艺术是生存美学的核心。

我们的问题则是:福柯所说的自我是什么? 我们应该怎样对待我们的自我? 福柯对古希腊"认识自己"和"关心自己"两条律令的讨论,有助于我们厘清两种自我和两类对待自我的方式。

在《主体解释学》中,福柯首次在"主体性与真理"的背景下讨论"认识自己"和"关心自己",并认为两者原本并存于柏拉图哲学(如《阿尔西比亚德篇》和《申辩篇》)中,然而西方哲学则因过于注重前者而忽视了后者。借由"认识自己"和"关心自己",福柯想要区分的是西方哲学发展的两条线索,即前者导向的是强调理智认识的认识论,后者导向的则是强调自身修养的生存论。因此,在"认识自己"对"关心自己"的遮蔽中,我们看到了对事物进行美学考察的艺术美学对生存美学的遮蔽。

在《说真话的勇气:治理自我与治理他者Ⅱ》中,福柯再次论及"认识自己"和"关心自己"。福柯将柏拉图的《阿尔西比亚德篇》和《拉凯斯篇》进行对比,认为两者都是从"认识自己"和"关心自己"出发的,但其中的"自己"所指却并不相同。具体来说,在《阿尔西比亚德篇》中,自我指的是作为"在本体上与肉体分离的现实"的灵魂;在《拉凯斯篇》中,自我指的同样是灵魂,但这是作为"生命"(bios)或"生存方式和行为方式"的灵魂②。福柯认为,西方哲学从前者出发,走向了灵魂的形而上学;从后者出发,则走向了生存的风格和生命的风格。这与他在《主体解释学》中得出的结论是一致的。

在灵魂的形而上学中,自我被视为一个等待被发现的实体,由此发展出西方现代以自我解释学为基础的人文科学。这种人文科学的实质"在于从自我开始,从其作为一种主观经验的体验出发去发现、去寻找某种东西,而这种东西可以普遍地充当人类的客观认识"③。福柯认为,人文科学倾向于对人类的本质作科学的认识,而这种科学认知的结果又常常作为治理他人的依据。福柯反对这种将自我视为一个确定的实体的观念,也反对对自我作这样的科学认知。福柯主张,自我不应该被发现,而应该被创造。

---

① Michel Foucault. The Hermeneutics of the Subject[M]. G. Burchell, Trans. New York：Palgrave Macmillan，2005：178.

② 说明：在后文中,福柯也多次使用"灵魂"一词,即主要是从后一意义上来理解的。

③ ［法］米歇尔·福柯.自我解释学的起源：福柯1980年在达特茅斯学院的演讲[M].潘培庆,译.重庆：西南师范大学出版社,2018：73.

在自我对自我的创造中，自我不是一个实体，而被视为一种关系，即自我与自我的关系。而我们应该与我们的自我保持的关系是"差异化、创造和革新的关系"①。福柯将他关于自我创造的观念与萨特的存在主义观念进行了区分："我们不应该把人们的创造性行为归因于他与自我的某种关系，而是应该把人们与自我的关系归因于某种创造性行为。"②换言之，福柯的自我创造观念并非基于本真性概念，即通过自我创造人们才得以成为某种更真实的自己；相反，福柯认为，并不存在所谓的本真性的自我或真实的自己，即使有，那么人们的自我创造行为也恰恰是要不断地推翻、革新这样的本真性。在这个意义上，叶秀山先生认为，"在福柯的哲学中，'同一哲学'，让位于'异的哲学'"③。

二、自我创造：自我的作品化与去作品化

但是，对于究竟如何实现自我与自我的"差异化、创造和革新的关系"，福柯的论述呈现出两个相反的方面：一方面，他强调通过对真理的吸收，即一种修身实践或工夫论（askêsis）来改变自身，最终实现自我与自我的和谐；另一方面，他又强调自我与自我的分离，这同时是对当下现实性的批判。从这两方面来看，如果说福柯主张"把自我当作一个艺术品来创造"的话，那么这是一个包含了将自我作品化与去作品化的双重过程。

（一）自我的作品化：用真理装备自我

生存美学或自我的美学的第一个方面可以概括为用真理装备（paraskeuê）自我，这是一个"为学日益"的过程。然而，对于已经习惯了诸如"用知识武装头脑"的说法的现代人来说，究竟何谓福柯所说的"装备"，却是值得细加探讨的。对"装备"一词的不同理解，取决于主体与真理之间的不同关系，而主体与真理的关系问题恰恰是生存美学或自我的美学的核心。

福柯指出，对现代人来说，我们对主体与真理关系问题的理解不过在于"是否可能对主体有着一种与我们对世界中任何其他成分的认识同类的认识"，也即"是否可能存在一种主体的对象化"④。换言之，在涉及与真理的关系时，现代人不是作为认识的主体出现，就是作为被其他认识主体认识的客体出现。无论在哪一种情况下，起决定作用的都是一种对象化的认识方式，这种认识方式最终将人类自身也作为客体和对象来认识，由此产生了福柯所说的人文科学，而其根源则在于我们对

① ［法］米歇尔·福柯.自我解释学的起源：福柯 1980 年在达特茅斯学院的演讲［M］.潘培庆，译.重庆：西南师范大学出版社，2018：114.
② ［法］米歇尔·福柯.自我技术：福柯文选Ⅲ［M］.汪民安，编.北京：北京大学出版社，2016：157.
③ 叶秀山，王树人.西方哲学史：学术版（第一卷）［M］.北京：人民出版社，2011：270.
④ ［法］米歇尔·福柯.主体解释学［M］.佘碧平，译.上海：上海人民出版社，2010：246.

整个世界的对象化认识。

世界的对象化与人的主体化是密切相关的。福柯认为，这种对象化的认识方式源自主体与真理关系史上的"笛卡尔时期"，即"以笛卡尔为标志（当然，这是一系列复杂变迁的结果），出现了一个主体能够达到真理的时期"①。这里的"主体"应当从海德格尔所说的"基体、基底"的意义上来理解：所谓主体或基体、基底，就是"眼前现成的东西"，从而"一切存在者以其存在方式和真理方式把自身建立在这种存在者之上"②。也就是说，人作为这样一个主体，是一切认识得以可能的基底，而这样一个万物的"基底"是不可改变的。对笛卡尔及其后的哲学家来说，"要想通往真理，我只要成为任何一个能够看到显现之物的主体就足够了"③，因为理性本身保证了主体可以直接地获取真理。

在世界对象化与人主体化了的时候，我们与真理的关系就仅仅表现为认识关系，也即一种外在的占有关系。因为在这种情况下，真理不能改变我们的存在方式，或者说，为了"掌握"真理，我们不必改变自己的存在方式，用头脑中的理性推理就足够了。在此意义上，所谓用真理"装备"自我可以等同于"用知识武装头脑"，真理对于"我"而言是一种外在的添加和装饰，是无用的文化虚饰。

显然，福柯不是在无用的文化虚饰的意义上言说"装备"一词的。借由回归古希腊哲学，福柯提出了一种新的主体与真理的关系④。福柯认为，古希腊人对主体与真理关系问题的典型理解是"通过真理的训练把主体塑造为其自身的终极目的"⑤。也就是说，在福柯理解的古希腊人那里，认识真理、占有真理不是目的，通过认识真理的过程而塑造自身才是目的，也正是这一塑造自身的过程使得主体与真理密切地关联起来。反过来也可以说，对古希腊人来说，真理不是可以被"掌握"和占有的，而是需要通达的——只有当一个人不断改变自身的存在方式而成为一个更好的人的时候才能够通达真理。因此，真理不是一件可以轻易获得的物品，而是具有"存在的属性"⑥。

福柯把这种能够改变主体存在方式或需要主体改变存在方式的认识称为具有伦理和诗性特征的认识，因为它的目的在于形成和转变"êthos"，此即"êthopoiein"

---

① ［法］米歇尔·福柯.主体解释学［M］.佘碧平，译.上海：上海人民出版社，2010：151.
② ［德］马丁·海德格尔.林中路［M］.孙周兴，译.北京：商务印书馆，2018：96.
③ ［法］米歇尔·福柯.自我技术：福柯文选Ⅲ［M］.汪民安，编.北京：北京大学出版社，2016：188.
④ 在此，福柯仍然使用了"主体"一词，但其含义已不同于作为实体与万物基底的"主体"。余虹在《艺术与归家》一书中写道："福柯曾明确指出：'主体'不是一个'实体'（substance），而是一种'构形'（form），也就是说主体不是天生自在的东西，而是被制作出来的东西，一种被赋予形式的东西。主体被制作的过程即'主体化'"；"'主体化'即'艺术化'，即对主体的纯粹创造。"
⑤ ［法］米歇尔·福柯.主体解释学［M］.佘碧平，译.上海：上海人民出版社，2010：247.
⑥ ［法］米歇尔·福柯.主体解释学［M］.佘碧平，译.上海：上海人民出版社，2010：186.

一词的含义①。其中，"êthos"是希腊人理解的伦理，它是"一种存在和行为方式。对主体来说，它是一种存在模式，伴随着一种特定的行动方式，一种他人可见的方式"②。福柯重新发掘了"伦理"一词在古希腊人那里的含义，它不只是对规则的遵守，也不专指某一特定情形下的行为，而关涉人的整个存在方式，关涉一个人在整体上是一个什么样的人。"poiein"源自"poiesis"，其意为诗学或制作。而福柯所理解的审美经验，正在于通过认识的过程改变自身的存在③。因此，在福柯这里，认识过程兼具伦理和诗性特征，可以称为认识的"伦理诗学"或"品性塑造"（êthopoiein）功能。认识的过程可以改变一个人的存在方式，使人成为更好的人，因此它是伦理的；而一个人对自己的转变和塑造，又是诗性的、审美的。

　　一个人转变和塑造自己的存在方式的过程被福柯称为自我技术，或称修身实践、修行、工夫（这些译法均源自 askêsis 一词），既包括阅读、聆听和写作，也包括节制、良心考察、冥想等。这些自我技术或修身实践并不是哲学家发明出来的某些特殊的方式，而不过是一个人日常的学习和修习生活。它们的目的都是将主体与真理联系起来，使真理主体化，使关于世界的逻各斯不再是外在于人的、与人无关的，而是变成"生命伦理逻各斯"（logos bioêthikos）。"它们应当构成我们自身的一部分：简言之，灵魂必须使它们不只是为灵魂所有，而且是灵魂本身。"④因此，所谓真理的主体化，不仅是理智意义上的对真理的认识，也不只是行为意义上的按照真理的要求行事，这是因为，一个人可以只是被迫地按照真理行事，也可以是在此一事上按照真理行事而在彼一事上违背真理，因此主体和真理仍是分离的。福柯强调，"古代的生活艺术，也就是希腊化罗马时代，以及基督教初期的生活艺术虽然也探讨如何做的问题，但探讨更多的是存在的问题，存在方式的问题。在古代所学到的不那么是，或者说不仅仅是如何举止，有哪些行为，如何遵守某种社会模式，在古代学到的是改变自身的存在，界定或是重新打造自身的存在，赋予自身某种类型的存在，这种存在应当是绝对特定的"⑤。无论是真理成为灵魂本身，还是真理改变人自身的存在方式，都意味着人以其自身的整体性与真理相遇。

　　当真理成为灵魂或存在本身，主体和真理的关系就不再仅仅是外在的认识关系、占有关系，而同时是一种关涉主体自身存在的伦理和美学关系，也就是一种"你成了逻各斯，逻各斯就是你"的与真理融为一体的关系。在此意义上，真理对自我的"装备"意味着真理不再是外在的装饰，而是化为自我的存在方式和行为方式，成

① ［法］米歇尔・福柯.主体解释学［M］.佘碧平，译.上海：上海人民出版社，2010：186—187.
② ［法］米歇尔・福柯.自我技术：福柯文选Ⅲ［M］.汪民安，编.北京：北京大学出版社，2016：257.
③ ［法］米歇尔・福柯.权力的眼睛：福柯访谈录［M］.严锋，译.上海：上海人民出版社，1997：13.
④ ［法］米歇尔・福柯.自我技术：福柯文选Ⅲ［M］.汪民安，编.北京：北京大学出版社，2016：227.
⑤ ［法］米歇尔・福柯.主体性与真相［M］.张亘，译.上海：上海人民出版社，2018：39.

为灵魂的"组织和血液"。

（二）自我的去作品化：把自我从自我中分离出来

通过主体与真理之间融为一体的和谐关系，最终形成的是"一种自身对自身的完满关系"①。我们将这种通过真理装备自我并达到一种自我与自我之间和谐、自足状态的过程称为"自我的作品化"。但与此同时，在福柯这里，还存在着一个与此相对立的过程，即自我与自我的分裂、自我对自我的否定，我们可以称之为"自我的去作品化"。如果说前一过程是"为学日益"，那么后一过程则是"为道日损"。当然，需要被克服或打破的不是欲望和身体，而是人的整个已有存在方式，这是一个自我批判的过程。

福柯将自己看作是康德批判哲学的继承者。他认为，康德开创了批判哲学的两大传统：一是体现在三大批判尤其是第一批判中的对真正的知识的可能性的追问，这属于"普遍真理的分析学"；二是体现在康德关于启蒙和法国大革命的文章中的对当下现实性的追问，这属于"我们自身的本体论""现在的本体论"②。对于前者，福柯持批判态度，他对主体与真理关系问题的所有讨论都隐含着这种批判；但对于后者，福柯则极为赞赏。"自我的去作品化"过程就从属于康德批判哲学所开创的第二传统。

具体而言，福柯对康德批判哲学第二传统的解读主要是基于康德《什么是启蒙？》这一文本，其核心有二。

其一，哲学是对当下现实的批判。这一点乃是基于福柯对康德创作《什么是启蒙？》这一事件本身的解读。福柯指出，当康德创作《什么是启蒙？》一文的时候，他自己本身就身处于启蒙运动这一正在进行的事件之中。这意味着作为哲学家的康德不是在沉思永恒的理念，也不是遵循某一学术传统而思考，而是在沉思当下，沉思他自己身处其中的当下现实。换言之，从康德的《什么是启蒙？》一文中，福柯读到的是哲学家是"现在"的一部分，是某一特殊的"我们"的一员，这一"我们"总是与其当下现实性的文化总体特征联系在一起，而这不得不成为哲学家反思的对象③。用一句话来说，哲学应当是对时代的反思。

基于对以康德为代表的现代哲学的理解，福柯提出，"现代性是态度，能从当下的时刻里发现'英雄的品格'"④。尽管福柯赞同波德莱尔以临时、短暂、偶然形容现

---

① ［法］米歇尔·福柯.主体解释学［M］.佘碧平，译.上海：上海人民出版社，2010：248.
② Michel Foucault. The Government of Self and Others［M］. New York：Palgrave Macmillan，2011：20—21.
③ Michel Foucault. The Government of Self and Others［M］. New York：Palgrave Macmillan，2011：13.
④ ［法］米歇尔·福柯.什么是启蒙？［J］.徐前进，译.政治思想史，2015，6(01)：183—195.

代性，也认同现代性意味着传统的破碎、对新奇的感受，但他并不主张一种纵情于当下的享乐主义态度。因此，他所说的"英雄的品格"或将现在"英雄化"的意志并非美化现在，而恰恰是对现在的批判。由于福柯称自己是尼采主义者，我们或许可以从尼采那里发现理解这一"英雄"形象的线索。在《作为教育家的叔本华》一文中，尼采也多次提及"英雄"这一形象。对尼采来说，英雄是一个真诚而勇敢地为了反对其时代、摧毁其现有生活法则而甘愿饱受误解、牺牲自己尘世幸福的人①。

福柯显然继承了尼采的这一观点，在他这里，英雄形象的代表乃是古代犬儒主义者。古代犬儒主义者的核心原则之一是"改变货币的价值"，而据福柯的研究，"货币"（nomisma）一词与"法律"（nomos）一词同源，因此"改变货币的价值，就是面对所谓习俗、规则、法律所采取的态度"，就是"改变惯例，与惯例决裂，打破规则、习惯，以及约定俗成的定则、法律"②。在福柯看来，犬儒主义者敢于打破世人对真善美的常规理解，提醒人们规则和惯例背后的荒谬之处，不惜自己过一种丑陋不堪的生活，留下恶名。这是一种真正的英雄主义，是对现在的英雄化。

其二，哲学批判的对象只能是批判者自身。这一点是基于福柯对康德《什么是启蒙?》文本内容的解读来阐释的。在这篇文本中，康德将启蒙视为一个"出口"或"出路"，也即一条从没有他人指导就不敢于运用自己的理性的不成熟状态通往成熟状态的出路。福柯强调，在康德这里，不成熟状态不是由于人的自然的未成熟，也不是由于政治、法律权利的不平等，而是由理性者自身的懒惰和怯懦导致的。福柯认为，懒惰和怯懦不是一种道德上的缺陷，而是自身与自身关系上的一种缺陷。因此，未成熟者要想走向启蒙所意味的成熟状态，不能依赖他人的理性权威，更不能等待他人的解放，而是需要自己"敢于运用理性"。换言之，无论是在康德还是在福柯那里，启蒙都不是带着居高临下的姿态给他人启蒙的，而是要摆脱这种"给他人启蒙"或"被他人启蒙"的心态。

因此，如果说哲学是对当下现实性的批判，那么这种批判不是指向他人，也不是为了将他人从充满谬误与偶然的当下现实性中解放出来，而是指向批判者自身的，"因为正是在自我关系中、在自我为自我的努力中、在为自己的努力中、在自我为自我的活动方式上，哲学现实将在实际上表现出来并得到证实"③。如若不然，"当哲学话语想从外面向其他话语制定法律，告诉它们其真理的所在，以及如何发现它时，或者当它努力以简单实证的方式传授它们具体方法时，哲学话语中总会有

---

①　周国平.周国平集(第二十五卷)[M].青岛：青岛出版社，2015：183—276.

②　[法]米歇尔·福柯.说真话的勇气：治理自我与治理他者Ⅱ[M].钱翰，陈晓径，译.上海：上海人民出版社，2018：281，299.

③　[法]M.福柯.柏拉图哲学三圈——倾听、哲学现实与知识[J].于奇智，译.世界哲学，2018(03)：17—29,160.

某种可笑的东西"①。

正因为如此,恰如尼采认为"一个伟人反对其时代的斗争似乎只是反对他自己的一场荒唐的自杀性斗争",即"他的矛头所指正是那种虽然在他身上、却不真正属于他的东西"②,福柯所说的现在的英雄化或对当下现实性的批判,亦是一种"把自己从自己身上分离出来"③的努力。在尼采"成为你自己"的宣言的背后,乃是"你现在所做、所想、所追求的一切,都不是你自己",而这一点则被福柯明确表达为"从我们是其所是的偶然性中解救出不再是我们所是、做我们所做或者思我们所思的可能性"④。

拒绝我们之所是,成为我们之所不是,这一自我批判过程之所以可以成为对当下现实性的批判,是因为在我们已然作品化了的自我中包含着既定的真理和价值体系对我们的塑造,也即在我们的自我中包含着匿名的权力因素,因此"把自己从自己身上分离出来"也就意味着对一切既定之物说"不"。但是,对既定传统的拒绝并不意味着我们就进入了一个没有权力的自由之境。相反,福柯认为这样的地方是不存在的,这就意味着自我艺术总是处于有待雕琢(作品化)、有待"推翻—重塑"(去作品化)的未完成状态。

三、"说真话式"教育：师生的共在与远离

福柯指出,在生活的艺术或自我的艺术中,存在着三种关系,即与他人的关系、与真理的关系及与自我的关系⑤。在前文中,自我的作品化意味着借由与真理的和谐关系而形成与自我的和谐关系,自我的去作品化意味着借由与自我的分裂关系而形成与真理的分裂关系,但我们尚未涉及与他人的关系。实际上,与他人的关系是与真理的关系和与自我的关系的前提,换言之,与他人的关系是个体自我创造的前提。而在福柯这里,与他人的关系明显地涉及教学问题,这就是古希腊的"说真话"(parrhêsia)概念。

（一）说真话作为灵魂教育学：以言说影响存在

"说真话"一词的字面含义为不加掩饰、毫无保留地说出一切,但其内涵显然不止于此。根据"说真话"发生的场域,福柯将其分为政治式说真话和伦理式或哲学式说真话,后者又被称为灵魂教育学式说真话(psychagogical parrhêsia)。政治式

① ［法］米歇尔·福柯.性经验史(增订版)[M].佘碧平,译.上海：上海人民出版社,2002：128.
② 周国平.周国平集(第二十五卷)[M].青岛：青岛出版社,2015：183—276.
③ ［法］米歇尔·福柯.权力的眼睛：福柯访谈录[M].严锋,译,上海：上海人民出版社,1997：145.
④ 于奇智.启蒙与我们自身——一种历史本体论的福柯构思[J].西南大学学报(社会科学版),2019,45(03)：25—32,189.
⑤ ［法］米歇尔·福柯.主体性与真相[M].张亘,译.上海：上海人民出版社,2018：41.

说真话是指公民在城邦中面对议事会或全体公民自由地言说关于城邦的真理,甚至甘冒惹恼、激怒民众乃至被处死的风险。政治式说真话的含义接近"说真话"一词的字面意思。但福柯主要讨论的是另一种"说真话":就其是古代哲学导师对学生传授真理时的言说方式而言,它是哲学式说真话;就其言说的方式与言说的目的均指向说者与听者双方的"êthos"而言,它是伦理式说真话。福柯也称这种说真话为灵魂教育学式说真话。

在福柯的作品中,"灵魂教育学"(psychagogy)一词首先出现在《主体解释学》中,福柯将该词与"教学"(pedagogy)一词既相区别又相联系:"如果我们称这种旨在赋予任何一个主体一系列预先确定好的能力的关系为教学的话,那么我认为,我们可以称这种作用不是要赋予任何一个主体各种能力,而是要改变这位作为说话对象的主体的生活方式的真话传递为'召魂'。……因为说真话的责任主要落在老师、顾问和导师这一边,所以我们可以说召魂关系非常接近或比较接近教学关系。"①"psychagogy"一词在此被译为"召魂",金生鈜教授则根据它与"pedagogy"一词词根的相似性将其译为"灵魂教育学"②。"灵魂教育学"之不同于福柯所理解的"教学",就在于前者不只是传授知识与技能,而且旨在影响人的灵魂。同样,在《治理自我与治理他者》中,福柯大量使用了"psychagogical parrhêsia"(即灵魂教育学式说真话)的表达,它涉及的也是引导和指导个体的灵魂③。在福柯这里,灵魂指的是一个人的整体存在方式。

实际上,柏拉图在《斐德罗篇》中讨论辩证法与修辞术的功能时,也曾两次提及"psychagogy"。在哈克福斯(Hackforth)的英译本中,这两处出现"psychagogy"的地方分别被译为"通过语言影响心灵"(influencing the mind by means of words)"既然言辞的功能在于影响人的灵魂"(since the function of oratory is in fact to influence men's souls)④;朱光潜先生的中译本也采用了类似译法,即"用文辞来影响人心""文章的功能既然在感动心灵"⑤。因此,"psychagogy"不仅是一种影响人的灵魂的方式,而且关涉人的言说方式和话语方式。这就不难理解为何辩证法和修辞术可以共同在"psychagogy"的背景下加以讨论。无独有偶,福柯对这一意义上的"说真话"的讨论也是在与修辞术的对比中进行的。

① ［法］米歇尔·福柯.主体解释学［M］.佘碧平,译.上海:上海人民出版社,2010:316.
② 金生鈜.作为心灵教育艺术的辩证法［J］.教育学报,2018,14(01):13—20.
③ Michel Foucault. The Government of Self and Others［M］. New York: Palgrave Macmillan, 2011:194.
④ Plato. Plato's Phaedrus［M］. R. Hackforth, Trans. Cambridge: Cambridge University Press, 1952: 123,148.
⑤ ［古希腊］柏拉图.柏拉图文艺对话集［M］.朱光潜,译.台北:五南图书出版股份有限公司,2018:172,192.

如果说"psychagogy"已经指明了言说的目的，那么"说真话"与修辞术则具体表明了两种不同的真理言说方式，同时也代表着两种不同的教育方式。福柯指出，"在修辞学中，说话者和所说的事之间的联系被解开，但修辞学导致在所说的事和听话者之间建立强制性联系"，与此相反，"'直言'（即说真话）在说话者和所说的事之间建立很强的、必然的、强制性的联系，但说话者和听话者间的关系是开放的，其表现就是有两者关系可能破裂的风险"①。在"说真话"与修辞术及两者所代表的两种教育的对比中，涉及说话者与真理的关系和说话者与听话者的关系之不同。

（二）师生的共在：教育者与真理融为一体的要求

在说话者与其言说的真理的关系上，"说真话"在二者之间建立了紧密关联。"说真话"意味着"所要传达的思想就是传达思想的人的思想"，也就是说，"说真话"的前提乃是"你就是逻各斯，逻各斯就是你"的与真理融为一体的状态。因此，"要想确保人说的是真话，必须让人感到说话者是亲身经历过他所说的内容的。或者："坦白'（即说真话），他说的话的真实性，必须通过他观察到的行为和他实际生活的方式来确认"②。换言之，尽管"说真话"并不排斥科学意义上或与事实相符意义上的"真知"，但如果一位教师仅仅是照本宣科，而没有对其宣称的真理的领悟和体知，没有将真理融入自己的生命，那他就不是在"说真话"。这就要求教师过一种哲学式的生活，但哲学式的生活不是研究哲学学说的生活，而是一种追求真理的生活："哲学式的生活就是对真理的彰显。它是一种证明，通过一个人的生存方式、他所做的选择、他放弃和接受的事物、他的穿衣打扮、他说话的方式等，哲学式的生活从始至终都是真理的体现。"③当然，这不意味着言说不重要，相反，任何教育都离不开语言，这是在强调言说真理的主体与生活着的主体之间的契合，也即陈述主体与行为主体之间的完全一致。

因此，"说真话"作为一种对主体与真理的关系的要求，本身就蕴含着一种教育期待。福柯认为，"不存在不举例说明的真理传授。如果言说真理的人自身不是他所传授的真理的实例，那么就不可能有真理传授"④。这里所说的"举例说明"并不是指教育者为了帮助理解举的无关紧要的"例子"，而是指教育者本身。教育者本身就是其教育学的体现⑤。由于"说真话"的关键不在于真话，而在于说真话的人，

---

① ［法］米歇尔·福柯.说真话的勇气：治理自我与治理他者Ⅱ［M］.钱翰，陈晓径，译.上海：上海人民出版社，2018：19.
② ［法］米歇尔·福柯.主体解释学［M］.佘碧平，译.上海：上海人民出版社，2010：314—315.
③ Michel Foucault. The Government of Self and Others［M］. New York：Palgrave Macmillan，2011：344.
④ ［法］米歇尔·福柯.主体解释学［M］.佘碧平，译.上海：上海人民出版社，2010：315.（译文有改动）
⑤ 刘铁芳.什么是好的教育：学校教育的哲学阐释［M］.北京：高等教育出版社，2014：140.

因此，"说真话式"教育要求师生的"共同存在"，要求"与某人生活在一起"①。但是，这并不要求我们回到古代师徒制或寄宿制的教育模式，而在于教师在与学生相遇的每一瞬间都倾其身心。相反，"如果心不在焉，我们就只剩下一个躯壳与孩子们在一起了"，这样一个躯壳当然不具有教育性；也还有另一种"心不在焉"，那就是"当一个教师言行不一致、伪装失败时，他们其实并'不在'，或者说根本没有真正地'在'"②。这里所说的"在"或"不在"，可以用福柯的"说真话"概念来解释，那就是当教师所说的话与其行为、与其是一个什么样的人不相符时，就意味着作为陈述主体或认知主体的他和作为伦理主体的他是相分离的，也就是教师没有完整地"在"学生面前，这时他就不是在"说真话"。正如"psychagogy"一词所提示的，"说真话"旨在影响学生的灵魂也即整体存在方式，只有一个灵魂才能影响另一个灵魂，只有一个完整存在才能影响另一个完整存在。

在与"说真话"相对的意义上，修辞术则不要求说话者与其所说的"真理"之间有融为一体的关系，也即修辞术不要求"所要传达的思想就是传达思想的人的思想"。当修辞术士与其所兜售的真理之间没有这种融为一体的关系时，教学就难免成为灌输式的。这种形式的教学被福柯称为"mathêsis"或"mathêmata"。"mathêsis"或"mathêmata"指的是纯粹认知性的学习或教学，"我们学习公式时就是采取这一方式——教师讲、学生听并将其记在心里"③。在纯粹认知性的教学中，教师仅是物质性地占有真理，因此其教学也只能表现为一种物质性的真理传递。而为了使这种真理传递能够吸引人，修辞教育只能采用装饰、伪装和诱惑的方式④。

(三) 师生的远离：受教育者"走出"的结果

在说话者与听话者的关系上，"说真话"在二者之间保持了开放关系。"'parrhêsia'的最终目的不是保持听者对说者的依赖性（这属于奉承之列）。'parrhêsia'的目标就是造成听者在既定的时刻里不再需要别人的话语"，从而"确认、保证了他人的自主性，即听者对说者的自主性"⑤。首先，这是因为说真话者没有那种强烈的教育他人的启蒙心态，而倒显得是一个过着哲学式生活的学习者。这位学习者的目标乃是追求真理的主体化，是成为逻各斯的生命代言人，而非理智地、物质性地占有真理。这样，既然说真话者没有真理在握，也就不可能对他人进

① Michel Foucault. The Government of Self and Others [M]. New York：Palgrave Macmillan，2011：247.
② ［加］马克思·范梅南.教育的情调[M].李树英，译.北京：教育科学出版社，2019：95—96.
③ Michel Foucault. The Government of Self and Others [M]. New York：Palgrave Macmillan，2011：247.
④ ［法］米歇尔·福柯.主体解释学[M].佘碧平，译.上海：上海人民出版社，2010：76.
⑤ ［法］米歇尔·福柯.主体解释学[M].佘碧平，译.上海：上海人民出版社，2010：294.

行强势的灌输。相反，修辞教育不关心真理本身，更不关心言说真理的人，修辞术士以真理在握的启蒙心态"教导"他人，并使用具有诱惑性、煽动性的话语使他人愉快地接受自己的"真理"而失去反思和批判的能力。其次，更重要的是，由于"说真话式"教育乃是以教育者的灵魂影响受教育者的灵魂、以教育者的存在方式影响受教育者的存在方式，因此"说真话式"教育具有整体性和模糊性。正是这种整体性和模糊性能够使教育的规训意志暂时失去作用，因为规训权力乃是一种"微分权力"，"是一种有关细节的政治解剖学"，它只有通过对人的种种能力、水平，以及人的时间、空间和活动进行无限细分，才能实现对人的精细化控制①。因此，"说真话式"教育的整体性和模糊性为受教育者即听话者的自主性保留了空间。

在这个意义上，福柯认为古代哲学教育不是"educare"，而是"educere"，即"伸出手，离开那里，从那里走出来。由此可见，这根本不是一种传统意义上的教育或传授理论知识或本领的工作。但是，这其实是一种影响个人的行为，即向个人援之以手，让他走出他所处的生活状态、地位和方式。这是一种对主体自身生活方式的影响，不只是传授知识，从而取代无知状态"②。"伸出手"是教育者的工作，而"离开那里，从那里走出来"则是受教育者的状态。非常有意思的是，在范梅南对教育的理解中，也包含着"牵手"与"走出"的意象："从词源学上看，教师是站在关心孩子的位置上的人：在引路或指引方向的思想中包含了一种留心和鼓励意义上的'牵手'"；但"人最终必须走出（educere：to lead out of，走出）孩提时代的世界"③。本书认为，范梅南以"走出"来解释"educere"一词，正与福柯对教育的看法相呼应。一般来说，教育学界倾向于将"educere"解释为"引出"，即引出儿童本性中的某种善或理性等。然而福柯的反人文主义立场显然不会支持这种观点——他反对任何预设的"人性本质"，因为这种预设无论多么美好，最终都会成为对人的存在的限制及对异己者的驱逐。但"走出"一词不仅没有这样的人性预设，而且将儿童的自主性内含其中，即"走出"的主体必须是儿童自己。

---

educare 与 educere

据学者考证，educere 是动词，educare 是名词，后者从前者演变而来。在含义上，educere 侧重于"往外带领"，educare 则侧重于"教育、抚养、训练"④。因此，也有

---

① ［法］米歇尔·福柯.规训与惩罚［M］.刘北成，杨远婴，译.北京：生活·读书·新知三联书店，2012：155，157—158.
② ［法］米歇尔·福柯.主体解释学［M］.佘碧平，译.上海：上海人民出版社，2010：108.
③ ［加］马克斯·范梅南.教学机智——教育智慧的意蕴［M］.李树英，译.北京：教育科学出版社，2014：37.
④ 娄雨.从 παιδεα 到 education：西方"教育"概念的词源学分析［J］.教育学报，2017，13（03）：9—17.

学者将 educare 理解为"'教'的逻辑的模式以及被理性地加以安排的模式"，同时将 educere 理解为"'教'的创造性的方面"①。福柯对 educere 的理解基本与这些学者达成共识。

进而言之，人要从哪里"走出"呢？对范梅南来说，人要走出的是"孩提时代的世界"——恰如康德将启蒙视为一个由不成熟状态通向成熟状态的出口或出路；但福柯不会同意范梅南的如下说法，即走出孩提时代是为了进入（educare：to lead into，引进来）成人的世界——如果成人世界被理解为一种确定的状态的话。对福柯来说，"走出"不仅是孩提时代的使命，而且是人一生的使命。一个人接受教育就意味着要"走出"原来的自我和原来的存在方式，而且当他完成一段教育历程之时，也要"走出"这段教育关系及其对自我的塑造，此即"把自己从自己身上分离出来"。

综上所述，"说真话式"教育为受教育者的自我创造提供了可能。说真话者与真理之间建立了紧密关系，以学习者的形象将受教育者带到共同追求真理的道路上来，从而为受教育者用真理"装备"自己提供了榜样；同时，说真话者与听话者之间保留了开放关系——坚持受教育者的自主性，从而为受教育者的"走出"预留了空间。

四、"自我创造"与"诚者自成"作为中西教育的理想表达

尽管一切教育总是关涉自我与他人的关系，也即通常所说的师生关系，但在"说真话式"教育中，重要的却不是这种自我与他人的关系，而是自我与自我的关系。具体而言，在"说真话式"教育或一切好教育中，教育的目的总是在于帮助学生形成其与自我的关系，而在西方文化的语境中，这种自我与自我的关系被表述为"自我创造"；而学生的自我创造之所以可能，却依赖于教师在其与学生相处的过程中能否始终保持与自我的差异化、创造与革新的关系。事实上，福柯透过古希腊的"说真话"概念表达的教育理想与《中庸》"诚"的思想具有共通之处。

首先，与"说真话"一样，在《中庸》里，"诚"也不是从诚实、不说谎的意义上来理解的，因为诚实、不说谎着眼的主要是自我与他人的关系；而"诚"所着眼的是自我与自我的关系，一般不是从不自欺这样的否定层面来理解的，而是从肯定的生命本体论的层面来理解的，即将"诚"与"成"关联起来。这样，在《中庸》里，"诚"意味着成就、完成。成就和完成什么？"唯天下至诚，为能尽其性。"这说明，人要成就和完成（"尽"）的是天命之于己的本性。而人如何成就和完成自己的天命之性？"诚者自成也，而道自道也。"天命之性的成就与完成只能是自成与自道。自成与自道不仅"突出了'诚'是事物成就自我的内在精神"②，而且蕴含着在继承天命之性的过程

---

① 安乐哲，郝大维.切中伦常：《中庸》的新诠与新译[M].彭国翔，译.北京：中国社会科学出版社，2011：77.
② 冯晨.《中庸》中"诚"的"自明性"发微[J].理论学刊，2017(03)：93—98.

中显现自我的独特性，在走在前人已有道路上的过程中开辟自己的道路，这就是中国人述而不作或述中有作的"日新"精神。在自我与自我的关系上，如果说福柯主张差异化、创造与革新，并将之看作伦理学的核心，那么中国古典思想同样反对因循守旧的"惯性"："'德者，得也'，古典意义上的德性，就是'有得之性'，与之对应的是'不得之性'。道德性不是现成性，而是后获性——它是一种自我建立自我的过程。这样，道德就被表述为不断获得，也即不断自我更新的活动，古典思想中的'日新'概念就是道德品格的写照。"①这意味着，人对天命之性的继承不是现成性的，而恰恰是需要"自成"的，需要不断地自我建立、自我更新。因此，我们可以说，相对于西方文化中的"自我创造"，"诚者自成"更代表了中国人对受教育者能动性的表达。

其次，与"说真话式"教育一样，在"诚者自成"中同样蕴含着对他人的教育。《中庸》云："唯天下至诚，为能尽其性；能尽其性，则能尽人之性；能尽人之性，则能尽物之性；能尽物之性，则可以赞天地之化育；可以赞天地之化育，则可以与天地参矣。"诚者"能尽其性"的"自成"乃是"尽人之性""尽物之性"乃至"与天地参"的根本和所以然。换言之，"自成"与"尽人之性""尽物之性"及"与天地参"不是彼此分离的几件事，而是同一件事。在这个意义上，我们可以再次理解《中庸》开篇为何说"修道之谓教"：修道者既是学习者又是教育者，这个学习者的修道活动本身即是对他人的一种教化。中国古典先民没有将传道、授业、解惑这样明显的对象性活动理解为教育，反而将着眼于个体自我与自我关系的学习活动看作教育的本源。因此，无论古今中外，好教育总是被理解为人与人之间的相互影响，即"不见而章，不动而变，无为而成"的"不教之教"。

最后，我们也应该看到，"诚"与"说真话"是两种不同文化的产物，由此带来的是诚者与说真话者两种不同的理想人格。福柯曾指出，生存美学的提出是为了填补西方现代社会中的伦理学空白，"因为我们大多数人不再相信伦理学是建立在宗教基础之上的，我们也不想用一种法律体系来干预我们的个人的道德私生活。最近的解放运动遭受挫折，就是因为人们无法找到一种能够使新伦理得以确立的基础原则"②。这意味着，为了保证每个人对自我创造的权利，自我创造者之间不得不是彼此疏离的③，他不得不将"现在英雄化"，不得不"把自己从自己中分离出来"。因此，这样一个自我创造者显得像是一个时时"离家出走"的游荡者，他可以将自我

①　陈赟.困境中的中国现代性意识[M].上海：华东师范大学出版社，2005：304.
②　[法]米歇尔·福柯.自我技术：福柯文选Ⅲ[M].汪民安，编.北京：北京大学出版社，2016：145.
③　尽管"说真话式"教育也强调师生的共在，但仍然避免不了个体之间根本性的疏离。对此，孙向晨教授在《生生：在世代之中存在》一文中对海德格尔哲学的评析也恰好适用于福柯，即"海德格尔尽管将'此在'融入世界之中，但'此在'本真地与其他世代'共在'的样态却始终被遮蔽着。海德格尔揭示的仍是'此在'的'个体性'的一面。当我们遮蔽了'在世代之中存在'的维度，当我们阻断了'此在'与世代之间的关联时，'个体'很容易被当作一种独立的、自主性的主体性来理解"。

作为艺术品而精心雕琢，却由于缺乏对共同的价值传统的肯认而无法形成与他人和城邦共同体命运与共的共契感。

但是，与"诚者自成"相连接的却是天之道："虽然，一切存在者自行打开自身，并以自身的方式向我们显现。但万物的这种先行展现自身的显现方式，并不是根源于其自身，而恰恰是完全由天道所规定的。正是天道自身展开自身的方式，天道与我们发生关系的方式，以及天道让万物得以向我们显现的方式等，导致了万物先行于天道而展现自身的可能性。"①因此，尽管有学者将"诚"理解为创造性②③，但诚者的自我完成、自我更新绝不是任何形式的自我创造，而必须是在继承天命之性、完成天命之性、承担家国责任（这三者汇聚于一个"成"字）的过程中凸显自我的独立性与个性。因此，相对于"自我创造"，"成己"与"成人"更贴合于教育学的中国话语。

思考与练习

1. 读完本章后，请围绕主体与真理的关系，谈谈你对福柯所说"通过自己的知识，达到对自我的改造，这就有点像审美经验所起的作用了。一个画家，如果不因为自己的作品而发生变化，那他为什么要工作呢"的理解。
2. 读完本章后，你对"说真话"或"诚实"有何新的理解？
3. 你认为"说真话式"教育存在着哪些不足？

延伸阅读

1. Michael A. Peters, Tina Besley. Why Foucault？ New Directions in Educational Research[M]. New York：Peter Lang，2007.
2. Timothy O'Leary. Foucault：The Art of Ethics[M]. London：Continuum，2002.
3. 黄瑞祺.再见福柯：福柯晚期思想研究[M].杭州：浙江大学出版社，2008.

---

① 陈赟.中庸的思想[M].杭州：浙江大学出版社，2017：230.
② 郭齐勇，郑文龙.杜维明文集（第三卷）[M].武汉：武汉出版社，2002：449—450.
③ 安乐哲，郝大维.切中伦常：《中庸》的新诠与新译[M].彭国翔，译.北京：中国社会科学出版社，2011：54—59.

第三编

中华古典美学思想的
教育启示

第十章

成就生命之大美：道家美学思想的教育意蕴

本章要点

1. 道家思想中美与道的关系。
2. 道家美学思想中美的维度。
3. 教育通过对大美的体认而达到修道之目的。

重要概念

大美　道　不言之教　无为

学习目标

1. 了解道家美学思想中美的基本内涵。
2. 了解道家大美的维度及其现实指向。
3. 重点理解道家美学思想对当代教育的启示意义。

主要人物介绍

图 10-1　老子骑牛图

　　老子(生卒年不详)，姓李名耳，字伯阳，楚国苦县厉乡曲仁里人，是我国春秋时期思想家。老子是我国古代伟大的哲学家和思想家、道家学派创始人，被庄子称为"古之博大真人"。同时，老子也名列世界文化名人、世界百位历史名人之一。

　　老子存世有《道德经》(又称《老子》)。史学家司马迁认为《老子》是老子本人亲自完成的；也有学者认为此书由老子的弟子所著。最初此书被称为《老子》，分为上篇和下篇，没有篇章。《老子》影响非常深远，战国时期就出现了很多各种各样的手抄本，并且《墨子》《战国策》《庄子》《淮南王》《韩诗外传》等许多典籍都曾引用《老子》里的言说。汉景帝将《老子》改为经，后人各以《老子》篇首的第一字来命篇，最后合称为《道德经》。西汉时期河上公本《道德经》分为上经和下经，上经有三十七章，下经有四十四章，共八十一章并写有章题；上经首章的章题为"体道"，下经首章的章题为"论德"。《道德经》一书从古至今注解大约有七百多种，最受人们认同的是河上公本、王弼本等注本，对中国哲学发展具有深刻影响。

主要人物介绍

图 10-2　庄周梦蝶图

　　庄子(约前 369 年—前 286 年),姓庄,名周,宋国蒙人,战国中期思想家、哲学家和文学家。庄子是继老子之后,战国时期道家学派的代表人物,与老子并称为"老庄"。庄子生活的时代大概与梁惠王、齐宣王同时,也与儒家孟子同时。庄子家道清贫,生活极其窘迫、困苦不堪,但是他又淡泊名利,无欲无求。庄子因崇尚自由而不应楚威王之聘,生平只做过宋国地方的漆园吏,史称"漆园傲吏",被誉为地方官吏之楷模。庄子最早提出了"内圣外王"的思想,对儒家影响深远。

　　庄子的代表作品为《庄子》,其中的名篇有《逍遥游》《齐物论》等。《庄子》在先秦时期就已经成书,现今较为通用的三十三篇本的《庄子》是经由西晋郭象删订而成的,其将《庄子》分为内篇、外篇、杂篇三部分,包括内篇七篇、外篇十五篇、杂篇十一篇,合计三十三篇。目前学界大都认可内篇为庄子所作,外篇、杂篇为庄子的弟子或后学所作。从整体而言,《庄子》一书想象力极为丰富,语言运用自如,灵活多变,能把一些微妙难言的哲理说得引人入胜,代表了道家思想的高度发展,被称为"文学的哲学,哲学的文学"。

　　道家思想的核心范畴和最高追求是"道"，在其思想起步的地方并无专门之心去"求美"，但道在运行过程及对人生的影响中，不期然而然地指向了一种最高的美学精神，也即庄子说的"大美"。一方面，大美是一种道的可感形式；另一方面，对道的体认需借助于美的活动和精神。道家美学思想通过对道和天地大美的体认而立足于人和人生，以恪守自然本性来实现人与自我、人与自然、人与社会的和谐统一，进而达至心灵自在自适的审美境界，也因此成为一种极具教育意义的思想，能为当下这个物质与精神生活发展失衡的社会提供一剂"良药"，对走出现代教育的困境也具有十分重要的借鉴意义。

一、大美作为道的可感形式

　　对于道家来说，其所建立的核心范畴和最高追求是道，一个道字蕴藏了极其玄妙、深刻、丰富的思想。陈鼓应认为，道至少有永恒性、普遍性、无限性、统一性、恒动性、创生性等内涵，蕴含天道与人道两端，可落实为人生可达的最高境界①。至于美，在道家思想起步的地方，并无专门之心去"求美"，没有将美当作特定的目的或对象去加以思考和认识。

（一）大美是一种道的可感形式

　　《庄子》中说"天地有大美而不言"（《庄子·知北游》）。对于道和天地人的关系，老子曰："域中有四大，而人居其一焉。人法地，地法天，天法道，道法自然。"（《道德经》二十五章）道是万物的根源，是世界的最高实在，同时，道也是无形无名的不可见不可触之存在，因此，人只能在天地中通过对现象界的理解和超越来把握道。道生万物且体现在万物生长化育的过程中，万物虽由道而生获得了生命，却并非创造者的附庸，而是拥有独立性和主体性的生命。道法自然，即道尊重和顺应万物之自然，以其无为之德保证了万物的独特性和主体性。万物由此得以各适其性、各得其所而互不伤害，而整个天地自然则得以生生不息、美美与共。因此，天地运行是道的显现形象，天地之大美就是道的可感觉形式②。

　　作为万物生长变化之本源的道，具有普遍性的意义，超越了个人的喜怒悲欢与生活得失，这也就意味着，道所显现的大美，是作为天地万物整体的生生不息之美，而并非体现个人喜好的生理性愉悦。相反，一味地追求这种生理性愉悦反而会离

①　陈鼓应.论道与物关系问题（上）——中国哲学史上的一条主线[J].哲学动态,2005(07)：55—56.
②　潘显一.大美不言：道教美学思想范畴论[M].成都：四川人民出版社,1997：16.

道愈远,正所谓:"五色令人目盲,五音令人耳聋。"(《道德经》十二章)"且夫失性有五:一曰五色乱目,使目不明;二曰五声乱耳,使耳不聪;三曰五臭熏鼻,困惾中颡;四曰五味浊口,使口厉爽;五曰趣舍滑心,使性飞扬。此五者,皆生之害也。"(《庄子·天地》)对形、色、声、味等的追求,必然招致伤身灭性之害,而形骸之乐也就随之化为乌有。同时,人的享乐也会造成对物本性的摧残,"百年之木,破为牺尊,青黄而文之,其断在沟中。比牺尊于沟中之断,则美恶有间矣,其于失性一也"(《庄子·天地》),不论在世俗看来美丑有分的牺尊和断木,实际都是对木之本性的损害。因此,老子从自然之道出发,提出"大音""大象"(《道德经》四十一章)等来超越世俗中的五音、五色。庄子提出"擢乱六律,铄绝竽瑟",才能让"天下始人含其聪";"灭文章,散五采",才能让"天下始人含其明"(《庄子·胠箧》)。可见,道家的美学思想对世俗生活中的享乐漠然处之,只因其只对"道"负责。无为之道,决定了大美不是人工的"外饰",而是天工的"自然"。

(二) 对道的体认需借助于美的活动和精神

如《庄子·养生主》中"庖丁解牛"的故事:"庖丁为文惠君解牛,手之所触,肩之所倚,足之所履,膝之所踦,砉然向然,奏刀騞然,莫不中音。合于《桑林》之舞,乃中《经首》之会。文惠君曰:嘻,善哉! 技盖至此乎? 庖丁释刀对曰:'臣之所好者道也,进乎技矣。'"在这里,对道的体会就是在艺术性的活动中由美的感受升华上去的。庖丁所好者道,进乎技而非技,不是由技术换来的物质性的享受,而是技自身所成就的精神性的享受、一种美的感受,这种感受让庖丁"提刀而立,为之四顾,为之踌躇满志",这也是"所好者道"的具体内容。在《庄子》一书中,反复通过艺术性活动和审美感受来体会道,而"体道"本身就是庄子强调审美感受的目的。这一类例子比比皆是。再如《庄子·达生》中:"梓庆削木为鐻,鐻成,见者惊犹鬼神。鲁侯见而问焉,曰:'子何术以为焉?'对曰:'臣,工人,何术之有! 虽然,有一焉。臣将为鐻,未尝敢以耗气也,必斋以静心。斋三日,而不敢怀庆赏爵禄;斋五日,不敢怀非誉巧拙;斋七日,辄然忘吾有四肢形体。当是时也,无公朝。其巧专而外骨消,然后入山林,观天性。形躯至矣,然后成见鐻,然后加手焉,不然则已。则以天合天,器之所以疑神者,其是与!'"梓庆制出鬼斧神工的鐻,其关键并非在于他制鐻技术的高超,而更在于其个人内在的修养工夫,即"必斋以静心",达到的境界则是"以天合天"的极富审美意味的境界。这种工夫,便是圣人之道的修养工夫,其内容在《庄子》全书中不断地以不同的文句出现:《齐物论》篇中的"吾丧我"、《人间世》篇中的"心斋"、《逍遥游》篇中的"无己,无功,无名"、《大宗师》篇中的"外天下、外物、外生"……这种工夫在现实人生中,就体现为一种极高的美的精神,也就是说,由修养工夫带来的审美体验,是人体认道的一种实践方式。这正是道家与其他学派美学思想的不同之处，道家美学思想不在于成就艺术的作品，而在于成就艺术的人生，正如徐复观先生所说："庄子所要求，所待望的圣人、至人、神人、真人，如实地说，只是人生自身的艺术化罢了。"①

二、大美天地的审美之维

庄子指出，大美之美在天地，天地为道所生出，也是委形于万物的根据。万物为天地所化生，是天地的一部分。

天地之大美首先是美在无限，庄子用自然界的无限广大来呈现出这种美："秋水时至，百川灌河。泾流之大，两涘渚崖之间，不辨牛马。于是焉，河伯欣然自喜，以为天下之美为尽在己。顺流而东行，至于北海。东面而视，不见水端。于是焉，河伯始旋其面目，望洋向若而叹……"（《庄子·秋水》）河伯因为泾流之大以为尽收天下之美，直到看见"不见水端"的北海，才发现自己只能望洋兴叹。这种无限的美，是"千里之远，不足以举其大；千仞之高，不足以极其深"，"不为顷久推移，不以多少进退"（《庄子·埳井之蛙》）。这种展现在无限时空中的美，便是"天地之大美"②。

无限性指向的是人无法支配的超越性，具有让人在万变的世事中免于流失的常在意义。"吾在天地之间，犹小石小木之在大山也"（《庄子·秋水》），天地之无限让庄子看到自己生命之渺小，也找到了让有限的人生获得永恒的道路，那便是通过齐物我、大同无己来摆脱一己的局限性，从而"入无穷之门，以游无极之野。吾与日月参光，吾与天地为常"（《庄子·在宥》），只有超越不断流变的世俗外物，才能获得无限的精神自由。这是一种"无何有之乡，广莫之野，彷徨乎无为其侧，逍遥乎寝卧其下"（《庄子·逍遥游》）的人生境界，一种"得至美而游乎至乐"（《庄子·田子方》）的审美追求。

天地之大美也美在整全："天地有大美而不言，四时有明法而不议，万物有成理而不说。圣人者，原天地之美而达万物之理。是故至人无为，大圣不作，观于天地之谓也。"（《庄子·知北游》）天地隐含着本然之美，这种美，首先指向的是整体和统一③。庄子认为企图"判天地之美，析万物之理，察古人之全"的诸子百家是"一曲之士"，"判""析""察"有分裂、离析之意，走向了与天地之大"美"、万物之大"理"、古人之大"全"的反面，自然无法"备于天地之美，称神明之容"（《庄子·天下》）。《庄子·应帝王》中借寓言进一步说明了这一思想：南海之帝为儵，北海之帝为忽，中央之帝为浑沌。儵与忽时相与遇于浑沌之地，浑沌待之甚善。儵与忽谋报浑沌之德，

---

①　徐复观.中国艺术精神[M].沈阳：春风文艺出版社，1987：49.

②　李泽厚.华夏美学·美学四讲[M].北京：生活·读书·新知三联书店，2008：98.

③　杨国荣.庄子的思想世界[M].北京：北京大学出版社，2006：83.

曰："人皆有七窍以视听食息，此独无有，尝试凿之。"日凿一窍，七日而浑沌死。"浑沌"象征着浑而未分的"至一"状态，也即"物之初"自有的生命秩序与完整形式，而倏、忽二帝认为需要七窍才能认识世界，于是"尝试凿之"，反而分裂了浑沌的浑朴整全，戕害了浑沌的自然生命。天地大美的整全要求顺物自然，反对人为的判断和分裂破坏。

天地有大美，最重要的是美在无为。在天地的无为之下，万物才能各适其性，以自然的方式生长化育，进而保证了天地之生命活力和整全无限。李泽厚、刘纲纪就认为"如果要问庄子及其学派什么是美，那么自然无为即是美，而且是最高的美"①。天地之大美是"不言"的，它无待于世人，只需"观"而不可"说"，更无须"为"。圣人懂得"原天地之美而达万物之理。是故至人无为，大圣不作，观于天地之谓也"（《庄子·知北游》）。天地之道在于"不刻意而高，无仁义而修，无功名而治，无江海而闲，不道引而寿，无不忘也，无不有也"，因此"淡然无极而众美从之"（《庄子·刻意》）。

《天道》中的一则故事也体现了这种天地大美的无为性质："昔者舜问于尧曰：'天王之用心何如？'尧曰：'吾不敖无告，不废穷民，苦死者，嘉孺子而哀妇人。此吾所以用心已。'舜曰：'美则美矣，而未大也。'尧曰：'然则何如？'舜曰：'天德而出宁，日月照而四时行，若昼夜之有经，云行而雨施矣。'尧曰：'胶胶扰扰乎！子，天之合也；我，人之合也。'夫天地者，古之所大也，而黄帝尧舜之所共美也。故古之王天下者，奚为哉？天地而已矣！"尧之功业，虽出自善心，但只是"美而未大"，只有天地才是自古以来最大的，为黄帝尧舜所共同称赏。天地无为，而日月四时、昼夜交替、云行雨施，一切有序运行，冥合于自然，"大美"便自在其中。与之相比，人的刻意用心只能是一种"胶胶扰扰"。

但是，自然之无为并非毫不在意毫无作为，而是在于任其自为而达到无所不为，老子说这是"上德无为而无不为"（《道德经》三十八章）、"万物作焉而不辞，生而不有，为而不恃，功成而弗居"（《道德经》二章），庄子说这是"天无私覆，地无私载"（《庄子·大宗师》）、"无为而万物化"（《庄子·天地》）。天地之大美在于最接近道本，一切顺其自然，最大限度地尊重一切事物的生命本性，给予一切事物根据其性而进行选择与演变的权利，因此天地也得以整全，万物得以生生不息。

三、教育以有限的"教"蕴含无限的道

道连接着天与人两端，老子说"人法地，地法天，天法道"（《道德经》二十五章），庄子说"无为而尊者，天道也；有为而累者，人道也"（《庄子·在宥》）。天道通过天

---

① 李泽厚，刘纲纪.中国美学史——先秦两汉篇[M].合肥：安徽文艺出版社，1999：233.

地之无限、整全、无为的大美彰显着自身，而人道则是积极有为与生命劳累所共存，在与天地的无为而无不为形成对照的同时，也包含着"循道而趋"的可能性和动态转化过程。因此，人也可以而且需要通过对"大美"的体认来不断修道而体道，而对修道之谓教的"教育"的认知，只有延伸到"道"的层面才能真正实现其对人的深层塑造。这也是道家以美立教的立论基础。

"学者，学其所不能学也？行者，行其所不能行也？辩者，辩其所不能辩也？"（《庄子·庚桑楚》）人之学习，就是想努力学到那些不能学到的东西，人之言辩，也是想努力说出那些不能言辩的东西。同样，教育只是教人已"知"的东西已经没有意义，教的真正价值正在于对无限意义上那些"不可说"和"不可知"的东西的绽出，在于以有限的"教"启示和通向无限的道。

虽然从时间或空间上看，天地世界总是有限的，但只要其蕴含无限的动态余地，就能够维持自身的无限活力。天地因其整全而能包容和开放万物的所有可能性，并由此带来了世界的广大深远和生生不息的活力。同样，教育也可以形成对内无限开放的空，从而以有限蕴含无限，这是因为教育直接面对的是人的生活经验，经验具有不断重组的无限潜力，能在无穷展开中不断产生新的意义。因此，有限的生活经验作为教育的内容，需要开放其解释的可能性，不断被发现其新的意义和可能性。这是对生活经验的肯定、复制和深化的过程；同时，被建构可不断反思的问题性，也是对生活经验的质疑、更新和创造。

这种向无限处的努力，本质上才能考量出教育的本性和能力。但令人遗憾的是，以确定性的语言为主要载体的现代教育，似乎并不在意那不可视、不可知的无限之"道"。现代人忙于追求物理意义上的"人在宇宙中的位置"，却不再考虑精神性的"人在天地中的位置"，缺少了对天地万物的敬畏，使天人物我之间的天平正不断向人向"我"倾斜。同样，教育重视的也是如何攫取物、控制物，被掠夺的物又占据了人的大量的心神，物失去物性，仅成为人性的延伸。人对物的态度也影响着人对人的态度，使人不断武装自己，以源源不断地向他者施加。

万物是有限之存在，虽是秉道而生、得道成形的，但万物在获得"形"的过程中也潜藏着远离道的危险。相对于无形无限之道，有形有限之万物更容易打动人的感官，满足人的欲望而成为人趋之若鹜的目标，一旦将有形者确定为终极追求，人也就陷入了不复的迷途，即"五色令人目盲，五音令人耳聋，五味令人口爽，驰骋畋猎令人心发狂，难得之货令人行妨"（《道德经》十二章）。这其中，就包括世俗一味追求的感官之乐与浮薄之美，老子正是在揭示了当时社会人为的"文敝"①之害后，提出了其理想的教育方式——"不言之教"："天下皆知美之为美，斯恶已；皆知善之

---

① 亦作"文敝"，司马迁《史记·高祖本纪》提到的"周秦之闲，可谓文敝矣"，意为"尚文之极而成弊害"。

为善,斯不善已。故有无相生,难易相成,长短相形,高下相倾,音声相和,前后相随,恒也。是以圣人处无为之事,行不言之教,万物作焉而不为始,生而不有,为而不恃,功成而弗居。夫惟弗居,是以不去。"(《道德经》二章)尚文之社会盛赞美善,其教育更是通过为美和善确立统一的标准而对人加以指导和规约。殊不知,当世人普遍崇尚某一统一的美或善的标准,将其视作衡量一切的最高尺度,本来的美和善便会因为过分畸重于某一端而导致失衡,以至于发生倾覆。不同的境遇、视野、盲点等造成了世人天然的差异,其看到的美也绝不会是同样的美,此差异并不必然导致恶;相反,恶正是出于"自居其是"的偏执,偏执便遮蔽了道明。老子并非像今人多认为的那样是以"辩证"思维调和二者,而是要扬弃二者以归于恒道所指示的浑朴、圆备之境[1],提供了一种超脱非此即彼逻辑的道法,即去除目的性的"无为"。"不言之教"即是在拔除世俗教化的文弊之后对于道之教化的昭布,道之自然无为决定了修道之教的虚寂无言。但不言之教并非让人消极避世,也非教人无动于衷,更非助人羽化成仙。道之"无",不是逻辑认知上没有任何规定意义的"无",而是能生"有"即生万物之"无"。也就是说,道家讲道,其态度并不是否定万物,道家讲修道之教育,面对的依然是有形有名的天下万物,其目的是给予包括人在内的天地万物以生机,让物成人成、天人共美。

如今的文弊之害似乎愈演愈烈,现代教育以语言、文字和书籍为主要载体,然而语言、文字、书籍都只是承载真知的有限记录,只是作为工具的"相",而道难以言传的本质让其真正的智慧存在于书籍之外,如《庄子·天道》中说书籍只不过是"古人之糟魄"而已,《庄子·天运》也说道:"今子之所言,犹迹也。夫迹,履之所出,而迹岂履哉!"语言文字就像足迹,足迹是脚踩出来的,但足迹并不等同于脚,论道的语言也并不等同于道。而现代教育存在着过于迷信一切见诸语言文字的书籍和知识学习的积弊,甚至通过日益普遍化、权威化的考试,将教育与分数、学历、就业、待遇等相交换的做法,不同程度地影响着人的宝贵时间、精力和生命自由。当能力、功利、效率至上的原则被认可和宣扬时,人类利用理性、科学、技术等对万物形成一定的掠夺,而人不断地武装自己,以源源不断地向他者施加,让他者接受自己的意志和价值。人不再将无限的"道"而是将有限的知识技术作为立身之根本。人的不断凸显也意味着万物的不断沉沦,世界不再是以生生为目的的生机勃勃之大美天地,而成为生机不断衰减地配合人、顺从人的世界。因此,对今人来说,更加需要从修养自身开始,努力返回道。

四、教育成就完整而丰富的人

大美在外呈现为无限天地的自然形态,在内便指向了最高的"至人"人格。以

---

①　黄克剑.老子"不言之教"义趣疏证[J].哲学研究,2013(09)：37—45，128.

大美体认教育，意味着在道家看来，教育是一种"内养"的工夫，内养的最高层次是"体道"，这个走向"体道"的过程也是人生自身不断艺术化的过程，而"体道"的结果便是成就超然逍遥的大美人生①。

以大美立教，表明了道家教育所要成就的人，必然是兼备天地万物整体之美的完整而丰富的人。这样的人格极具审美意味，能在有形万物中超越外在的束缚和局限，进入到精神生命的无限自由境界；这样的人能"乘天地之正，而御六气之辩，以游无穷者，彼且恶乎待哉"（《庄子·逍遥游》），他们不被外物所累，"乘云气，骑日月，而游乎四海之外"（《庄子·齐物论》）。

"道不当名"，同样，"天地有大美而不言"（《庄子·知北游》），非有限的概念、名称、语言所能把握，只能通过自由心灵去体会。《秋水》篇有一场非常著名的庄惠之辩：庄子与惠子游于濠梁之上。庄子曰："儵鱼出游从容，是鱼之乐也。"惠子曰："子非鱼，安知鱼之乐？"庄子曰："子非我，安知我不知鱼之乐？"惠子曰："我非子，固不知子矣；子固非鱼也，子之不知鱼之乐，全矣！"庄子曰："请循其本。子曰'汝安知鱼乐'云者，既已知吾知之而问我，我知之濠上也。"这则故事展示的就是惠子逻辑认知与庄子美的观照的对比。庄子以美的观照看鱼，使主客合一，使鱼与人、物与己、醒与梦、蝴蝶与庄周……完全失去界限。不知梦醒、物我、主客的境界即是与道同一，"造适不及笑，献笑不及排，安排而去化，乃入于寥天一"（《庄子·大宗师》），而这种与道合一的至美境界是惠子式的逻辑认知所永远无法理解和体会的。因为美的观照虽不似逻辑认知那样以清晰见长，却以其丰富性和完整性著称，而道作为无限完满之整体，也就需要以丰富完整的审美体验才能感受。"道之为物，惟恍惟惚。惚兮恍兮，其中有象；恍兮惚兮，其中有物；窈兮冥兮，其中有精。"（《道德经》二十一章）道不是纯粹的物，不是纯粹的相，也不是纯粹的精。所以单纯从对物、相、精等某一方面的认知去把握"道"，就会像盲人摸象一样招致"道亏""道裂"。

然而，人能在大美天地间栖居，正是天地无言的馈赠，但人却妄图充当世界的主人，不断满足着自身将万物客体化、对象化的野心。浑然整全的世界，便在人的"认识"和"掌控"中遭到了撕裂，无形无名的"大道"因此不断遭致人的疏离，天地之大美也不断被遮蔽。

在将知识技术而非道作为立身之根本的当代，学校教育也不再以"传道"而是以教授知识技能为己任。知识和欲望合流，让"更高、更快、更强"成为人们的普遍追求，"更"意味着"余"，然世人仍不断"损不足以奉有余"（《道德经》七十七章），同时自己也身受重负，生命也不再完整。道家本意的教育，应该让人解脱于"知"的束

①　徐复观称"体道的人生，也应即是艺术化的人生"，见徐复观.中国艺术精神[M].上海：华东师范大学出版社，2001：35.

缚，从而体会整全天地之生机。老子曰："为学日益，为道日损，损之又损，以至于无
为。无为而无不为。"（《道德经》四十八章）对于知识上日益的"为学"，道家似乎采
取了否定的态度。实际上，道家并不反对所有知识，而是反对那些烦琐局限、僵化
对立而无法相互通达的所谓知识，这样的知识只能束缚人的头脑，成为人们互相争
斗的工具，由此得来的名只能成为人们相互倾轧的祸根，正所谓"名也者，相轧也；
知也者，争之器也"（《庄子·人间世》）。而由这些知识形成的系统，庄子称为"方
术"："天下之治方术者多矣，皆以其有为不可加矣！古之所谓道术者，果恶乎在？"
（《庄子·天下》）庄子继而哀叹道："后世之学者，不幸不见天地之纯，古人之大体。
道术将为天下裂。"（《庄子·天下》）其实，"道术"并非超越的神圣知识，"方术"也不
是世俗的经验知识，"道术""方术"之分仅在于其通达与否，在于能从"体"通到"另
一体"抑或相互对立而割裂①。

五、教育应无为而无不为

　　《道德经》四十三章曰："不言之教，无为之益，天下希及之。"只有认识了"不言"
和"无为"的道理，才能掌握道和教的根本。教之"上所施，下所效"（《说文解字》）的
特征，意味着教育中最基本的关系即作为"上"的教育者与作为"下"的受教育者之
间的施与和接受的关系，但此教育者"施与"的目的是"成就"受教育者，这也就符合
了道"善贷且成"（《道德经》四十一章）的特质。其中，"贷"是施与，"成"是成就。在
施与和成就之中，教育才如道一般显示出了它的价值和意义。也正因为"施与"的
目的是"成就"而非压制，所以节制就成了"施与"中的一个重要内容。施与和节制
的结合，就是老子说的"无为"，在老子看来，"无"的意义并不是不存在，"无"和"有"
仅是存在方式的不同，因此"无为"也并非完全无所作为，而是这种作为主要通过辅
助和因循万物自身的方式出现，其内容就是"生而不有，为而不恃，长而不宰"（《道
德经》五十一章）。

　　在道家的思想中，道生万物，道也在万物之中，顺物自然才是合于道，清晰于
此，无为之教育就需要消解作为"上"的教育者按照自己的意志塑造和改变作为
"下"的受教育者的冲动，取而代之的则是尊重和因循每个个体如其所是般地呈现
于世界，教育者之"无为"带来的是受教育者的"无不为"，即万物得以存养各自之真
性而不失。王弼《老子道德经注》第二章云："居无为之事，行不言之教，不以形立
物，故功成事遂。"其中，"以形立物"即以外在的形式为事物的本质，以人为的规范
为认知事物的标准，也就意味着人的意志、目的、欲望被施加于他人他物，以屈他人

---

① 柯小刚.影响与教化：从《庄子·齐物论》深思古典教育［M］//刘铁芳，柯小刚.古典传统与个体成人.
上海：华东师范大学出版社，2018：201.

他物以就己。正如《庄子·马蹄》中，"夫马陆居则食草饮水，喜则交颈相靡，怒则分背相踶。马知已此矣"，然而，伯乐以车衡、颈轭、辔头等加诸马身治马，"马知介倪、闉扼、鸷曼、诡衔、窃辔"，此乃"伯乐之罪也"。相反，"不以形立物"即拒绝以人的意志、目的、欲望加诸他物他人之上，以使他物他人能按自己的自然本性展开自己的生命环节："彼正正者，不失其性命之情……天下有常然。常然者，曲者不以钩，直者不以绳，圆者不以规，方者不以矩，附离不以胶漆，约束不以缠索。"（《庄子·骈拇》）万物有定形，但其形是以"自性""自体"而非外在规矩尺度为准的，对于具体的存在者，外在的形式性标准不能充当唯一尺度，标准式的教化对人性亦然。教育不在于威慑和强制的手段，不依赖于自我夸耀和自以为是，不得益于纯知识的传授和信息的交流，而在于顺任自然的生命智慧，依赖于心灵的沟通、精神的感化①，得益于葆有学生完整本真、自由创化的生命本性，随性而动，让学生在潜移默化之中，走向更高的生命境界。

　　无为作为一种方法论，并不是真的一切事情都不做，而是不以自我的意志强加或主宰他者他物，尽量符合他者他物自然而然的要求，实则隐含着"风险规避"原则。在道家看来，人为创制的规章制度、工具方法等，都对应某种人们想要解决的问题（如利益、权力、权利、秩序、社会安全等），但人为即是"伪"，伪的东西很可能在带来某一好处的同时也带来更大的坏处，因此道家反对为、反对伪，实则以积极面对自然风险的态度，从而规避由人为带来的更大的风险②。例如，小孩子学步这件事是自然而然的，在这个过程中有摔跤受伤的风险也是自然的，但如今的很多父母家长常会因为想要早点教会孩子走路，或者想避免孩子在学步过程中可能的摔跤受伤，而"积极有为"地去使用学步车、学步带等人造工具去辅助孩子学步，结果虽使孩子摔跤的风险避免了，但孩子并没有因此真正早点学会走路。因为在自然状态下走路和通过辅助力量走路是很不一样的，孩子并没有学到该如何掌握身体平衡而避免摔跤，甚至骨盆、腿形等发育都会受到不良影响。这个"有为"的过程实则比不借助工具的自然的学步过程增加了许多"风险"，因此无为可能才是最有利于孩子本身、风险更小、更加"理性"的方式。需强调的是，此无为也并非家长完全不教孩子学步，而是要顺应孩子的身心发展需求。当孩子身体力量能够支撑其学步的时候，他们其实是很乐意去不断地尝试的，而家长只要在这个过程中尽量保证场地的安全，根据孩子的需要给予其一定的力量支撑和陪伴鼓励就足够了。

　　一言以蔽之，教育中的"无为"是强调不以"己"加于"人"，使受教育者按照各自的素朴之性展开自身，此则"功成事遂"。与此相对应的一个典型意向是"水"，老子

---

① 郭昭第.审美智慧论[M].北京：人民出版社，2008：222.
② 赵汀阳.道的可能解法与合理解法[J].江海学刊，2011（01）：5—11.

说："上善若水，水善利万物而不争。"(《道德经》八章)水的特性是柔软而不可摧，能够随形而成形，能够适应一切它所面对的情势，老子所强调的正是水的这种以"无为"应对万变的方法论。

无为要求避免人为的干扰和辖制，而重在自我之修养，具体说就是让人占有性的目的隐退，将自我向外的精神不断收摄，不扰他物他者的存在过程①。此即老子说的"无"，即《庄子·齐物论》中的"吾丧我"，忘世俗束缚之中的偏执"我"；也是《庄子·大宗师》的"坐忘"，由"忘礼乐"到"忘仁义"，最终达到"堕肢体，黜聪明，离形去知，同于大通"；又是《庄子·逍遥游》中总述的"至人无己，神人无功，圣人无名"，所谓"无名""无功""无己"，就是忘掉来自社会政治、伦理规范的名利追求和自我的偏执，回归到生命本然的"真我"。"无"并非寂灭，不是纯粹消极地避让，而是对于他者能够自觉让出一份存在的空间，对于自我能够提供一种舒展的机会。"无"唤起心灵的"虚静"状态，此状态中，无为带来的是"无不为"，天下万物显动其勃勃生机，人"处于物"而"不敖倪于万物"，得以体会"道"的大美之境，获得精神的逍遥与自由。

教育的目的是人，每个教育者和受教育者都是活生生的生命存在，都有着各自独立自主和自由自觉的生命活动。教育不能无视受教育者作为生命存在的事实，而仅仅将他们作为收集知识的容器。现代教育过于注重传授知识，以考试为媒介把教育变成纯工具性的存在，然而，与知识、考试相比，更重要的是人的生存。如今的学校教育中存在一个不可否认的问题：随着知识教育的不断强化，学生们的好奇心、探索热情和创造精神不是与日俱增，而是逐渐降低。有些学校教育还常利用高分刺激个体欲望的产生，并以知识、奖惩、就业机会、消费利益等来加工所希望的人，使学生和教师都受限于这种教育范式，成为片面偏执的人。如此的学校教育便是离道的教育，其目的不是为了让人更好地活着，而是让人受制于各种各样的知识，这样的教育没有美感可言，只会不断加深学生的厌学情绪。如今社会普遍存在的焦虑、浮躁情绪，人格分裂等各种心理疾病，以及人与人关系趋向淡漠、人与自然趋向对立等问题，其成因虽然复杂，但教育之生命境界的缺失无疑是一个值得重视的原因。

道家思想因对道的精神追求，使道的境界与审美境界一样诞生于自由解放的心灵世界和创造精神中，道家教育美学思想的核心也就在于成就人的生命之大美，使人生艺术化。这样的人生将道的精神与美的精神融合在一起，贯穿于具体实践之中，并在相互感发之中提升到最高境界。这是一种既遵循天地万物的自然规律，又不执着于具体事物；既顺应了自我的本性，又不受制于自我欲望驱使的真正自由

---

①　贡华南.汉语思想中的忙与闲[M].北京：生活·读书·新知三联书店，2015：116.

解放，是宇宙万物的自然规律、自我的生命本性与自由创造精神高度默契的生命境界。这也是道家教育美学思想能给予我们一剂清心"良药"的原因。

以大美立教，教育亦需要走向整全、无限、无为而无不为的审美境界，需要最大限度地接近人的生命本源，其所要达到的生命高度，不局限于学生个体，甚至也不局限于人类自身，而是应该包括一切存在物，应该使人走向"天地与我并生，而万物与我为一"（《庄子·齐物论》）的更高生命境界，这是对人类赖以生存的宇宙生命的终极关怀。这样的教育成就的是"充实不可以已"（《庄子·天下》）的生命之大美。

思考与练习

1. 请说一说你对道家之"道""美""教"之间关系的理解。
2. 有观点认为道家思想以"自然无为"为美，因此是不需要教育的，请你谈谈自己的看法。

延伸阅读

1. 庄周.庄子[M].方勇,注释.北京：中华书局,2010.
2. 老子.道德经[M].韩宏伟,何宏,注译.合肥：安徽人民出版社,2005.
3. 潘显一.大美不言：道教美学思想范畴论[M].成都：四川人民出版社,1997.
4. 黄克剑.老子"不言之教"义趣疏证[J].哲学研究,2013(09)：37—45,128.
5. 杨国荣.庄子的思想世界[M].北京：北京大学出版社,2006.

第十一章

涵泳"游于艺"的人生：儒家美学思想的教育意蕴

本章要点

1. 儒家的美学根基与教育之美。
2. 儒家的审美愉悦与教育之乐。
3. 儒家的艺之人生与诗礼乐之教。

重要概念

里仁为美　"游于艺"　长处乐　中和　诗礼乐

学习目标

1. 理解儒家思想中美的内涵以及何谓"艺术化之人生"，基于此理解教育之美。
2. 感悟"孔颜乐处"之"乐"的审美状态，能联系日常教育生活体悟儒家的乐。
3. 了解儒家的艺术化教化方式，知晓教育如何使人过"游于艺"的人生。

图 11-1　儒家学派创始
人：孔子

主要人物介绍

　　孔子（前 551 年—前 479 年），名丘，字仲尼，鲁国陬邑人，是春秋时期的思想家、教育家，儒家学派的创始人。春秋时期诸侯争霸、百家争鸣，出于对世界与人生的忧患意识，孔子构建起以"仁"为思想核心的人生哲学，奠定了儒家精神的基本品格。在徐复观看来，儒家精神的基本性格一方面表现为"由性善的道德内在说"，使人能不借助于外在的力量（神、上帝）而能自立自根；另一方面表现为能够"将内在的道德客观化于人伦日用之间"，使"人与人的关系、人与物的关系，皆成为一个'仁'的关系"①。孔子的言论被弟子记载下来，而成《论语》一书。《论语》一书中尽是切实的教人为人处世的功夫，而又从细微处发显出"仁"的道理。儒者朱熹称，读《论语》，可"立其根本"②。

　　后世儒家学者以此为基础，不断地对儒家学说进行发挥与更新。战国时期孟子、荀子继承发扬了孔子的学说，分别著有《孟子》《乐论》等重要儒学作品。西汉礼学家戴圣编纂《礼记》一书，其中的《大学》《中庸》经宋代朱熹的编纂成为与《论语》《孟子》并列的儒学重要经典，并称为四书。自汉以后的魏晋南北朝直至隋唐，道家重新兴起，佛学传入，二者和儒家思想发生碰撞，最终融合为以儒学为根本、佛道兼之的新思想，体现在宋明时期思想家的学说中。其中，具有代表性的思想家有张载、程颢、程颐、朱熹、王阳明等，他们基于时代的需要，对儒家经典重新进行解读，融入佛道思想，使儒学焕发新的生机。

①　李维武.徐复观文集(第二卷：儒家思想与人文世界)[M].武汉：湖北人民出版社,2002：42—49.
②　[宋]黎靖德.朱子语类 第 1 卷[M].杨绳其,周娴君,点校.长沙：岳麓书社,1997：222.

儒家美学呈现为一场"游于艺"的人生实践。"游于艺"来源于《论语·述而》："志于道,据于德,依于仁,游于艺。"其中,"依于仁"是"游于艺"的前提。"艺"中蕴含仁道,在日用常行中运用艺,是对"仁"的把握、修养和彰显。"游"则代表了一种自在的状态,说明对艺的实践、仁的践行非强迫为之,而是始终乐在其中,为人处世坦荡潇洒,如孔子所言能"从心所欲不逾矩"。儒家以仁人君子为人生追求,而君子之学就在于能游于艺。《礼记·学记》中说:"不兴其艺,不能乐学。故君子之于学也,藏焉,修焉,息焉,游焉。"人借由艺而不断地修行仁道,能安于仁,达到自然悠游的状态。由此,儒家致力于通过兴之以诗、导之以礼、和之以乐,使人在"游于艺"的生活实践中呈现出文质彬彬的君子形象,从而成就艺之人生。

一、养仁心：立美之根基,过艺之人生

儒家在讨论艺与美的时候,每每不离仁。孔子说"里仁为美"(《论语·里仁》);又说"人而不仁,如礼何？ 人而不仁,如乐何？"(《论语·八佾》)"游于艺"是儒家美学中人的理想生活状态,而这种理想生活状态在本质上是仁的显现。可见要理解艺与美,首先要理解仁。

(一) 美之根基：美在居仁心行仁道

那么,什么是仁呢？ 据统计,在《论语》中,仁字出现了 109 次,其中,孔子直接回答弟子何谓仁的,便有 8 处。如对颜渊说,"克己复礼"(《论语·颜渊》)为仁;对子贡说,"事其大夫之贤者,友其士之仁者"(《论语·卫灵公》)为仁;对仲弓说,"出门如见大宾,使民如承大祭,己所不欲,勿施于人。在邦无怨,在家无怨"(《论语·颜渊》)为仁;对子张说,能行"恭、宽、信、敏、惠"五者于天下(《论语·阳货》)为仁;对樊迟说,"居处恭,执事敬,与人忠"(《论语·子路》)为仁,又说,"仁者先难而后获"(《论语·雍也》);对司马牛说,"仁者,其言也讱"(《论语·颜渊》)。仔细揣摩孔子的回答,可以得出如下结论：其一,孔子不是以下定义的方式来谈仁的,而总是就事论事,告诉弟子如此行事便为仁,不如此行事便非仁。因此,仁不是"思"出来的,而是"做"出来的,仁是一种存在状态,只能在做人的过程中显现。换言之,孔子谈的是"行仁道"。其二,仁是做人做事中所体现的某种"情意态度",是"恭、敬、忠",是"无怨",是"爱"。因此,行仁道的关键不仅在于表现于身外的行为动作,更在于蕴藏于心内的情意态度。换言之,行仁道必不离"仁心"。作为孔子的继承者,孟子深知孔子之意,所以孟子说:"仁也者,人也。合而言之,道也。"(《孟子·尽心章句

下》)又说："仁，人心也。"(《孟子·告子章句上》)总而言之，仁就是"做仁"，做仁即行仁道，而行仁道必本于仁心。

仁心的本源是什么？它何以能表现出"恭、敬、忠""无怨""爱"呢？孔子的弟子有子说："孝弟也者，其为仁之本与！"(《论语·学而》)孟子说，"亲亲，仁也"(《孟子·尽心上》)，"仁之实，事亲是也"(《孟子·离娄章句上》)。《中庸》也道："仁者，人也，亲亲为大。"由此可见，"仁心"的本源就是"孝弟"之心、"孝弟"之情。仁心区别于生物性的本能，而生发于血亲之爱中。由于人从出生就受到亲人的养育与爱护，因而爱亲的感情自然而然地生发出来。这种对亲人的爱是毫无功利的爱，构成了一个人最初的情感基石。在儒家看来，人生在世就是不断地领受爱、体会爱，进而回报爱、表达爱的过程。仁心作为人之性、人之良知而存在，成为人的行事原则。于是孟子说："今人乍见孺子将入于井，皆有怵惕恻隐之心；非所以内交用于孺子之父母也，非所以要誉于乡党朋友也，非恶其声而然也。"(《孟子·尽心上》)这一恻隐之心的发动便是人的本性良知，表现为人对孺子的一种本真的情感，而不掺杂任何外在的目的。依照《大学》，人的修身之本就在于格物致知，其"格"的是亲亲之家，"致"的是爱亲之情，进而对内可诚意、正心，对外可齐家、治国、平天下。简言之，所谓仁心就是人与人之间的真情爱意；所谓仁道则是基于真情爱意而行动。

儒家对美的理解是以仁为核心的。子曰："里仁为美，择不处仁，焉得知？"(《论语·里仁》)"里仁为美"有两种解释：一种认为"里"是名词，古代五家为邻，五邻为里，里有仁厚之俗为美，挑选这样的里去居住才是明智的；另一种认为"里"是动词，是"居"的意思，解释为"居仁为美"，即人能居仁心行仁道就是美的，做人择仁道而处才是明智的。这两种解释有相通的地方，一个人能居仁心行仁道，当然也更愿意选择仁厚之里去居住。无论哪种解释，都揭示了美之为美的根源，即仁。因此，成仁立美本是一体之功，它们都要求人发挥自己的真情。

而人若能始终基于真情行动，人就可以成人之仁，成天地万物之美。这一成长过程遵循着"亲亲，仁民，爱物"(《孟子·尽心章句上》)的进程，这实际上是人之真情不断向外扩充的过程。王阳明在《大学问》中述："是故见孺子之入井，而必有怵惕恻隐之心焉，是其仁之与孺子而为一体也。孺子犹同类者也，见鸟兽之哀鸣觳觫，而必有不忍之心，是其仁之与鸟兽而为一体也。鸟兽犹有知觉者也，见草木之摧折而必有悯恤之心焉，是其仁之与草木而为一体也。草木犹有生意者也，见瓦石之毁坏而必有顾惜之心焉，是其仁之与瓦石而为一体也。"①在真情的向外扩充中，个体产生与他人、万物基于真情产生联结，从而自觉地推动万物的和谐一体，此即张载"民胞物与"之精神所在。它将"生命精神扩大至全宇宙中，又把宇宙精神摄入

---

① 〔明〕王阳明.传习录[M].北京：中国友谊出版公司，2021：260.

自己的生命精神中来"①,充塞于天地之间,实现人与万物生命之和谐。由此来看,人之成仁的过程并不在于对既有道德规范的内化,而是依照真情为人处世、在生活中施行仁道所带来的自然而然的结果。以真情对人,便能实现社会之和谐;以真情待物,便能达至万物之和谐。这在儒家看来便是艺之人生;艺之人生创造了美的世界。

(二) 艺之人生：生活是真情之展现

"里仁"的人生何以称之为美呢？ 这是因为,当儒学将仁具体化为人的真情及基于真情的行动时,人之行仁的过程就成了艺术创作的过程。儒家所关注的种种艺术形式,诸如诗、礼、乐,它们作为艺术实质上都是对情感的表达。因此,当人能居于仁,在生活中处处显露出本真的情感,使人生本身成为真情的展现时,他便是在过一种艺术化的人生。通过在生活中的一场场艺术创作,美的人生便被创造了出来,此即儒家的人生美学。

具体来说,艺术化的生活是在日常中人们基于仁与自然、人打交道的过程之中展开的。从人与自然的关系来看,仁心时常成为人与自然和谐沟通的方式,即人在以自我的真情观照自然的过程中,将自然情感化、拟人化,在自然身上映照出理想人格与美的人生。如《论语·雍也》中所说"知者乐水,仁者乐山",正是以率真的性情对照着自然的纹理去看,才能看出知与仁的品质,进而人能与自然产生亲近感,与自然建立起情感的、审美的关系。从人与人的关系来看,仁道就在君臣、父子、夫妇、长幼、朋友之间体现,如钱穆所说"仁者人道,乃人与人相处之道"②。在人与他人真实的情感切磋之中,仁道便逐渐显露出来,表现为不同情感的本质真相,这是人的生命情感之真理。《大学》讲:"为人君,止于仁;为人臣,止于敬;为人子,止于孝;为人父,止于慈;与国人交,止于信。"仁、敬、孝、慈、信其实就是仁在具体场景、具体个人身上的体现,而这些行为表现的背后是在与不同的对象间相处时自发产生的不同情感体验。正是在与具体对象的最直接的、无利害的情感互动中,人才逐渐体悟出与对方的相处之道,学会如何生存于世,并与社会中的他人建立起情感的联结。这一次次的真情互动就是在进行艺术创作。反之,若是失去了对他人的真情,或是坐而论道而不真正参与到与他人的情感交流中去,仁、敬、孝、慈、信就成了空洞的概念,艺术化的人生便无从展开。简言之,儒家致力于使人在日用常行中"依于仁",与整个世界建立起情感的联结,从而将日常的生活艺术化,也以此为"游于艺"的人生打下重要根基。

---

① 方东美.人生哲学讲义[M].黄振华,笔记.北京：中华书局,2013：317.
② 钱穆.论语新解[M].北京：生活·读书·新知三联书店,2018：247.

以仁为根基的艺术化的生活是美的，以真情待人待物实际上也是人的本真状态。那为何并不是人人都能在生活中行仁道呢？这是因为一些人的仁心良知被功利的念头蒙蔽，以至于终日汲汲于名利，而失去了本心。人类社会离不开利，孔子也并不排斥利。他承认"富与贵，是人之所欲也"（《论语·里仁》）。然而，他也认识到利的获得必须基于仁道，"不以其道得之，不处也"（《论语·里仁》）。孔子虽认可基于仁道的逐利，但或许他自己并不热衷于此，这是因为他进一步认识到，利虽求之有道，但得之有命。这意味着，对利的追求并不是一个只要通过自己的努力就一定能够获得的事情，因为它毕竟要受到很多外在因素的影响。说到底，利终究是一个不可把握之物。孔子说："富而可求也，虽执鞭之士，吾亦为之。如不可求，从吾所好。"（《论语·述而》）财富若可把握，孔子同样愿意去求它；财富若不可把握，那不如去求自己所爱好的可把握之物，这可把握之物在孔子看来就是仁。仁是可以把握的：回归和扩充自己的真心，以统合七情六欲，始终以真情为人处世，这是人人可以通过修身达到的，在此意义上"人皆可以为尧舜"（《孟子·告子下》）。因此，孔子说"仁者安仁"（《论语·里仁》），即君子意在求仁并以此为安身立命之根本。在把握仁的过程中，人被蒙蔽的良知变得澄澈，为人处世自然而然地能行仁道，道也就转化为自身可据之"德"，对利的追求也就自然符合道了。如此，才可能获得"游于艺"这样发乎真情、潇洒悠然的人生状态。

（三）教育之美：在求仁中养育仁心

艺之人生在于求仁，教育为人生之一事，自然亦重在求仁。当下很多教育者将教育的着力点放在儿童行为的改善与成绩的提升之上，计较其每一次得失。然而，这些实际上都是不可把握之物。行为的改善是学生作为主体的自我选择，而成绩更是受诸多因素影响的外在之物。如果教育者纠结于此，很容易因儿童一事行为之好坏或一时成绩之优劣而过度喜悦或受挫败，不能全身心地投入到教育中去感受儿童真正的成长。同时，因为只关注行为和成绩，教育将变成一种单纯的控制和训练，使儿童丧失自主性和天性自由，而不能得到身心的健康发展。基于儒家美学，教育者最先要做的应是表达仁、传递仁，展现一种仁的存在方式。这样做的意义是为了让儿童明白人生究竟该求何物，这也恰是教育的追求。正如《中庸》所说"自诚明，谓之性；自明诚，谓之教"。所谓"自明诚"之教，就在于使人理解和明了什么可求、什么不可求，通过教育者"仁"之生活的展现，使儿童得以在本真情感的体悟中自诚而明，发现安身立命的真谛。

教育既以求仁为旨归，便可开启教育的艺术化，使教育之美得以展现。既然人生艺术化在于在日用常行中行仁道、活出真情，那么教育艺术化就在于教育者与儿童之间本真情感的流动。教育关系从本质上讲应是一种情感的联结。它要求教育者本真情感的显露——教育者自身便作为艺术作品而存在着，用自身的情感激发儿童的情感，潜移默化滋润儿童的心灵。《中庸》开头言："天命之谓性；率性之谓道；修道之谓教。"性即良知和本心，教育之道就在于保护并发挥他的仁心。如梁漱溟所说"你怎样复他本然敏锐，他就可以活动自如，不失规矩"①，这种本然敏锐的直觉就是仁。其中，良知的形成与发挥并不依靠本能，而是人在与他人共同生活中情感交流的结果。若是没有最初与他人的情感生活，便如"狼孩"般永远无法发挥其生命情感与世界建立精神上的联结。而只有教育者以自身的本真情感示人，才能引导儿童进入一种情感的内在生活，充实其仁心，复其直觉之敏锐，而能自觉地行仁道。当教育者与儿童基于一种情感关系而共同生活时，在二者之间建立身心舒适的关系，也即发现二者之间独特情感的本质真相，就成了需要他们共同努力的事情。在这件事情上，一切都是未知的、开放的，需要在二者真正的情感切磋中生成，因而便不存在所谓先生的绝对权威，二者之间得以以平等相待。

在教学中，教师要做的其实也是建立起教育者、教学材料与学习者三者之间的真情联结。当教师试图传达自身或教学材料中的情感时，是以一种分享而非强加的方式；更多的则要交给学生，让他们在其中生发自己的仁心并获得感悟。因而人的成长便自始至终都不是一种外在的道德力量强迫，而是内在良知自然舒展的过程。

以下是一位作家对他的启蒙老师的回忆。

案例 11-1②

作家张贤亮在小说《青春期》中提到，他的启蒙老师是一位老秀才，是抗战期间从江浙一带逃难到"陪都"的。他讲到某次上课的经历：一次，他念到杜甫的"剑外忽传收蓟北，初闻涕泪满衣裳。却看妻子愁何在，漫卷诗书喜欲狂。白日放歌须纵酒，青春作伴好还乡。即从巴峡穿巫峡，便下襄阳向洛阳"的时候，突然把书本捂住脸痛哭失声，真正"涕泪满衣裳"起来。他哭得全身骨头发颤，特别是颌下一缕花白的胡须抖动得更厉害，眼泪鼻涕随手往书案上抹。

他在以后的人生中一直感念这一场景和这位老师：越往后我越敬佩他仍然保持着精神上的独立；仅以他当着孩子的面痛哭一例，我可以断定他属于中国最后一代有风骨的文士。后来我跑遍中国和世界，再没有见过哪个人有那份凭借某种艺术形式来表达自己心情的真诚，再没有见过哪个人被某件艺术品打动得如此酣畅淋漓。

在文本和学生面前，这位老师是真诚的，因而能被文本打动，能当着学生的面

---

① 梁漱溟.东西文化及其哲学[M].北京：商务印书馆，1999：131.
② 张贤亮.青春期[M].长春：时代文艺出版社，2006：3—4.

痛哭。这一真情的显露，给作家留下深刻印象，使作家在接下来的人生中不断地琢磨体味，逐渐领悟到老师的人格之美和诗歌之美，感受到其中的真情实意之美。"里仁为美"的真意在学生的心中便如此活生生地生发出来了。教育者能以真情对待生活、对待文本、对待儿童，实际上唤起了文本和教育者自身的艺术性，让文本和自身借由真情的抒发在当场"活过来"，成为具有生命力的美的存在。教育者以自身"游于艺"的率真引领儿童进入"游于艺"的世界，让儿童也能在此过程中发动仁心，在情感的流动中领悟道理、获得成长。进而，儿童自身也能将践行仁道、活出本真作为人生之常态，活出艺术化的人生。

二、长处乐：以安仁处仁，获美之感受

"游于艺"之"游"，展现为人处在一种艺术化人生中的悠然自在的状态。它体现出人对自己生活状态、生存方式的美感，其归根到底是一种"乐"的感受。乐之于儒家的意义在于：它是儒家所追求的最高审美体验和理想生存状态。对于乐的追求意味着儒家思想的本意并不是要给人施加道德上的束缚；相反，它体现出儒家对人之本然天性的重视，关注人自身情感的舒展和成长，使人获得生命的安定。儒家之成仁始终是基于人自身的情感需要而自主自发地成长起来的。而"乐"正是贯穿这一成长过程、为这一过程提供动力的审美体验。这种体验是人基于真情而成仁这一成长路径的基本特征。

(一) 本体之乐：乐在安仁处仁之中

儒家追求的乐区别于日常多变的情感状态，是一种长久存在的审美状态。孔子自述"饭疏食，饮水，曲肱而枕之，乐亦在其中矣。不义而富且贵，于我如浮云"（《论语·述而》）；又称赞弟子颜回"一箪食，一瓢饮，在陋巷，人不堪其忧，回也不改其乐。贤哉，回也"（《论语·雍也》）。宋明理学家将其归结为"孔颜乐处"，并进一步将乐作为人所应有的本体状态，认为乐是人原本拥有的生命状态，是"心之本体"①。

乐从何而来？根据"孔颜乐处"，乐必然不源于他们所处的外在情境——若是仅关注自己缺衣少食的状况，无论如何都乐不起来。可见乐不在贫穷中，也不需通过富裕获得。诸如孔子言"贫而无谄，富而无骄"不如"贫而乐，富而好礼"（《论语·学而》），前者之所以要努力作出"无谄""无骄"的态度，是因为其人还在意自己的贫富状态；而后者已然超乎贫富之外，不再受外在环境的影响，因而始终呈现出一种乐的状态。其意在说明乐不以外物为转移。在儒家学者看来，乐源于人能安仁，源

---

① ［明］王阳明.传习录［M］.北京：中国友谊出版公司，2021：135.

于时时处处都以真诚待人接物的本真之心。正如孟子所说："万物皆备于我矣。反身而诚，乐莫大焉。"（《孟子·尽心上》）为何安仁则乐？一方面，乐无法通过道德性的强求获得，而是一种自然的审美感受，是"内心情感的要求和满足"①；另一方面，"安仁"本身就意味着人自主地依照自己的本真情感而活，自然能从中获得情感的满足。于是仁与乐实现了统一。正如曹端在解读"孔颜乐处"时所说"孔颜之乐者，仁也。非是乐这仁，仁中自有其乐耳"②。乐本身就与仁同在，当人们基于真情自觉行仁人之事，便如鱼得水，而能自然而然地游于其中，感受到愉悦舒畅，乐与仁一体成为人的基本存在方式；反之，"不仁者不可以久处约，不可以长处乐"（《论语·里仁》），也就是说，缺乏仁德的人，往往难以忍受贫困，也无法长享安乐。在儒家看来，安仁之乐便是人生之"至乐"了，它并不到人的生命生活之外去求乐。其根据是，儒家主张的真正的爱与情本起源于自然的亲子情之间，因而它"肯定并着重这个肉体存在以及由此产生的关系"，活的意义"根本即在此世间人际之中"③。而至乐就存在于对人生意义的追求和领悟之中，也因而存在于人此生此世与他人万物的情感流动之中。

在对此乐的审美追求中，儒家为我们树立起了"富贵不能淫、贫贱不能移、威武不能屈"的"大丈夫"形象。人于真情中求乐、求心安，而必然有浩然正气。《孟子》中讲"其为气也，至大至刚，以直养而无害，则塞于天地之间"。这种浩然之气能够充实，就在于人之行能"慊于心"，不违背良知做事。君子之乐由于与仁为一体，因而始终是坦荡、潇洒的，而非苟且偷生之乐。孔子说"乡愿，德之贼也"（《论语·阳货》）；对于同流合污的虚伪之徒，孔子是不齿的。儒者所呈现的人生状态是潇洒而自在的"游"的状态。他能畅游于基于真情的艺术化人生之中，始终活泼进取、乐得其所，力求不愧于心。正如孔子对自身状态的描述，"发愤忘食，乐以忘忧，不知老之将至"（《论语·述而》）。他的"发愤"就在于始终坦荡地走在成仁之路上，即使在混乱的时代仍能保守着对人之本真的追求，相信人情之美及其对人之成人与天地和谐的意义，并身体力行而践行之。不背离此道，方能坦率从容、乐在其中。

（二）审美之乐：乐在情感流动之中

儒家的乐并不必寄托于某种结果之中，而是在过程中体现。只要在日常的为人处世中显露仁，人便能够时时感受到乐。具体来说，乐就存在于与自我、他人、万物纯粹的情感流动之中。

乐的体验首先存在于人与他人的情感互动之中。《论语》开篇便提到："有朋自

---

①　李泽厚,刘纲纪.中国美学史·先秦两汉编[M].合肥：安徽文艺出版社,1999：111.

②　陈望衡."天人合一"的美学意义[J].武汉大学学报(哲学社会科学版),1998,236(03)：50—55.

③　李泽厚.实用理性与乐感文化[M].北京：生活·读书·新知三联书店,2005：77.

远方来,不亦乐乎?"(《论语·学而》)对于孔子这一好学之人来说,友人从远方来,不仅给孔子带来久别重逢的喜悦,更带来了新的思想与体验。在对不同思想与体验的交流切磋中,二者在互相的理解与欣赏中感受到表达的畅快和得道的喜悦,从而使智识得到升华,情感得到满足。孔子之所以能够在与友人的互动中获得乐的体验,正是因为他能够与友人坦诚相待、真诚交流。真情的流露创造出双方世界交融的空间,使得两颗心交织在一起。人得以在与友人的情感流动中获得关于友情这一情感的本质真相,仁便在其中显露出来。而在对仁的领悟中,人得以收获乐的体验、美的感受。这种美感是由无争斗、无利害的情感共鸣带来的,他们共同欣赏了由自己创造的艺术。乐的体验同样在与亲人、爱人、师长等具体对象的情感切磋、流动中自然而生。

而在与他人共同的情感生活中,个人的自我意识也不断成长起来,为自我的艺术创造开辟了空间。儒家注重自我反思,曾子每日三省其身:"为人谋而不忠乎? 与朋友交而不信乎? 传不习乎?"(《论语·学而》)这实际上就是个人与心中的圣贤形象进行"情感交流"的过程。这种反思是基于真情的发动,因为他所反思的内容正是在与他人的情感切磋之中自己是否诚心的问题。他需要感其所感,方有所领悟。正是在不断诚意正心、向圣贤迈进的过程中,乐显现出来。王阳明道:"乐是心之本体,虽不同于七情之乐,而亦不外于七情之乐;虽则圣贤别有真乐,而亦常人之所同有,但常人有之而不自知,反自求许多忧苦,自加迷弃。虽在忧苦迷弃之中,而此乐又未尝不存,但一念开明,反身而诚,则即此而在矣。"[1]"一念开明",就是人在真诚的自我反思中获得顿悟的时刻。这种顿悟意味着人能够恢复自己的真挚本心,使心中之仁显现出来,而心中的本体之乐早已在此等候多时了。

儒家不仅致力于与他人、自我的情感流动,还追求与天地自然的情感合一,从而使万物乐得其所。儒家认为,天地本身不是死物,而是一个大的动态的生命体,万物是其中具有生命力的活生生的存在[2];宇宙是情感性的,整个世界都充满了肯定性的情感因素[3]。在此天地中孕育而生的人,在情感上本就与万物具有紧密的联结;在与自然万物的情感联结中,人得以与天地万物和谐一体。这一思想较为明显地体现在《论语·先进》对"曾点之志"的叙述中。

子路、曾皙、冉有、公西华侍坐。

子曰:"以吾一日长乎尔,毋吾以也。居则曰'不吾知也'如或知尔,则何以哉?"

子路率尔而对曰:"千乘之国,摄乎大国之间,加之以师旅,因之以饥馑,由也为之,比及三年,可使有勇,且知方也。"夫子哂之。

---

①　[明]王阳明.传习录[M].北京:中国友谊出版公司,2021:135.

②　蒙培元.人与自然:中国哲学生态观[M].北京:人民出版社,2004:4—5.

③　李泽厚.李泽厚散文集[M].马群林,选编.北京:世界图书出版有限公司北京分公司,2018:252.

"求，尔何如？"对曰："方六七十，如五六十，求也为之，比及三年，可使足民。如其礼乐，以俟君子。"

"赤，尔何如？"对曰："非曰能之，愿学焉。宗庙之事，如会同，端章甫，愿为小相焉。"

"点，尔何如？"鼓瑟希，铿尔，舍瑟而作，对曰："异乎三子者之撰。"子曰："何伤乎？亦各言其志也。"曰："莫春者，春服既成，冠者五六人，童子六七人，浴乎沂，风乎舞雩，咏而归。"夫子喟然叹曰："吾与点也！"

孔子问四个弟子的志向。前三个弟子虽志在功德，但都是外功，其乐尚需条件，因而非真乐。而在曾点这边，其志不在功利，只求融入万物和谐之天道，让自己的心与自然万物合为一体，乐便自然而然能在其中显现。在曾点所描绘的场景中，天、地、人三者相和，其中的人心情舒畅、乐在其中。曾点的描述中有生动的意象：他在舒服的春日里踏青歌咏，与春天互动，与朋友童子互动，与风和春水互动，万物的生命如此般活泼泼地生长于天地之间，人的生命与之感通，尽是一份与天地相通的悠然自得之心。对此朱熹有言，其不过是"即其所居之位，乐其日用之常"，但"其胸次悠然，直与天地万物上下同流，各得其所之妙，隐于自见于言外"①。万物本是各得其所、和谐一体，而人能以此心态融于万物间，自然也有真乐。

图 11-2　《惠风归咏图》图/李学明

曾点之所以能实现与人与天地和谐一体的境界并在其中获得乐的感悟，正是因为他不带任何功利性与认识性的目的去看待万物，而是用审美性的眼光观照万物。于是，人与物之间的情感流动就此发生。

"你未看此花时，此花与汝心同归于寂。你来看此花时，则此花颜色一时明白

---

① ［宋］朱熹.四书章句集注［M］.北京：中华书局，2011：124.

起来。便知此花不在你的心外。"①

　　人们有时会有这样的体验：当毫无杂念地直面自然的景色时，会突然在内心感受到触动，感受到对方给自己带来的美的冲击，在其中获得愉悦感。之所以能够如此，是因为人之良知本与万物之性相通。王阳明道："人的良知，就是草、木、瓦、石的良知。若草、木、瓦、石无人的良知，不可以为草、木、瓦、石矣。"②当人以诚挚的情感去感受万物时，便照亮了外物，使万物显露出其本来之性，生命与生命得以坦诚相见，以至情物合一③。对自然的美感就在此过程中产生，表现为人以真挚的情感直面自然时所感受到的与万物之生命和谐一体的畅快。这种美感使人获得尊重万物生命的自觉，从而自发地追求万物之一体和谐。

　　自此，在生命情感向自我、他人乃至整个宇宙敞开的过程中，人与心中的圣贤形象、他人、万物不再是对立的关系。情感的流动创造了人与人、人与自然融通的无争斗的和谐空间，人在其中得以将自身安放，感受到不被欲望牵制的自由，从而能畅游于其中，获得安仁之乐。由此，在这游于艺的过程中，人将自己活成了艺术："人的生命契合宇宙生命广大和谐之理，沉浸于美（乐）与仁得到统一的艺术境界之中，人生即是艺术。"④

（三）教育之乐：乐在以仁教仁之中

　　儒家追求人生长处乐的审美状态，这种状态也在教育中体现。对儒家来说，教与学的过程，就是求仁的过程；教与学的内容，也唯有一仁。学能使己安仁，教能使人安仁。安仁则有乐，教与学的乐就这样生发出来。

　　孔子自身既是一个教育家，也是一个学习者。他乐于教，也乐于学。他说："若圣与仁，则吾岂敢？抑为之不厌，诲人不倦，则可谓云尔已矣。"（《论语·述而》）对于自己行仁与教人行仁之事，他始终处于不厌不倦的状态之中。之所以有如此沉浸之态，正是因为有乐在其中。孔子是带着一种艺术的心情来学习与育人的。他曾经学习音乐："子在齐闻《韶》，三月不知肉味，曰：'不图为乐之至於斯也。'"（《论语·述而》）这种乐不被感官欲望牵制，不凝滞于外物，而是在对《韶》乐之真情表达的体悟中获得的自由的美的感受。这种美感吸引着他，使他能废寝忘食，悠游于对仁的领悟和践行这一艺术状态之中。对育人亦是如此。他期望人人都能进入这一艺术状态中，而有自得之乐，如钱穆所说"孔子教人，循循善诱，期人能达于自强不

① ［明］王阳明作.传习录［M］.北京：中国友谊出版公司,2021：209.
② ［明］王阳明作.传习录［M］.北京：中国友谊出版公司,2021：208.
③ 陈望衡."天人合一"的美学意义［J］.武汉大学学报（哲学社会科学版）,1998,236(03)：50—55.
④ 韩钟文,李丕显.儒家大美学观论纲［J］.孔子研究,1995(02)：23—32.

息欲罢不能之境,夫然后学之与道与我,浑然而为一,乃为可乐"①。而使人乐的关键就在于以仁教,即在真情的流动中自然地体味到自得之乐。孔子讲"吾无行而不与二三子者"(《论语·述而》),曾点带童子"风乎舞雩咏而归",都是师者将最真诚自然的状态展现在弟子面前,和弟子进行真情的沟通。如此双方才能共同感悟仁,进入到艺术的状态,而能自在悠游、乐在其中。

下面是一位小学老师与学生在日常中的一次交流。

案例 11-2②

下午,课间去教室发一份材料。看到桑同学认认真真在写语文习字册,周围人声鼎沸,他居然一派笃定模样。

我忍不住走到他身边,坐在旁边的椅子上,说:"桑,这一刻你好安静啊! 什么时候你能改改你那小老虎的脾气呢? 你是不是属老虎的啊?"

他一边继续写字,一边头也不抬地回答我:"我又不属老虎,我妈妈才属老虎。我妈妈还真是老虎脾气,天天在家里对我吼。"这话把我给笑倒了。摊上这么一个孩子,妈妈没有老虎脾气才是怪事呢!

我好笑地追问:"那沈老师对你有没有过像老虎一样吼呢?"他抬头,奇怪地又是回答又是疑问:"咦,还真没有啊!"

我顺便教育他:"你只要不老是发小老虎脾气,你妈妈也就不会对你吼啊!"

他说:"我属公鸡啊! 我的小老虎脾气已经不发了,我只是还是会发小公鸡脾气而已。"

这两个词多可爱——"小老虎脾气""小公鸡脾气"。每个孩子真都是天才,都是诗人!

我继续问:"什么是小老虎脾气? 什么是小公鸡脾气?"他大概觉得我笨了,有些嫌我笨的样子回答我:"小老虎脾气就是打人啊,我现在已经不打人了。小公鸡脾气就是发脾气啊,我现在还是经常会发脾气。"这话可真是了不起。这孩子完全知道自己的状况。他虽然顽劣、淘气,可是,却有同龄孩子少有的自知力。

我笑:"好吧,希望你慢慢改掉你的小公鸡脾气吧。不要经常发脾气哦! 最好变成小白兔吧。"他大乐:"我又不是属小白兔,我就是小公鸡啊!"

看着他天真烂漫的样子,我在想,这样一个本质上非常聪明的孩子,一个能够静心看书的孩子,每天在校期间至少我保证他有近一个小时(有时候甚至超过一个小时)的阅读时间,时间长了,在书籍的力量与安静阅读的氛围的浸染下,他的"小公鸡脾气"一定会慢慢消磨掉的。当然,前提是:不要急着迫使他立时立刻改掉他的脾气。

---

① 钱穆.论语新解[M].北京:生活·读书·新知三联书店,2018:142.
② 沈丽新.我和我的小不点儿[J].教育观察(中下旬刊),2013,2(18):10—15.

这是师生间的一场充满教育艺术的互动。可以看出，教师和学生在这场互动中都是坦诚的、毫无顾忌的，双方都能自由地表达自己的想法。师生间的真情在其中流动，因而他们都在这场对话中感受到了愉悦。教师以自己的真诚带着学生进入到这场充满艺术性的对话中，并在其中表达了自己的期待，实现了对话的教育性。教师的育人之乐并不仅仅在于看到学生行为的改变，而更多的是在与学生的对话本身中生发出来的。学生在此过程中，必然也会感受到教师传递的真情，并因教师真诚的话语而乐，在此过程中收获成长。教师实际上也能通过这场对话本身感悟到"不发脾气"的沟通的魅力，而更可能在之后以仁为人处世。教师以自身之仁教人行仁，在仁的显露中师生得以共同沉浸在这场艺术性的对话中，获得情感上的同频共振，收获育人和成长之乐。

王阳明的弟子王心斋在《乐学歌》中道："乐是乐此学，学是学此乐。不乐不是学，不学不是乐。乐便然后学，学便然后乐。乐是学，学是乐。"[①]正是在教育者与学习者不断的真情流动中，仁显露出来，从而产生了学与乐。因学而有自得之乐，因乐而产生进一步学的愿望。教育者和学习者就这样在这美的感受中自在悠游、不断精进、生生不息。

三、致中和：借艺之形态，游美之历程

《中庸》言："致中和，天地位焉，万物育焉。"在儒家的理想中，人能安仁，则万物能乐得其所。人之所以能安仁、乐仁，在于人达到了"中和"的状态，即"致中和"。何谓中和？《中庸》言："喜怒哀乐之未发，谓之中；发而皆中节，谓之和。""中"即"性"，"和"即"情之正"[②]，中和就在于情感的表达始终不离心性之中正。如何使人达到"中和"的状态？儒家的回答是：诗礼乐之教。所谓"兴于《诗》，立于礼，成于乐"（《论语·泰伯》）。《礼记·乐记》中载："大乐与天地同和，大礼与天地同节。"[③]它们承载天道，本身就具有中和的属性，而自有中和之美。以诗礼乐为教，便可使人"致中和"而成仁。儒家以诗礼乐教化人，是因为诗礼乐作为艺术作品，能够使人更直接地感悟仁、感受美。当然，以诗礼乐为教化并不仅仅是要使人游于具体的艺术作品，其最终是要将对仁的感悟和美的感受引入生活中，涵泳"游于艺"的人生。

（一）始翕：在艺之中起兴仁心

诗礼乐之本质在于真情的表达，这为其开显人的本真情感创造了可能。而其之所以能够激发人的情感，是因为它们本身蕴含着无限的意境，能够将人带入其

---

① ［明］王艮.王心斋家训译注［M］.杨鑫，译注.上海：上海古籍出版社，2020：31.
② ［宋］朱熹.四书章句集注［M］.北京：中华书局，2011：20.
③ 吉联抗.乐记［M］.阴法鲁，校订.北京：人民音乐出版社，1958：11.

中,受到情感的感发。这种意境本身又服务于本真情感的起兴。如《诗经》每每在显露其真挚情感之时,都会先营造能与所述情感同频共振的意境,其重要作用就在于起兴人的情感。如《关雎》篇。

> 关关雎鸠,在河之洲。窈窕淑女,君子好逑。
>
> 参差荇菜,左右流之。窈窕淑女,寤寐求之。
>
> 求之不得,寤寐思服。悠哉悠哉,辗转反侧。
>
> 参差荇菜,左右采之。窈窕淑女,琴瑟友之。
>
> 参差荇菜,左右芼之。窈窕淑女,钟鼓乐之。①

　　它并不单刀直入去讲君子对淑女的爱慕之情,而是先以"关关雎鸠,在河之洲"二句起兴,将人带入到一种意境中,在此氛围中去描绘与塑造淑女与君子,从而使情感的抒发不过于激烈,而是真切与平和。如此,君子和谐中正的美好形象就在这整体的意境中建立起来了。张祥龙解读道:没有"关关雎鸠,在河之洲""参差荇菜,左右流之"这样的兴发共举,"淑女"和"君子"的本性就要被歪曲或贫乏化,"窈窕"的韵味就出不来,"寤寐求之""辗转反侧"就不过是白描,而诗就会变成散文和说教,礼也就会变成单纯的行为规则和体制化力量②。

　　于是人们就在这种艺术化的意境和韵律中感悟到和谐的美、中正的美,产生情感的共振。礼乐同样致力于带人入"境"。孔子形容乐:"始作,翕如也;从之,纯如也,皦如也,绎如也,以成。"(《论语·八佾》)《说文》释"翕","起也。从羽合声",即鸟合拢翅膀以借势起飞时的状态。这种造势帮助鸟进入一个全新的境地,即进入到飞翔的状态之中,且这个状态是自由而盛大的。当音乐奏响之时,也是要将人一下子带入一个自由自在的状态之中,使人忘却算计、矛盾、烦忧,全身心地投入其中,以至"三月不知肉味"(《论语·述而》)。当音乐展开之后,便顺着开启之势延展下去,呈现出和谐的、清晰的、延续不绝的状态,最终如歌剧般创造一个完整的故事。而正是因为人在最一开始就被吸引进入音乐所创造的境地,才能使之后不断的引领成为可能。人由此在音乐的感召中进入如孔子形容《韶》乐"尽善尽美"(《论语·八佾》)般的境界,在音乐中不断感悟仁,感受生命情感的涌动。又如孔子重祭礼,指出"祭如在,祭神如神在"(《论语·八佾》),他所看重的是整个仪式的过程中由行礼之人的一举一动所塑造出的庄重感,这种氛围能够引导人与神产生亲密感,仿佛神就在身边,因而不敢有半点情感上的虚假。于是真情实意就在诗礼乐所营造的意境中生发,在生活中每一次对诗礼乐的运用中得以充实。

　　由此可见,儒家之教化首先是要使人"忘我":忘掉充满私欲的斤斤计较的小

---

① [宋]朱熹.诗经[M].张帆,锋焘,整理.西安:三秦出版社,1996:2.

② 张祥龙.先秦儒家哲学九讲:从《春秋》到荀子[M].桂林:广西师范大学出版社,2010:9.

我，而进入一个新的生存世界，即用自己的仁心去感悟和生活。它要使人的真实的生命情感重新"活过来"，使人借由自身的情感显露成为自我生活的主导者。在教学中，如果要使人过仁的生活，那就需要为学习者创造一种情感生活，构建能够使学习者在情感上充分参与其中的情境。这种情境不是三分钟娱乐，不是引诱学生学习的"糖衣炮弹"，而是要真正贯穿于师生的交往与学习中，使师生的生命情感都得到起兴和延展，从而使得情感的流动成为师生共同学习成长的基本方式变为可能。

（二）从纯：在艺之中陶养真情

孔子赞叹《韶乐》"尽善尽美"，就在于它能够使人的本真情感得到显现。正如他评价《诗经》："《诗》三百，一言以蔽之，曰：'思无邪'。"（《论语·为政》）朱熹引用程颐，"程子曰：'思无邪者，诚也。'"[1]诗礼乐作为艺术，其创造本身便是人之真情对象化的结果。《诗》最初便产生于民间，是人们在生活中歌唱出来的东西，表达的是人们生活中最自然真挚的情感。对于乐来说，《乐记》中有言，"凡音之起，由人心生也。……乐者，音之所由生也；其本在人心之感于物也"[2]，是说乐是人心接触事物获得感触的结果，是情感的产物。而礼也生发于情。《孟子·滕文公章句上》中叙述了这样的故事：世上曾有不葬其父母的人，将父母死去的尸体扔到山壑中去。后来再经过此地时，他看到父母的尸体被狐狸蝼蛄啃食的样子，不禁汗颜而不忍直视，于是重新将父母安葬。这就是埋葬之礼的缘由，它全都来自人心中真挚的情意。

同时，诗礼乐所表达的情感并不是肆意的，而是有界限的，正如《论语》中评价《关雎》时所讲"乐而不淫，哀而不伤"（《论语·八佾》）。艺术是情感的载体，但并非情感发泄的产物。现实中人们的很多情感都掺杂了各种外界因素，艺术则会将人们的杂念排除在外，而将最纯粹的情感传达出来。它就是由人们的仁心、良知所主导的真挚情意，因而是尽善尽美的。这其中自然就包含了界限，君子对淑女的爱情若是真挚的，自然便不敢有非分之想，否则其内心必定会有不安。情感中和之美也自然而然在其中体现了。以此来教化，便能使人"思无邪"而致性情之正。

由此可见，诗礼乐的最初意义便在于表达出人最真挚的情感，显露出仁的真相。而这也是儒家以诗礼乐为教化手段的最原本用心，即并不是为自己的道德标准披上美的外衣来规训人，而是看重艺术作为仁之真理的显现方式对人之本真情感的起兴与发显。人在艺术的熏陶之下，便自然能得性情之正，使五官百体皆听命于心，而不受私欲的牵制，不受一时激烈情绪的控制，而不会作出违背良知的行为，

---

① ［宋］朱熹.四书章句集注［M］.北京：中华书局，2011：55.
② 吉联抗.乐记［M］.阴法鲁，校订.北京：人民音乐出版社，1958：1.

从而能始终表现出情感中和、行为中正之美态。对儿童来说，这种中和、中正的美态正来源于教育者对自己的爱意，以及由此而自发产生的对他人世界的爱意。这种爱意能够使儿童在任何情况（无论顺逆）和任何心理状态（无论哀喜）下都能保有充盈的内心和坚定的人性之爱的立场，而能保持情感的中和便不会轻易走向极端。

因此，教育者在儿童面前，从一开始就要从真情出发，不以道德崇高者自居，而是专注于真情的恰当表达与传递，让儿童在真实的爱意中萌生自我成长的念头和实践。

以下是家庭教育的两个场景。

案例 11-3①

爸爸1：玩玩玩，就知道玩！眼睛不要了？作业不做了？天天吊儿郎当的，一点儿心都不操，我看你就堕落去吧，早晚我要被你气死！

爸爸2：这周六和周日，你每天花3—4个小时玩游戏，爸爸感到很失望，因为爸爸希望你能珍惜时间，把时间多花在有意义的事情上！

两位爸爸面对的都是孩子长时间玩游戏的不当行为，应对方式却全然不同，而不同的应对方式传递了不同的信息。先看爸爸1，这段话语里蕴藏着四个方面的信息：第一，在事实层面，孩子玩游戏的时间过长；第二，在自我表达层面，爸爸1显示了自己的愤怒；第三，在关系层面，孩子是错的，是不好的，是需要被管教和被控制的；第四，在诉求层面，爸爸1求的是孩子行为的改变，最好马上放下游戏，去做作业。再看爸爸2，同样表达了四个方面的信息：第一，在事实层面，孩子在周六和周日，每天花3—4个小时玩游戏，相比于爸爸1，爸爸2在事实层面上的表述更客观，就事论事，没有扩大化地评判孩子这个人怎么样，并没有站在道德的制高点贬低孩子作为人的价值；第二，在自我表达层面，爸爸2表达了自己的失望，但爸爸2没有说自己的失望是由孩子造成的，而是说因为自己期待孩子珍惜时间，所以才会对孩子的行为感到失望；第三，在关系层面，因为爸爸2话语的重点是在表达自己的感受，所以爸爸2认为孩子是愿意理解、能够理解自己的感受的，他们之间是亲密关系；第四，在诉求层面，爸爸2求的是情感的表达与交流。

不难看出，爸爸1是有私心的，他的私心表现在对孩子行为的控制欲上，这进一步夸大了他的情绪表达。在这样的呵斥下，孩子很难感受到爱意，而只会感到恐惧和厌烦。相比之下，爸爸2更加平和地对孩子表达了自己的情感和诉求，这源于爸爸2对于与孩子真诚交流的愿望。也许在这样的表达后，孩子不会立马作出行为的改变，但一定会感受到爸爸的坦诚和对自己的尊重，真正的教育在这里已然生发出来了。

---

① 来源于对两位爸爸的访谈。

（三）以成：在艺言艺行中成仁

儒家以诗礼乐为教化的方式，最终是要使诗礼乐成为人们日常的表达方式。通过将诗礼乐融入人的生活，人得以将诗礼乐转化为自身的生存方式。孔子有言，"不学《诗》，无以言"；"不学《礼》，无以立"（《论语·季氏》）。诗礼乐教人以真情待人接物，人们也以对诗礼乐的运用来向对方表达自己的真情，可见，诗礼乐实际上成为人们日常洒扫应对的方式。借助诗礼乐，可以会说话，可以与人交往，可以从政，可以"使于四方"，换言之，"可以群"，即借助于诗礼乐在社会人群中交流情感。《仪礼》中记载，春秋时期主人宴请宾客会通过歌诗以表达意愿，而客人要借此理解主人的深意并作出应答；《左传》中记载，春秋时期诸侯、卿大夫在正式的交往场合中都会以赋诗为外交辞令，从而在保持彬彬有礼的同时完成政治交易①。将开显本真情感的艺术作为自我真情的表达方式，使得情感的艺术性在个人身上得到了升华，人自身也成为艺术；而将这种真情在生活中时时刻刻通过艺术表达出来，便成就了艺术化的人生。

在借助诗礼乐与社会人群进行情感交流的过程中，人逐渐确立起自己的社会性本质。艺术的社会性功能就在于，它对仁之真相的揭示使人在运用它的时候自然地体悟到仁，在与具体的人进行情感交流时感受到不同情感的本质，建立起与自我、他人、自然的和谐关系，从而成为仁人，展现出"文质彬彬"的君子形象。"文"与"质"在张祥龙看来就是"艺"和"亲"②。艺创造了"亲亲"的境遇，将人引入其中，又使人在"亲亲"的纯粹关系中体悟情感之纯正，于为人处世之中能够基于真情而通过艺术化的方式表达出来，便实现了艺与"亲（仁）"的统一，成为儒家所追求的"文质彬彬"的君子。

儒家学说被后世所诟病的原因之一，就在于人们认为其所设立的繁文缛节束缚了人的身心，其森严的等级造成了人与人之间的不平等。然而，儒家在最初提倡"礼"，只是将其作为个体内在情感表达的方式。不同地位的人衣着不同的服饰虽不符合现代人的平等观念，但在当时只是为了表达人与人之间的尊重。只是随着儒家学说的政治化，在具体实施时人们往往忽视了礼之表达真情的原初意义，而更多地将其作为显示权威地位的象征。于是，对礼的运用便本末倒置了。儒家用礼，始终基于"仁"的本心，基于人的情感需求，以礼来抒情。本人曾看过这样一个视频：刚从中学毕业的女孩在最后一次走出母校大门时，转身站立面对母校郑重地行了一礼。我们可以想象到她当时的内心多么感慨万千，几年校园生活的回忆、对老师同学与学校的感激与留恋或许在刹那间涌上心头，而最终化作谦恭一礼，可以想见礼在那时所承载的沉甸甸的意义。这一礼的运用，表达并安放了女孩的真情，实

---

①　陈来.春秋礼乐文化的解体和转型[J].中国文化研究，2002（03）：15—37.
②　张祥龙.孔子的现象学阐释九讲：礼乐人生与哲理[M].上海：华东师范大学出版社，2009：290.

现了仁与礼的统一,使人能"依于仁"而"游于艺"。

艺术化的表达方式,实际上就是人能在一言一行中都显露仁,于是人生的每时每刻都成为了艺术创作。教育也是一种艺术创作。它需要教育者在与儿童打交道的过程中始终表达、传递真情,每一句话语都是基于二者之间的感情当场生成的。对一些家长来说,面对与孩子的冲突,如果仅仅是学习上文中爸爸2的说话方式,不过是在学习一种新的控制孩子的技术手段。他们也像爸爸2那样说话,但由于说话方式与内心情感不一,反而会引起孩子们的反感。但实际上,爸爸2的那番话,不是一种改变孩子行为的技术手段,而是表达、传递亲子之爱的"艺术创作"。

案例 11 - 4①

爸爸2:这周六和周日,你每天花3—4个小时玩游戏,爸爸感到很失望,因为爸爸希望你能珍惜时间,把时间多花在有意义的事情上。

儿子:我作业做完了,为什么不能玩游戏,我其他同学都在玩的呀。

爸爸2:儿子,爸爸不是说不让你玩游戏,爸爸是想让你了解爸爸的感受和期待。

儿子:你是说我让你失望了呗。

爸爸2:不是你让爸爸失望,而是因为爸爸对你有期待,所以失望了。

儿子:这还不都一样?

爸爸2:不一样。如果是因为爸爸对你有期待而失望,那可能是爸爸的期待不合理造成的。

儿子:爸爸,你对我有什么期待?

爸爸2:爸爸希望你能珍惜时间,把时间多花在有意义的事情上。

儿子:你不就是说玩游戏浪费时间,要把时间花在学习上吗?

爸爸2:爸爸不是说只有学习才是有意义的,如果你能控制玩游戏的时间,既保护了自己的视力,又享受了解压放松的快乐,那么玩游戏也是有意义的。其他有意义的事还包括阅读、打球、去看望爷爷奶奶、做家务等。

儿子:爸爸,原来你不反对我打游戏呀,你只是觉得我打游戏的时间太长了,对吗?

爸爸2:是呀,那你现在觉得爸爸对你的期待合理吗?

儿子:嗯,爸爸,你的期待很合理,我打完游戏,眼睛和脖子都有点酸,谢谢爸爸,我以后打游戏会控制在30分钟以内的。

爸爸2:儿子,爸爸也要谢谢你,谢谢你认真地听爸爸的感受和期待!

---

① 来源于对一位爸爸的访谈。

　　我们可以看到爸爸 2 的"创作"不是一步就完成的，实际上他在不断地"创作"。爸爸 2 的"创作"是专注的，在连续遭遇孩子的挑战时，他说的每一句话都没有偏离"表达和传递自己对孩子的爱"的"创作意图"。甚至在结尾处，当孩子明确承诺自己会改变自己的行为时，爸爸 2 并没有因此而欣喜，他所欣喜的依然是他的情感得以传达。反过来，爸爸 2 何以能持续"创作"呢？当然是因为每次"创作"，自己心中之"仁"得以显露，而有自得之乐。正是在这种永不停歇的"创作"中，父母成其为父母，孩子成其为孩子，所谓"父父子子"。

　　总之，儒家致力于使人过"游于艺"的人生。艺既指以诗礼乐为主的艺术作品，也指以诗礼乐贯穿日用常行的艺术化人生。其中，居仁心、行仁道奠定了"游于艺"之人生的根基；而人之安仁则能使其在这一过程中获得"乐"的审美愉悦，从而展现出"游"的人生状态。"游于艺"的人生通过诗礼乐的熏习陶染而实现。借诗礼乐"始翕""从纯""以成"之内涵，教育本身成为艺术，使人在不断致中和的过程中展现出文质彬彬的君子美态，涵泳"游于艺"的人生。简而言之，教育艺术就在于求仁，在于将教育爱显露于教育活动的方方面面，由此才能奠定教育之基，创造教育之美，收获教育之乐。

思考与练习

　　1. 基于对儒家美学的理解，思考教师职业幸福感的来源。
　　2. 结合自身的教育经历和教学经验，谈一谈儒家美学对自己的启示。

延伸阅读

　　1. 钱穆.论语新解［M］.北京：生活·读书·新知三联书店，2018.
　　2. 张祥龙.孔子的现象学阐释九讲：礼乐人生与哲理［M］.上海：华东师范大学出版社，2009.
　　3. 李泽厚.实用理性与乐感文化［M］.北京：生活·读书·新知三联书店，2005.
　　4. 曾繁仁.儒家礼乐教化的现代解读［J］.郑州大学学报（哲学社会科学版），2017，50（06）：89—92，156.

第四编

中华近现代美学思想的
教育启示

第十二章

志在真理而慰藉生命：王国维美育思想的现代启示

本章要点

1. 王国维的教育救国思想及其实现方式。
2. 以人生为核心的美育目的。
3. 美育的普及方式和修养结构。
4. 美育的境界。

重要概念

生存论　真理艺术　古雅境界　理欲调和

学习目标

1. 了解王国维美育思想和教育思想之间的关系。
2. 理解王国维美育思想中"真理"的生存论指向。
3. 整体把握王国维美育思想的缘由、目的、实现方式和境界诉求。

图 12-1　王国维

主要人物介绍

　　王国维(1877—1927),初名国祯,后改名国维,字静安(或庵),亦字伯隅,初号礼堂,晚号观堂,又号永观,1877 年生于浙江海宁(今海宁市盐官镇),1927 年于颐和园昆明湖中结束了自己波折却又充满传奇的一生。出身书香门第之家的王国维,本应承祖辈之志,走科考为官的政治道路,但这看似自然的选择却被王国维放弃,而是投向了全然陌生的西学领域。但传统国学所内含的家国情怀、人格志向仍是支撑其不断追求进步的精神动力,他将探寻"宇宙人生之真理"作为其学术理念而贯穿治学始终,使其思想也因立足此人的生存之本而具有了现代性内涵。

　　也正因为如此,他的一生是与学术相伴的一生,其学术成果也搅动着中国学界,正如彭玉平教授所评价的那样:"王国维一生学术领域数变,但几乎每一变化都给学术界带来震撼。"[1]在其短暂的治学生涯中,王国维与美育的相遇相交主要发生在其青年时期,同时这一阶段还伴随着他基于国情而生发的对教育的反思、对哲学美学的研究。这些学术活动与复杂的情感交织在一起,引导着王国维最终将美育定位于他"救国"理想得以实现的关键所在。

①　彭玉平.王国维与梁启超[J].中山大学学报(社会科学版),2009,49(02):39—51.

100 多年前，中国的现代化在内忧外患之中、在列强的坚船利炮下被迫开启。当时身处社会之腐败和国势之危殆中的青年王国维，怀着忧国忧民的愁思开始探索救国之路，在目睹了"技术救国论"的破产和"政治救国论"的波折后，最终选择了"教育救国"的道路：唯有国民在思想上有所觉悟，才能推动百姓有所作为而达到救国的目的①，而教育就需要担负起扭转"民质未进"的重要使命，因此他构建了养成"完全之人物"的教育宗旨，并大力倡导现代审美教育。彼时的中国国民深陷于鸦片的苦海之中，王国维认为此根源不在于知识的缺乏、道德的败坏，而在于国民有着情感上苦痛、空虚的疾病而寻求慰藉的缘故。"感情上之疾病，非以感情治之不可"②，感情所对应的正是"美育"，因此王国维希望借由普及美育来培养起国民的艺术嗜好，以慰藉空虚的苦痛，防止卑劣的嗜好，进而通过解决国民性的问题来解决社会政治的问题。

100 多年后的今天，我们早已实现了中华民族的独立，但依然处于现代化的征程之中，仍需回答"如何由传统社会向现代社会转化"的现代化问题。我们也在一定程度上实现了国家的富强，但人们仍然存在着情感苦痛和空虚的问题，一方面，社会环境处于激烈竞争的紧张氛围中，功利主义和工具主义思想盛行，人们变得浮躁与茫然，生活劳碌却又乏味；另一方面，在现代社会科技形塑、大众文化宣传与商品逻辑的共同运作下，人们被动地接受着外界传媒手段带来的各种感官刺激，鸦片虽早已禁绝，但过度沉迷于电子设备、网络游戏、快餐文化等无疑成为了当代的"精神鸦片"，尤其对青少年的成长影响甚大。基于此，王国维的美育及其相关思想在今天依然是疗愈精神、启蒙国民、服务于社会现代化的重要理论资源。

一、缘由：美育作为教育救国的落脚点

王国维并没有像西方美学家那样系统地探讨美、美感、审美主客体、审美关系等美学概念，也未从认识论、伦理学、心理学、社会学等角度出发界定自己的美学和建构自己的美学体系，其学术探讨的内容和所涉足的领域非常广泛。究其原因，在于王国维更关注国人精神的苦痛与救赎，理想的人格与人生范式的构建，其美学思

---

① 王国维曾分析时局时称："常谓此刻欲望在上者变法，万万不能，惟有百姓竭力去做，做得到一分就算一分。"参见：王国维.致许同蔺(1898 年 3 月 1 日)［M］//吴译.王国维全集——书信.北京：中华书局，1984：3.
② 王国维.去毒篇［M］//王国维.王国维文学美学论著集.周锡山，评校.上海：上海三联书店，2018：145.

考的起点和立足点是人的生存之本，也即"世界人生之根本""宇宙人生之真理"。因此，王国维不是为了建构某一美学理论而研究美学，而是为了探究世界人生之根本而研究美学。他的美学研究也不是孤立的，而是与教育学、哲学、心理学、伦理学等研究内在相通、相互阐释的，它们共同立足于探究宇宙人生这一基点。

（一）美是真理的事业

王国维被称为"中国现代美学的奠基人"，但他在中国美学史上的这种地位，并不在于其美学观点和体系，事实上王国维美学的不成体系和芜杂也是学界共识①，而在于他确立了中国美学的形而上观念以及人学意义，从而实现了中国美学的现代转型②。这主要表现在，中国的传统美学虽表现出一定程度上的哲思性，但其总体形态还是经验的，是为道德或政治而服务的。王国维认为传统美学重"实际"这一特点，导致了我国学术的不发达，也成为我们落后于西方的主要原因③。因此，王国维强烈倡导美学、艺术应当独立于道德、政治之外，认为它们不是手段而应该有自己的目的，此目的就是追求"真理"，但此"真理"不是认识论范畴的、客观的真理，而是与人生的价值和意义密切相关的生存论真理。

在王国维看来，美作为"真理之事业"是具有独立性的，它无关物欲功利，也不涉道德政治，"哲学与美术之所志者，真理也"④；"特如文学中之诗歌一门，尤与哲学有同一之性质。其所欲解释者，皆宇宙人生上根本之问题。不过其解释之方法，一直观的，一思考的；一顿悟的，一合理的耳"⑤。可以看出，王国维将艺术与哲学置于同一地位，认为二者都志在真理，都在于面对宇宙和人生的根本问题，只不过表现为两种不同的揭示真理的方式：艺术是"直观的""顿悟的"，而哲学是"思考的""合理的"。

美和艺术追求的真理是"天下万世之真理，而非一时之真理也"⑥，是关于"人生之苦痛与其解脱之道"⑦的真理。此真理并非科学所揭示的具体经验领域内的真

① 戚真赫."探其本"与"第一义"：王国维美学之本及其现代性转型研究[J].文史哲，2007（06）：95—113.
② 杜卫.审美功利主义——中国现代美育理论研究[M].北京：人民出版社，2004：16.
③ 王国维.论近年之学术界[M]//王国维.王国维文学美学论著集.周锡山，评校.上海：上海三联书店，2018：124—125.
④ 王国维.论哲学家与美术家之天职[M]//王国维.王国维文学美学论著集.周锡山，评校.上海：上海三联书店，2018：89.
⑤ 王国维.《奏定经学科大学文学科大学章程》书后[M]//王国维.王国维文学美学论著集.周锡山，评校.上海：上海三联书店，2018：114.
⑥ 王国维.论哲学家与美术家之天职[M]//王国维.王国维文学美学论著集.周锡山，评校.上海：上海三联书店，2018：89.
⑦ 王国维.红楼梦评论[M]//王国维.王国维文学美学论著集.周锡山，评校.上海：上海三联书店，2018：19.

理，而是一种生存论意义上的真理。这种真理不提供具体的实用知识，不脱离个体的生存情感而独立存在，但表达了人心对人类生活的体会，从而帮助人们获得对人生真相的觉解，因此美和艺术也就成为了教育中指引宇宙人生之真谛的重要方式。

这意味着艺术同哲学一样志在生存之真理，且并非哲学之附庸。但我们如今的教育教学中却常将美育看作是以艺术的形式展现某一已被揭示的"真理"的手段，以达到用生动形象、寓教于乐的方式将此"真理"传达给受教育者的目的。例如，在诗歌《题西林壁》的教学中，"横看成岭侧成峰，远近高低各不同"常被解读为借庐山的形象揭示了"当局者迷，旁观者清"这一已知的人生哲理，因此只要学生明白了"看问题需要客观全面，不被局部现象迷惑"这一道理后，这首诗的一个重要教学目标也就达到了。在这样的理解下，文学诗歌的价值就在于为某一"真理"披上美的外衣，而它自身并没有所谓独立的真理。实际上，作为真山水的庐山，本身即彰显了王国维称为"第一形式"之美的优美、宏壮，此山水根植于生生不息的天地造化之中，以其无穷变化和持续挺立的形象给人以最原发性的、直击心灵的、生机勃勃的启示。不过，这种"第一形式"之美并非人人都能直接感受得到的，需由苏轼这般天才的艺术家领悟并将其重新创制出来后，普通人便可通过这种天才创制的具有"第二形式"之美的艺术品来感受"第一形式"之美彰显的真理。因此，我们通过苏轼的《题西林壁》便可感受到庐山的生化之妙，并由此对人生价值之应然有一透彻的领会，至于领会到的具体内容则会因每个人的生存经验不同而有所不同，或有对"当局者迷"的体悟、或有对"人之渺小"的感慨、或有对"人认识能力之有限"的坦然，等等，不一而足。因此，在教学过程中，教师合适的做法或许不是在课前先预设一个必须被彰显的"真理"，不是把艺术作品当成帮助学生认识某一道理的工具，而是将探索诗歌的主动权还给学生，让学生在情与景浑然一体的生命内部，通过回忆自己相关的人生体验或与他人交流而感受别人的生命体验，从而体会和直观感受这份由诗歌传达出的普遍而深刻的生存情感。

（二）美育占据教育体系中的优先地位

王国维对人生的思考并不限于慰藉和安顿个体生命，还在于希望通过解决思想文化层面的问题来达成解决社会政治问题和完成国家救赎的目的，因此他积极谋求教育救国的道路。他曾主持《教育世界》杂志，译介和发表了大量的教育学文章，也曾深入教育实践，担任过学堂教习、执事等职务。在《论教育之宗旨》一文中，王国维明确指出，"教育之宗旨何在？在使人为完全之人物而已"，"完全之人物"即"人之能力无不发达且调和者"①。人之能力又分为身体之能力和精神之能力，后者

---

① 王国维.论教育之宗旨[M]//王国维.王国维文学美学论著集.周锡山，评校.上海：上海三联书店，2018：103.

根据"知力、感情及意志"的精神结构,分别对应"真、美、善之理想",由此划分出智育、美育和德育三大板块。但在王国维的整个教育体系中,美育(即"情育")占有特殊且重要的优先地位,一则因为当时中国的特殊问题急需美育上的解决,二则因为美育可为德育与智育之助力。

当时中国的特殊问题首先表现在国民嗜好鸦片,王国维认为这并不是因为国民缺乏知识,而是因为受过新教育的人也多有吸食鸦片的;也不是因为道德的腐败,而是因为有这样嗜好的人不尽是恶人,且他国国民的道德也未必就高过我国,却并没有嗜好鸦片的问题。这一问题从根本上说是精神、感情之疾病,因为中国国民"无希望,无慰藉",其"苦痛及空虚之感深于他国国民,而除鸦片外别无所以慰藉之术也"①。因此,禁烟治标不治本,要想从根本上解决问题,就要找到能够替代鸦片的"慰藉之物",而"美术"(艺术)作为高尚的嗜好最适合慰藉空虚的苦痛,因此十分有必要普及美育。

美育的必要性还体现在转变中国文化中的功利倾向。王国维曾以中西比较的眼光指出:中国人是实际的、通俗的,而西方人是思辨的、科学的②,作为中国人之"特质"的"实际"让学术缺少了能动性,而成为了"政论之手段"③,因此,当时的中国之学术不发达,人亦沦为工具而没有独立性,从而隐藏着严重的社会危机。基于此,王国维认为救国的根本举措在于改变文化,而改变文化则要依靠教育。在教育之中,王国维强调美育应处于优先地位,因为智育和德育都与功利即"生活之欲"的满足有着密切的关联:对智育来说,"吾人之知识遂无往而不与生活之欲相关系,即与吾人之利害相关系。就其实而言之,则知识者,固生于此欲,而示此欲以我与外界之关系,使之趋利避害者也"④;对德育来说,"盖人人至高之要求,在于福祉,而道德与福祉实有不可离之关系"⑤。而美育不同,其作用恰在于"使人忘一己之利害而入高尚纯洁之域"⑥,对转变文化的功利倾向具有不可替代的价值。

此外,美育的重要性还表现在其可为德育和智育之助力:"美育者一面使人之

① 王国维.去毒篇[M]//王国维.王国维文学美学论著集.周锡山,评校.上海:上海三联书店,2018:143—144.
② 王国维.论新学语之输入[M]//王国维.王国维文学美学论著集.周锡山,评校.上海:上海三联书店,2018:131.
③ 王国维.论近年之学术界[M]//王国维.王国维文学美学论著集.周锡山,评校.上海:上海三联书店,2018:127.
④ 王国维.红楼梦评论[M]//王国维.王国维文学美学论著集.周锡山,评校.上海:上海三联书店,2018:2.
⑤ 王国维.论教育之宗旨[M]//王国维.王国维文学美学论著集.周锡山,评校.上海:上海三联书店,2018:104.
⑥ 王国维.论教育之宗旨[M]//王国维.王国维文学美学论著集.周锡山,评校.上海:上海三联书店,2018:104.

感情发达，以达完美之域，一面又为德育与智育之手段，此又教育者所不可不留意也。"①但是，美育为智育和德育之助力，并非如通常所理解的那样只是借用艺术的形式来实施的智育或德育，而是艺术以其自身自足的价值，突破了传统审美依附于政治与道德的面向，深入生存根本层面，即以美和艺术触及世界人生之根本。但这种对人生根本的揭示是在情感中的揭示，而不是在知识中的揭示，此人生根本指向的是一种人类意识，所谓文学艺术创作实为"人类全体之喉舌"②，亦具有"锐敏之知识与深邃之感情"③，也因此包含了不同于传统社会政治与道德伦理的更具有超越性的道德、道义的内涵。如《红楼梦》对智育的价值并不在于以"百科全书"的方式为我们提供关于封建社会的各种知识，对德育的价值也不在于把某些道德理想、伦理教化以感性和形象的方式来"化民成俗"，而是以艺术的形式，揭示了人的生存结构中普遍必然的苦痛，让人领会到生存之真相，并对世间之梦幻泡影猛然惊醒并希求解脱。"美"因此以探求世界人生的真相连接起"真"，以从苦痛中解脱之实践连接起"善"，在生存根本层面成为智育和德育的助力，这也是王国维对美学现代性开启的重要一面。

二、目的：美育以人生为起点和归宿

面对当时人民生活的深重苦难，王国维特别关心生存出路问题，由此也奠定了他关于"慰藉"和"解脱"的思想主题。"欲达解脱之域者，固不可不尝人世之忧患，然所贵乎忧患者，以其为解脱之手段，故非重忧患自身之价值也"④，而只有勘破了世间真相，以此为手段方能使人得以真解脱，因此王国维美学思想最终的落脚点是美的教育，而美育始终以人生问题为其起点和归宿。

（一）教育需回归人之生命

王国维所理解的"真理"，也就是对"宇宙人生之根本问题"的解释，归根结底还是人生的问题，即"研究人如何而生活之问题，此实科学中之科学"⑤。因此，王国维倡导美和艺术的独立地位，并非是如西方唯美主义所认为的"为艺术而艺术"，而是

①　王国维.论教育之宗旨[M]//王国维.王国维文学美学论著集.周锡山，评校.上海：上海三联书店，2018：104.

②　王国维.人间嗜好之研究[M]//王国维.王国维文学美学论著集.周锡山，评校.上海：上海三联书店，2018：140.

③　王国维.文学小言[M]//王国维.王国维文学美学论著集.周锡山，评校.上海：上海三联书店，2018：63.

④　王国维.红楼梦评论[M]//王国维.王国维文学美学论著集.周锡山，评校.上海：上海三联书店，2018：37.

⑤　王国维.脱尔斯泰伯爵之近世科学评[M]//王国维.王国维文集(第三卷).北京：中国文史出版社，1997：451—452.

要让艺术关注生命、理解生命、慰藉生命。王国维将此思想一以贯之于教育领域，认为教育是"神圣之事业"①，它的神圣就在于"使人为完全之人物"②，因此教育需要回归人之生命本身，而不是政治、道德之附庸和个人追求功名利禄的手段。王国维强调的是人生的价值和意义，试图将教育从人生的外围拉回人生的内部。

教育需要奠基于真实的人生之上，王国维认为人之基本需求有二：一是维持生存的生活之欲；二是具有超越性的精神之需。前者要在不同的职业劳动中满足，其对应的教育就是"职业的学问"，是"有用之用"；后者对应的则是"非职业的学问"③，如哲学和美术，它们提供关于宇宙人生的真理，满足人们对解答形而上学问题的需求和慰藉情感的需求④，是"无用之用"。

王国维虽然积极倡导能满足人"精神之需"的美育，但并未否定以满足"生活之欲"为目的的职业的学问。事实上，人的生活必须植根于"生活之欲"得到一定满足的基础之上，也正是有了不同的职业学问才满足了不同的人的基本生存需求，才造就了现代社会。现代人也大多是围绕职业和职业的学问而展开、认识和安顿自己生活的。正如当代影视作品中一个十分热门的类别——职业剧所展示的那样，其所热衷讲述的不仅是某一职业本身，而是重在表现主人公通过此职业而体悟和重新认识到的自我和人生，以及由此显示出的精神面貌。但需要注意的是，因为职业的学问直接与"生活之欲"相联系，因此人们很容易在欲望的驱使下将其变为自己追名逐利的工具。在此过程中，职业的学问不再是为了职业，也不是为了真正安顿生活，而只是为了功名利禄，如此的教育以与其利害相关之物支配着人，给人带来无尽的痛苦与烦恼，也使社会因此潜藏着严重的危机。在王国维的时代，此表现就是"舍官以外无他好焉"："其表面之嗜好，集中于官之一途，而其里面之意义，则今日道德、学问、实业等皆无价值之证据也。夫至道德、学问、实业等皆无价值，而惟官有价值，则国势之危险何如矣！"⑤而在今天，多表现为将高分、学历、就业和收入等直接与学校教育挂钩，于是，教育越来越忽视人生活和生命的意义和价值，很难有美感可言。

因此，王国维主张教育的去功利化，取而代之为一种"无用之用"，前一个"用"即世俗的名利、政治等功用；后一个"用"则是对人之生存和修养的积极建设之功

① 王国维.教育小言十二则[M]//王国维.求善·求美·求真：王国维文选.徐洪兴,编选.上海：上海远东出版社,1997：146.
② 王国维.论教育之宗旨[M]//王国维.王国维文学美学论著集.周锡山,评校.上海：上海三联书店,2018：103.
③ 王国维.教育小言十三则[M]//王国维.王国维文集(第三卷).北京：中国文史出版社,1997：84—86.
④ 王国维.论哲学家与美术家之天职[M]//王国维.王国维文学美学论著集.周锡山,评校.上海：上海三联书店,2018：89—90.
⑤ 王国维.教育小言十三则[M]//王国维.王国维文集(第三卷).北京：中国文史出版社,1997：86.

用①,进而也会消除一些社会之罪恶,给整个社会的改造及和谐发展带来积极的作用——"一人如此,则优入圣域;社会如此,则成华胥之国"②。也正是在这个意义上,王国维特别倡导在传统中国长期不被重视的美育,因为在审美经验中,人可以摆脱与事物的功利关系、解除对事物的功利态度而获得一种自由感,使人的情感得到满足和升华,从而观照和慰藉现实人生。这些都充满着现代人文精神的意味。

(二) 艺术可疗精神之疾病

王国维的教育和美育思想直接面对人的生活,以人的生命活动作为出发点和归宿。王国维承袭了叔本华的基本观点,认为生活的本质就是欲望及其带来的苦痛,"生活之本质何? 欲而已矣。……故人生者,如钟表之摆,实往复于苦痛与倦厌之间者也"③,"人之有生,以欲望生也"④。"欲望"是王国维理解世界人生的最基本元素,它作为世界人生的根柢而先验存在,"生活之欲之先人生而存在,而人生不过此欲之发现也"⑤。人必然受到欲望的制约摆布,有欲望就必然有苦痛:欲望求而不得苦痛;有幸求得又会牵引出更多的不满足,依然苦痛;就算欲望大多都得到了满足,人随即又会陷入空虚无聊的另一苦痛状态。所以,"人生之所欲,既无以逾于生活,而生活之性质又不外乎苦痛,故欲与生活与苦痛三者一而已矣"⑥。欲望、苦痛,不是一时一地的,也不是某个人的,而是永恒的、全人类的,是生活本来的底色。即"宇宙一生活之欲而已! 而此生活之欲之罪过,即以生活之苦痛罚之: 此即宇宙之永远的正义也"⑦。正是因为生活必然与苦痛相伴,所以人又进一步表现出另一种诉求——找寻从苦痛中解脱的办法,因此"解脱"的相关超越性问题,才是人生的根本意义之所在,也是教育需要面对和解决的问题。

欲望带来生命的苦痛,因此要想让人从此苦痛中解脱出来,则必须依靠无关欲求利害之物。虽然王国维在唯意志本体论等方面充分吸收了叔本华的人生哲学,但在求得永恒解脱的问题上,则表现出了与叔本华"禁欲主义"的分歧,事实上也否

① 杜卫.审美功利主义——中国现代美育理论研究[M].北京：人民出版社,2004：34.
② 王国维.孔子之美育主义[M]//王国维.王国维文学美学论著集.周锡山,评校.上海：上海三联书店,2018：79.
③ 王国维.红楼梦评论[M]//王国维.王国维文学美学论著集.周锡山,评校.上海：上海三联书店,2018：2.
④ 王国维.去毒篇[M]//王国维.王国维文学美学论著集.周锡山,评校.上海：上海三联书店,2018：143.
⑤ 王国维.红楼梦评论[M]//王国维.王国维文学美学论著集.周锡山,评校.上海：上海三联书店,2018：17.
⑥ 王国维.红楼梦评论[M]//王国维.王国维文学美学论著集.周锡山,评校.上海：上海三联书店,2018：2.
⑦ 王国维.红楼梦评论[M]//王国维.王国维文学美学论著集.周锡山,评校.上海：上海三联书店,2018：19.

定了"灭绝此意志"的可能性。王国维在《红楼梦评论》中指出："故充叔氏拒绝意志之说，非一切人类乃万物，各拒绝其生活之意志，则一人之意志亦不得而拒绝……故如叔本华之言个人之解脱，而未言世界之解脱，实与其意志同一之说不能两立者也。"[①]王国维放弃了叔本华的那种联系人的"身体罪恶"（原罪）而来的意志论，将其改造成一种中性的"嗜好"和"趣味"概念[②]，不是纯粹消极地否定人世间的生活和禁绝一切欲望，而是提倡以高尚之欲（嗜好）移易"卑劣之欲"[③]。

王国维对叔本华思想的这一改造正是来自他本身所具有的忧国忧民、兼济天下的救世情怀，他所要追求的是人生问题的回应以改造民质民性的出路，而并非是最终走向否定生命意志的虚无和皆空。因此，王国维正视人之欲望，且欲望作为存在的根柢也关乎艺术与美，只不过此欲望非食色功利的生活之欲，而是作为生活之欲"苗裔"的势力之欲：一切嗜好"固无非势力之欲之所为也"，"若夫最高尚之嗜好，如文学、美术亦不外势力之欲之发表"[④]。人心在应付了直接的生活之欲后，所剩余的精力就是"势力之欲"，人有排遣和抒发"势力之欲"的需求，这种排遣和抒发就是"嗜好"。根据嗜好距离直接的生活之欲的远近，其价值又有高低之分。较低层次的嗜好有烟酒、博弈、驰骋、田猎，以及常人对书画、古物的爱好等，这些是直接的"竞争之势力"的发泄之地[⑤]。而艺术则是高层次的嗜好，因为它与直接的生活之欲相距较远，专注于人类情感之表达和宇宙人生之真理的获得，超脱了现实的利害关系，是人们获得心灵自由的"精神的游戏"。

因此，王国维积极倡导美育的普及，希望中国国民都能养成对于艺术的嗜好。在众多艺术种类中，他对文学尤为看重，因为文学易于普及，且嗜好文学与嗜好其他相比，更不易走入误区。王国维大力倡导学校教育中的"古典"一科，其目的不在于养成美术上的天才，而在于使受教育者都有理解文学的能力与热爱文学的嗜好，这样便可以慰藉空虚的苦痛、疗精神之疾病、防止卑劣的嗜好。

三、方式：以不懈的修养追求美

王国维吸收了西方美学"审美无利害"的观点，认为在审美经验中人能摆脱与事物的功利关系，解除对事物的功利态度，而获得一种自由感。但他也认为，这种

---

① 王国维.红楼梦评论［M］//王国维.王国维文学美学论著集.周锡山，评校.上海：上海三联书店，2018：39—40.
② 郑伟.王国维的美育思想及其境界诉求［J］.社会科学辑刊，2020(03)：90—95.
③ 王国维.人间嗜好之研究［M］//王国维.王国维文学美学论著集.周锡山，评校.上海：上海三联书店，2018：141.
④ 王国维.人间嗜好之研究［M］//王国维.王国维文学美学论著集.周锡山，评校.上海：上海三联书店，2018：140.
⑤ 王国维.人间嗜好之研究［M］//王国维.王国维文学美学论著集.周锡山，评校.上海：上海三联书店，2018：138—139.

"摆脱"只是通过"忘"而得到的"暂时之平和"："独美之为物，使人忘一己之利害而入高尚纯洁之域"①；"美术之务，在描写人生之苦痛与其解脱之道，而使吾侪冯生之徒于此桎梏之世界中，离此生活之欲之争斗，而得其暂时之平和"②。艺术能拉开人与现实的功利、欲望、苦痛之间的距离，暂时得一"息心之所"。需要强调的是，此功能的实现需要人全神贯注地置身其中，但实际上每个人因人生经历、体验、悟性、品性等不同，能在多大程度上置身审美经验中就会表现出差异。另外，"暂时"一词也说明，当审美经验结束时，人又会回到现实的利害关系和生活的苦痛之中。因此，在审美过程中因忘却了利害关系而形成的高尚纯粹的情感，需要普及并让即使资质平凡的普通人也能够接触和感受到，还需要迁移到审美过程之外的整个人生，如此才能真正实现王国维"慰藉"和"解脱"的目的。而这个"普及"和"迁移"的过程，也正是美育实践需要特别着力的地方。

(一) 古雅作为"普及美育的津梁"

王国维所接触的西方美学思想，多把艺术看作"天才的领域"，但在他看来，如果只把美和艺术看成天赋的恩赐，无疑是对美育实践的巨大打击。实际上，即使是天赋卓绝的天才，也要经过砥砺学问和修养自身的过程③；而对于资质有限的普通人，通过积极的努力，也可以逐渐提升自己的审美能力和艺术素养。因此，王国维试图突破美的先天预成机制，把握其在经验世界的展开，创造性地以"古雅"概念连通了天才和普通人，从而为朝向美的学习和修养打开了理论空间④。

受康德"美在形式"观点的启发，王国维从审美形态出发，指出"优美"的形式能让人"以精神之全力"沉浸其中，"宏壮"以其超出人力之范围而形成精神震撼，进而激发人的自保本能，从而"达观"其形式⑤。优美与宏壮本就具有自身的形式，因而可称为"第一形式"的美。但王国维更重要的理论贡献在于紧接着提出了"第二形式"（即"古雅"）之美："而一切形式之美，又不可无他形式以表之，惟经过此第二之形式，斯美者愈增其美，而吾人之所谓古雅，即此第二种之形式。"⑥"第一形式"是自在的，而"第二形式"则更强调经验的"表出"，是需要经过艺术实践活动所创造出来

① 王国维.论教育之宗旨[M]//王国维.王国维文学美学论著集.周锡山，评校.上海：上海三联书店，2018：104.
② 王国维.红楼梦评论[M]//王国维.王国维文学美学论著集.周锡山，评校.上海：上海三联书店，2018：20.
③ 王国维.文学小言[M]//王国维.王国维文学美学论著集.周锡山，评校.上海：上海三联书店，2018：63—64.
④ 吴寒.残局之为开局：论王国维古雅说与美之第二形式[J].文艺研究，2022(07)：45—57.
⑤ 王国维.古雅之在美学上之位置[M]//王国维.王国维文学美学论著集.周锡山，评校.上海：上海三联书店，2018：95.
⑥ 王国维.古雅之在美学上之位置[M]//王国维.王国维文学美学论著集.周锡山，评校.上海：上海三联书店，2018：96.

的形式，也就是艺术品所表现的美。因此，凡艺术创造，不管是天才之创制还是非天才之创制，均有古雅的特质。但由于天才能最充分地理解优美和宏壮，因此其创作的艺术品巧夺天工、浑然天成，人为的却像自然，仿佛遮蔽了"第二形式"的美，所谓"优美及宏壮之原质愈显，则古雅之原质愈蔽"①。而非天才之制作，由于其不具备或少具备"第一形式"的美，作为"第二形式"的古雅之美便被凸显出来。简而言之，"古雅"即"以古为雅"，"古"代表了时间和历史的积淀，是经过人们长期累积的人生和世界经验，是相关人文知识的审美外化②，因此也成了一个民族、一个时代、一个社会独特的审美经验传统。一代代人也正是在这个传统里获得审美趣味的，因而古雅之判断是后天的、经验的、可学习的。

王国维认为"艺术中古雅之部分，不必尽俟天才，而亦得以人力致之"③，因此，从这种后天的、经验的古雅出发，就可以为难以通达天才境界的普通人建构出一种美育方法，即通过人文修养的积淀，学习和鉴赏历史上伟大的艺术作品，模仿其创作形式、规律和技法等，习得品味古雅的能力。王国维举例称王翚④这样缺乏一流天赋的画家，着意模仿前人笔墨，也可做到"摹古则优而自运则劣"⑤。虽然古雅在美学价值上不如优美和宏壮，但它们在美育上的价值却是一样的，均能够使人心休息，摆脱与现实的利害关系，而获得审美愉悦和精神慰藉。又因为古雅是普通人都可以通过修养而达到的，因此可搭建起"美育普及之津梁"⑥。

（二）审美修养的层级结构

王国维没有把审美感受和艺术创作局限于天才般的直观的能力，而是特别强调从文教传统中积累知识和智慧以促进自我修养，并在以"无功利"为目的的审美操练中，时时静观天地，树立更为高卓的世界观，将审美之无功利境界迁移至现实层面达成"无私心"的道德人格⑦。

在王国维的描述中，可将审美之人分为三种：天才、古雅之人、吾人（即"普通人"）；美也可分为三种：优美与宏壮、古雅、平庸。如《古雅之在美学上之位置》开篇

---

① 王国维.古雅之在美学上之位置[M]//王国维.王国维文学美学论著集.周锡山，评校.上海：上海三联书店，2018：96.
② 刘成纪.释古雅[J].中国社会科学，2020(12)：40—61.
③ 王国维.古雅之在美学上之位置[M]//王国维.王国维文学美学论著集.周锡山，评校.上海：上海三联书店，2018：98.
④ 王翚，被称为"清初画圣"。其绘画以山水为主，融会南北诸家之长，其论画主张"以元人笔墨，运宋人丘壑，而泽以唐人气韵"。
⑤ 王国维.古雅之在美学上之位置[M]//王国维.王国维文学美学论著集.周锡山，评校.上海：上海三联书店，2018：98.
⑥ 王国维.古雅之在美学上之位置[M]//王国维.王国维文学美学论著集.周锡山，评校.上海：上海三联书店，2018：99.
⑦ 冯庆.从"古雅"到"美丽之心"——王国维学术转向的审美启蒙旨趣[J].文艺研究，2021(01)：32—44.

所言："'美术者，天才之制作也。'此自汗德以来百余年间学者之定论也。然天下之物，有决非真正之美术品，而又决非利用品者。又其制作之人，决非必为天才，而吾人之视之也，若与天才所制作之美术无异者。"①通过引入古雅这一中间状态，天才和普通人、审美和非审美之间不再被划出非此即彼的鸿沟，而是形成逐渐提升的阶梯式结构。一个人通过经验、学问和智慧的积累，便能从低阶的平庸状态达至较高的古雅状态，但从"古雅"状态达至优美和宏壮的最高状态，王国维虽然没有提出具体的实践方法，但他将境界层次加入普遍的审美形态中，以人格修养统摄了对美之境界追求，同样指引着国人的精神生命。

王国维著名的"三境界说"昭示着他对修养的重视："古今之成大事业、大学问者，罔不经过三种之境界：'昨夜西风凋碧树。独上高楼，望尽天涯路'，此第一境界也。'衣带渐宽终不悔，为伊消得人憔悴'，此第二境界也。'众里寻他千百度，回头蓦见，那人却在，灯火阑珊处'，此第三境界也。此等语皆非大词人不能道。"②

王国维呈现审美的境界层次，重在强调修养和学习的意义。在三种境界中，任何一种境界都不是直接、轻易就能达到的，而是在学习和修养中，从遥望思索到苦苦追寻，最后豁然开朗，在不断琢磨的过程中逐渐向人敞开的。所谓"三境界"只是虚拟的理论模型，其要义在于描摹通过不懈地修养而不断向上攀援的状态，刻画境界渐次提升的过程③。在古雅说中，他试图将美分成两重层次，并将古雅与修养结合，为不能达到天才境界的人开辟可供攀援的低度境界。但这个境界仍有上升的空间，需要在不断朝向和接近优美与宏壮的实践过程中敞开，此境界已不再如古雅之美那样重在品味艺术体貌（"不过道其面目"），而是"为探其本也"④，即直探此番体貌所从出的根本和底蕴，此"根本"也就是王国维所反复强调的"宇宙人生之真理"。"境界"是为以表现真理为职志的艺术家所设的，"世无诗人，即无此种境界""惟诗人能感之而能写之"⑤。艺术的境界即是人生的境界，它取决于人的世界体验和生命意识，就不仅仅是一个艺术体貌和写作技术的问题，而是需要超越技法，让真理蕴于心而发于外，充满精神生命的力量。

如今的教育学界有一种对实践中把美育简化为艺术知识技能培养的广泛批评，若从王国维阶梯式的审美修养来看，就会发现问题的症结并不在于知识和技

---

① 王国维.古雅之在美学上之位置[M]//王国维.王国维文学美学论著集.周锡山，评校.上海：上海三联书店，2018：95.
② 王国维.人间词话[M]//王国维.王国维文学美学论著集.周锡山，评校.上海：上海三联书店，2018：296.
③ 吴寒.残局之为开局：论王国维古雅说与美之第二形式[J].文艺研究，2022(07)：45—57.
④ 王国维.人间词话[M]//王国维.王国维文学美学论著集.周锡山，评校.上海：上海三联书店，2018：292.
⑤ 王国维.清真先生遗事[M]//谢维扬，房鑫亮.王国维全集（第二卷）.杭州：浙江教育出版社，2010：424.

能,相反艺术的知识技能是十分必要且重要的,尤其是对人生经验还不够丰富的孩童来说,这可能是他们触及和感受美和艺术的最好方式之一。但是,美育并不能停留在对知识和技能的掌握这一层面,而是需要不断地敞开更高的境界,指引人通过不懈地修养而往上攀登,以感悟宇宙人生之根本,开启生命的格局,如此"蓦然回首"时,才会发现美原来就在那"灯火阑珊处"。

四、境界：从领悟个体生命到洞察宇宙人生

王国维美学思想的现代性意味早已被学界所公认,"现代性"是随西学而来的一个词语,其最基本的特性是"以人为本",强调对人之生存根本的重新审视。王国维将探寻"宇宙人生之真理"作为其执信一生的学术理念而贯穿其治学始终,因此其思想便具有了与现代性内涵和特质相契合之处。但王国维作为一代融会中西的学术大家,其思想也具有浓厚的中国传统哲学之精神色彩,他的人生思考并不限于个体生命的领悟与慰藉,而是继承了儒家谋求"天人合一",即追求天地宇宙大生命的和谐与安顿的思想。或者反过来说,只有天地宇宙这个"大生命"得到和谐与安顿,个体的"小生命"才能真正得到慰藉和解脱,也正是在这个意义上,王国维说的是"宇宙人生之真理",而不仅仅是"人生之真理"。

(一) 以己之创作为人类全体之喉舌

艺术的独特价值在于揭示宇宙人生的真理,王国维认为此真理也就是欲望及其带来的苦痛,即生活的本质。但是艺术对此真理的揭示是在情感中的揭示,而不是在知识中的揭示;是让人在心中深切地体会这种苦痛,而不是在头脑中以概念来了解这份苦痛,因此这种"真理"不能脱离个体的生存情感而独立存在,与具体个人的生命实践不能分割,但这种情感又具有普遍性,否则不足以称为"真理"。

作为个体的艺术创作者,能在多大程度上以己之创作体现这种情感的普遍性,就决定了其艺术的境界。当一己之情感表达超越了个人的局限而上升到人类全体的高度,当"喜怒哀乐"超越了个人化的情感,以"忧生忧世"之心洞察人类生存本相,其作品所表达的人类全体之苦痛就足称境界。所以在王国维看来,艺术的境界也是人生的境界,指向的是深邃邈远之感情与高尚伟大之人格。这种人格能够超越己身利害与物我关系之限制,既是代世界立言的喉舌,又是昭示解脱之道的路引,联系着美之普遍性、终极性与超越性的思想内涵,最终落脚在美育教化的功能上。在王国维的整个美育思想中,诗人和文学家之身份都傲然高于政治家,他们代表宇宙人生的普遍真理,是洞察世界本相、忧念苍生的启蒙者,是指导国民拔除卑劣之嗜好、进入高尚纯粹生活的领路人,所谓"诚与国民以精神上之慰藉,而国民之

所恃以为生命者"①。正是在这个意义上，人格修养决定了审美境界，审美境界因关乎人类意识亦成为道德上的最高理想。

伟大之人格以一己之言"发表人类全体之感情，彼之著作实为人类全体之喉舌"②，因此其创作的艺术作品才能指引人生的真谛。正如王国维在评论李后主《浪淘沙》时所说："后主之词，真所谓以血书者也。宋道君皇帝《燕山亭》词亦略似之。然道君不过自道身世之戚，后主则俨有释迦、基督担荷人类罪恶之意。"③同样有作为亡国之君的人生经历，宋道君皇帝的《燕山亭》（又作"宴山亭"）"新样靓妆，艳溢香融，羞杀蕊珠宫女。易得凋零，更多少无情风雨。愁苦。问院落凄凉，几番春暮"表达的是自己那一份具体的亡国之痛，没有超出自我而达致人人可感的普遍性，因此没有同样经历的后人很难与之产生共鸣；而李后主的《相见欢》《浪淘沙》，则超越了具体的对象性内容，与普遍的生活境遇及世俗幸福的易逝性这一人生的根本痛苦建立了联系，其眼界始大，感慨遂深，所以"自是人生长恨水常东""流水落花春去也，天上人间"是足以感动每一个人的，而这正是"担荷人类罪恶"，"以人类之感情为一己之感情"④。此外，陶渊明"采菊东篱下，悠然见南山"中与物俱化的淡远心境；苏东坡、辛弃疾"词寓物不留"之"旷""豪""雅量高致"的生命态度；李白"西风残照，汉家陵阙"所蕴含的苍茫复绝的历史意识等，均是"感自己之感，言自己之言"⑤，但其感其言以直面生存本身的姿态，毅然进入生命的本真，渗透着对宇宙实底、人生本质、人类命运的终极关怀和体悟。可以说，这是以艺术揭示了人生之真谛。

（二）领会"万物一体"而达理欲调和

人们经由审美经验对人生的本质有深切领会，才会在认清这个本质时既得"纯粹之快乐"⑥，又自觉希求解脱，并通过修养自身付诸实践。而人在审美中认识到人生苦痛的真相，其实就是对本体世界的领会，是对世界皆出于同一个意志的领会，因此也是对"万物一体"的领会："若一旦超越此个物化之原理，而认人与己皆此同一之意志，知己所弗欲者，人亦弗欲之，各主张其生活之欲，而不相侵害，于是有正义之德。更进而以他人之快乐，为己之快乐，他人之苦痛，为己之苦痛，于是有博爱

① 王国维.教育偶感四则[M]//谢维扬,房鑫亮.王国维全集(第一卷).杭州：浙江教育出版社,2010：438.
② 王国维.人间嗜好之研究[M]//王国维.王国维文学美学论著集.周锡山,评校.上海：上海三联书店,2018：140.
③ 王国维.人间词话[M]//王国维.王国维文学美学论著集.周锡山,评校.上海：上海三联书店,2018：294.
④ 王国维.人间嗜好之研究[M]//王国维.王国维文学美学论著集.周锡山,评校.上海：上海三联书店,2018：140.
⑤ 王国维.文学小言[M]//王国维.王国维文学美学论著集.周锡山,评校.上海：上海三联书店,2018：68.
⑥ 王国维.论教育之宗旨[M]//王国维.王国维文学美学论著集.周锡山,评校.上海：上海三联书店,2018：104.

之德。"①这种认识是一种"情感性认识"而非纯理性认识，即人们是在审美情感中感受到"万物一体"的，于是博爱之心起，这种感通万物的情感便可调和"理""欲"冲突，达至孔子所谓"从心所欲，不逾矩"（《论语·为政》）的境界。其不逾矩的行为不是来自理性对欲望的压制，而是真情实感的流露，因而是"从心所欲"的，这也是美育对人最深入和最彻底的影响。

要在情感深处领会"万物一体"，首先需要能感受立于生存根本处的"真"与"实"。此真是万物自身之本真，是宇宙生命的自由与自得，是艺术家无功利直观到的"代表物之全种"②的理念。对真的感知，则需要以人之"真性情"作为基础和条件，王国维认为人的本质是真，倘若涉世被染则假，故"阅世愈浅，则性情愈真"③，这是一种对纯真的"赤子之心"的强调。王国维给予李后主、纳兰性德之词以极高评价，即因他们未涉世过深而被尘世污泥浊水所染，保存了性情之真，所谓"阅世贵真，境界贵深"④。另外，还需感受生存之实，即要求人对宇宙人生"入乎其内"⑤，深入体验那些有关自身生存和外界生命的真实际遇，从而将客观事物作为一种受审美主体精神浸染的、非对象化的实体来看待⑥。王国维认为一个词人首先要做到对生命的忠实："词人之忠实，不独对人事宜然，即对一草一木，亦须有忠实之意，否则所谓游词也。"⑦不只是人生、人事，对一草一木都要忠实，以仁爱忠厚之心对待自然万物；纵使人事变幻、草木枯荣，对这种生命的无常性亦需热爱，也要忠实。

王国维借孔子的美育实践解释了经过长期的日常审美修养，可培育出物我相融之人格的路径，而此人格亦是道德人格之理想："且孔子之教人，于《诗》、乐外，尤使人玩天然之美。故习礼于树下，言志于农山，游于舞雩，叹于川上，使门弟子言志，独与曾点……则平日所以涵养其审美之情者可知矣。之人也，之境也，固将磅礴万物以为一，我即宇宙，宇宙即我也……此时之境界：无希望，无恐怖，无内界之争斗，无利无害，无人无我，不随绳墨，而自合于道德之法则。"⑧孔子的美育实践之内涵就是"固将磅礴万物以为一，我即宇宙，宇宙即我也"，是通过审美感受以感性类比的方式，将"我"与整个世界建立想象性的关系而实现的，此时呈现的审美状态

①　王国维.叔本华之哲学及其教育学说[M]//王国维.王国维文学美学论著集.周锡山,评校.上海：上海三联书店,2018：159.
②　王国维.叔本华之哲学及其教育学说[M]//王国维.王国维文学美学论著集.周锡山,评校.上海：上海三联书店,2018：158.
③　王国维.人间词话[M]//王国维.王国维文学美学论著集.周锡山,评校.上海：上海三联书店,2018：294.
④　刘发开.王国维"境界"说的理论结构与审美精神转向[J].中国文艺评论,2019(09)：57—68.
⑤　王国维.人间词话[M]//王国维.王国维文学美学论著集.周锡山,评校.上海：上海三联书店,2018：306.
⑥　刘发开.王国维"境界"说的理论结构与审美精神转向[J].中国文艺评论,2019(09)：57—68.
⑦　王国维.人间词话未刊稿[M]//王国维.王国维文学美学论著集.周锡山,评校.上海：上海三联书店,2018：319.
⑧　王国维.孔子之美育主义[M]//王国维.王国维文学美学论著集.周锡山,评校.上海：上海三联书店,2018：79.

就是人和自然万物在情感交融过程中产生的与天地同化的生命体验,于是"不知有内界之争斗,而唯乐于守道德之法则",因此也充满了因情理交融、理欲调和而得以提升的道德意志。

思考与练习

1. 请总结、对比王国维美育思想与中国传统美育思想间的区别和联系。
2. 请结合我国当前的现代化进程谈谈王国维美育思想的现实教育意义。

延伸阅读

1. 王国维.王国维文学美学论著集[M].周锡山,评校.上海：上海三联书店,2018.
2. 杜卫.审美功利主义——中国现代美育理论研究[M].北京：人民出版社,2004.
3. 郑伟.王国维的美育思想及其境界诉求[J].社会科学辑刊,2020(03)：90—95.
4. 刘发开.王国维"境界"说的理论结构与审美精神转向[J].中国文艺评论,2019(09)：57—68.

第十三章

以美化人：蔡元培美育思想及其当代启示

本章要点

1. 陶冶活泼敏锐之性灵。
2. 养成高尚纯洁之人格。
3. 美化社会组织之秩序。

重要概念

美育　以美化人　完全之精神　陶养感情　陶冶性灵　普遍性　超脱性　宁静人生观　健全之人格　现象世界　实体世界　合道德性　以美育代宗教　启蒙　救亡　精神信仰

学习目标

1. 了解蔡元培美育思想的主要主张。
2. 理解和体会蔡元培美育思想的核心观点与重要概念。
3. 探寻蔡元培美育思想在当代教育背景下的现实意义。

图 13 - 1 蔡元培

主要人物介绍

蔡元培(1868—1940)是中国近代历史上闻名的民主主义革命家和爱国主义教育家。他重视教育,主张教育独立、教育救国,为我国教育事业的发展作出了突出贡献。蔡元培是我国美育事业的先驱,他的美育理论与实践为现代美育的发展打下了坚实的地基。蔡元培赋予美育崇高的地位和价值,不仅将美育列入国民教育方针中,还提出"情育论""津梁说""以美育代宗教"等美育主张,更致力于家庭美育、学校美育和社会美育的全方位实践。

蔡元培是古今中外美育思想的集大成者,不仅继承了中国传统文化底蕴,还吸收了康德、席勒等人的德国美学思想。其美育思想中透露出的贯通古今、融汇中西的磅礴之气与其丰富的人生经历(尤其是受教育经历)是密切相关的——读过私塾、中过举人、入过翰林、办过学校、留过洋、当过总长。值得注意的是,蔡元培的美育思想属于一种兼容并包的"大美育",其中包含着多重逻辑,恰如其在《美学原理》序言中所述,"如其能够将这种爱美之心因势利导之,小之可以怡情悦性,进德养身,大之可以治国平天下"①。蔡元培的美育思想除"陶冶活泼敏锐之性灵,养成高尚纯洁之人格"②的目的之外,还承担着深重的社会与时代责任——启蒙与救亡。因此,在蔡元培眼中,个人发展与社会进步、国家富强是紧密联系在一起的,美育既是塑造个人完全之人格的方式,也是铸造完全之精神的手段。

---

① 蔡元培.美育与人生——蔡元培美学文选[M].济南:山东文艺出版社,2020:213.
② 高平叔.蔡元培全集(第五卷)[M].北京:中华书局,1988:180.

蔡元培的美育思想或许可以用"以美化人"来概括，用美陶养个人情感，用美培养健全人格，用美塑造新型国民，用美开化社会风气，即实现从个体小我到社会整体的发展与进步。"以美化人"也是蔡元培的毕生理想，其一生都在为宣传美育思想、开展美育实践而奔走，而"只要讲起中国的美学，就不论理论与教育方面，均要首先提到先生"①。蔡元培所处的时代距今约有百年，但"以美化人"的美育理想却仍在路上。科技的发展与物质的丰裕似乎并未使现代人的精神世界得到完满的塑造，美被"泛娱乐化""消费化"，人们甚至面临着从未有过的精神空虚。在教育领域也不例外，一种急躁、焦虑、不安的感觉包围着学生、家长和教师。因此，蔡元培的美育思想在当今依然具有强烈的现实意义。

蔡元培作为古今中外美育思想的集大成者，是中国美育事业的先驱。他的美育思想和实践为现代美育的发展奠定了坚实基础，蔡元培的美育是一种浸润全人生、全范围的"大美育"实践，蕴含着一个"以美化人"的根本旨趣。它包含"个体小我""群体大我""社会组织"三重逻辑，旨在实现陶冶活泼敏锐之性灵、养成高尚纯洁之人格、美化社会组织之秩序的美育目的。从"个体小我"逻辑来看，他提出"情育论""宁静人生观"等观点，用美育陶养人的感情和感性能力，促进人的个性和创造力发展，从而使人的性灵趋向敏锐、活泼；从"群体大我"的逻辑来看，他提出"津梁说""五育并举"等主张，将美育当作塑造"完全人格"的重要凭借，用美育涵养人的道德修养，引导人们形成高尚纯洁的价值观、人生观和世界观；从"社会组织"逻辑来看，蔡元培发出"以美育代宗教"的时代呼吁，将美育看作一种独特的启蒙和救亡话语，使其担当着创造中国新文化、改造国民性、重振民族之精神信仰的重要任务。这三层美育逻辑之间并不是毫无关联的，而是彼此促进、相辅相成的，共同致力于完全之精神的铸造。

一、陶冶活泼敏锐之性灵

事实上，蔡元培并不是国内倡导美育的第一人，王国维早在《论教育之宗旨》（发表于1903年）一文中已提出"美育"一词，并将其界定为"心育"，但王国维的思想更倾向于美学理论的建构与传播，而真正落入教育实践的"美育"还是源于蔡元培。蔡元培的美育思想是十分复杂的，其内部交织着多种逻辑线索。他早期对美育的思考主要是从美学视角出发的，深受德国美学理论的影响，尤其是康德、席勒

①　蔡尚思.蔡元培学术思想传记[M].上海：棠棣出版社，1950：319.

等人的思想。这种美育思想可以称之为"纯粹美育"，即基于真、美、善与知、情、意的划分以及对"美是什么"的基本认识，将美育的目的归结为陶养感情。故在《教育大辞书》中将"美育"解释为："美育者，应用美学之理论于教育，以陶养感情为目的者也。"①陶养情感或感性能力实际指向人的个性和创造力的发展，即使人的性灵趋向敏锐、活泼。

(一) 美感具有普遍性与超脱性

蔡元培关于美和美育的思想收获很大程度上归功于求学德国的经历，于是，才有了"到四十岁，始专治美学"②。蔡元培曾三次奔赴德国（共计五年多），而其求学的莱比锡大学乃是德国美学的重镇，诸如席勒、歌德等重要的美学家都曾求学或执教于此。正是在莱比锡大学学习的时候，蔡元培在冯德的哲学史课程上接触到康德美学，就像他在《自写年谱》中所写："尤因冯德讲哲学史时，提出康德关于美学的见解，最注重于美的超越性与普遍性，就康德原书详细研读，益见美学关系的重要。"③蔡元培的美育思想，尤其是面向人的发展部分，是以康德美学为基础的。

康德美学思想主要体现在《判断力批判》之中，是"三大批判"哲学思想的重要组成部分，也是沟通《纯粹理性批判》与《实践理性批判》的桥梁。正如蔡元培所说，康德美学所聚焦的并非何者为美学之物的问题，而是美学之判定何以成立的问题。因此，康德并未对美进行明确界定，而是从对美的鉴赏入手，探讨美的对象的基本特征——美的鉴赏的愉悦是一种"无利害的和自由的愉悦"④，而"美是那没有概念而普遍令人喜欢的东西"⑤。蔡元培在《康德美学述》一文中概括了康德美的对象的四个特征——超逸、普遍、有则和必然，四言合之便成美。"美者，循超逸之快感，为普遍之断定，无鹄的而有则，无概念而必然者也。"⑥其中，普遍性与超脱性在美育中是最为重要的。蔡元培在《对于教育方针之意见》中说道："提出美育，因为美感是普遍性，可以破人我彼此的偏见；美感是超越性，可以破生死利害的顾忌，在教育上应特别注重。"⑦美的对象的普遍性与超脱性奠定了美育之陶养感情之功效，从而造就一种纯粹的审美鉴赏，使人在无利害的普遍愉悦中怡情养性。

(二) 美育者教情感之应用是也

如果说蔡元培对美学的认识始于康德，其对美育的理解则源自席勒。蔡元培

---

① 高平叔.蔡元培全集(第五卷)[M].北京：中华书局，1988：508.
② 中国蔡元培研究会.蔡元培全集(第八卷)[M].杭州：浙江教育出版社，1997：48.
③ 中国蔡元培研究会.蔡元培全集(第十七卷)[M].杭州：浙江教育出版社，1998：457.
④ [德]康德.判断力批判[M].邓晓芒，译.北京：人民出版社，2002：45.
⑤ [德]康德.判断力批判[M].邓晓芒，译.北京：人民出版社，2002：54.
⑥ 蔡元培.美育与人生——蔡元培美学文选[M].济南：山东文艺出版社，2020：36.
⑦ 蔡元培.中国现代美学名家文丛·蔡元培卷[M].杭州：浙江大学出版社，2009：263.

的"美育"概念译自席勒的《审美教育书简》，诚如他在《二十五年来中国之美育》一文中所述："美育的名字，是民国元年我从 Asthetische Erziehung 译出，为从前所未有。"①席勒的美育思想继承和发展了康德的美学理论，其致力于"完整的人"（一种"活的形象"）的培养，即通过"游戏冲动"实现"感性冲动"与"形式冲动"的和谐统一。因为"只有当人是完满意义上的人时，他才游戏；而只有当人在游戏时，他才是完整的人"②。其中，"美作为人的人性的完满实现"③，是游戏冲动的对象（也是两种冲动的共同对象）。席勒的游戏冲动理论（或称"统一论"）对蔡元培"完全之人"的美育定位也产生了深远影响。蔡元培认为美育在培养"完全之人"中主要承担着"情育"任务，这主要基于心理学的划分："心象有情感、智力、意志之三种。心理学者，考定此各种之性质、作用而已，故为理论学。其说此各种应用者，为论理、伦理、审美之三学。伦理学说心象中意志之应用；论理学示智力之应用；审美学论情感之应用……教育学中，智育者教智力之应用，德育者教意志之应用，美育者教情感之应用是也。"④知、意、情与真、善、美的三分模式也是逻辑学（论理学）、伦理学、美学（审美学）的学科分类依据。

除此之外，蔡元培还吸收了叔本华关于世界的本质就是意志的思想，他认为人的一生不外乎是意志活动，但意志往往是盲目的，故需要知识和感情的辅助。美育便是发动情感的方式。美与感情之间自古就存在一种奇妙的勾连，"人类开化之始，常以美术品为巫祝之器具，或以供激情导欲之用"⑤。人类的感情是主观的，"人人都有感情，而并非都有伟大而高尚的行为，这由于感情推动力的薄弱。要转弱而为强，转薄而为厚，有待于陶养。陶养的工具，为美的对象，陶养的作用，叫作美育"⑥。其中，美育与感情之间的作用是双向的，美育借助美的对象的活泼、生动、具体的感性形象和感染力量发动情感、打动人心，激发愉悦体验，从而产生积极力量，反作用于人的精神世界，引导人的行为，使人向善发展。这就是蔡元培美育思想中的"情育论"。

（三）美育涵养宁静的人生观

美育对于蔡元培而言，之所以具有超越其他教育之外的独特之处，在于美育的对象所具有的超脱性与普遍性，因此美能够破人我之见、去利害得失。蔡元培的美育实质上是一种人生教育，它贯穿人生全过程，是家庭美育、学校美育、社会美育的

① 蔡元培.美育与人生——蔡元培美学文选[M].济南：山东文艺出版社，2020：168.
② ［德］席勒.审美教育书简[M].张玉能，译.南京：译林出版社，2009：48.
③ ［德］席勒.审美教育书简[M].张玉能，译.南京：译林出版社，2009：46.
④ 中国蔡元培研究会.蔡元培全集（第一卷）[M].杭州：浙江教育出版社，1997：357.
⑤ 高平叔.蔡元培美育论集[M].长沙：湖南教育出版社，1987：9.
⑥ 蔡元培.美育与人生——蔡元培美学文选[M].济南：山东文艺出版社，2020：182.

综合产物。他在《哲学大纲》中说道："美学观念，以具体者济之，使吾人意识中，有所谓宁静之人生观，而不至疲于奔命，是美学观念唯一之价值。"①涵养宁静之人生观乃是美育之独立价值。

日常生活中实际上并不缺乏审美活动，但有审美活动并不意味着有美育。在蔡元培看来，尽管娱乐性的、功利性的审美活动与美育活动一样，均能引起感情的波动，但三者之间存在巨大差异。美育活动具有涵养宁静之人生观的重要作用，即陶冶性灵。"陶冶性灵"区别于"消遣""娱乐""享乐"等所指，不贪图一种单纯的情感宣泄的"耳目之娱"，不是情感的放任自流；也不带有"利益""好处""功利"等附加意图，不以牺牲感情或感性能力为代价去追求片面的理性发展；而是蕴含一种"教育"与"培养"的纯粹之义，指向情操的陶冶和感性能力的涵养，从而净化人的精神世界。正如蔡元培在《美育与人生》一文中所说："既有普遍性以打破人我之见，又有超脱性以透出利害的关系；所以当着重要关头，有'富贵不能淫，贫贱不能移，威死不能屈'的气概；甚至有'杀身以成仁'而不'求生以害仁'的勇敢；这种是完全不由于知识的计较，而由于感情的陶养，就是不源于智育，而源于美育。"②宁静的人生观继承了美的普遍性与超越性，是以宁静的态度应对人生的变化。

相较于蔡元培生活的年代，如今似乎更加需要美育来净化精神世界。审美活动在消费社会的催化下变得更加丰富多彩，而其"娱乐性"和"功利性"也在掩盖美的普遍性与超脱性，使美对人的性灵的陶养作用变得越来越弱。现代人的精神世界被越来越多的附加意图或条件所捆绑，教育场域也不例外。尽管美育在教育领域有了一席之地，但现代教育却依然充斥着急躁、焦虑、不安、紧张。人们对知识的执着固然无可厚非，但对感情的漠然却值得忧虑。美育在当前教育实践中往往被现实扭曲，时而成为遥不可及的高雅之物，时而被当作提升自身竞争力的类分数，时而成为传授艺术知识或技能的知识教育的同化物，甚至走向与陶冶性灵背道而驰之途。蔡元培认为美育不能仅依靠艺术课程，而是要重视挖掘一切课程中的美育要素。他说："凡是学校所有的课程，都没有与美育无关的。例如数学，仿佛是枯燥不过的了；但是美术上的比例、节奏，全是数的关系，截金术是最显的例。数学的游戏，可以引起滑稽的美感。"③只有使美融入人生，融入教育教学的全过程，才能使美育"活起来"，审美主体与审美体验才会充满生气，美育才能净化精神世界、陶冶活泼敏锐之性灵。

---

① 蔡元培.美育与人生——蔡元培美学文选[M].济南：山东文艺出版社，2020：17.
② 蔡元培.美育与人生——蔡元培美学文选[M].济南：山东文艺出版社，2020：183.
③ 高平叔.蔡元培全集(第四卷)[M].北京：中华书局，1988：213.

二、养成高尚纯洁之人格

"纯粹之美育，所以陶养吾人之情感，使有高尚纯洁之习惯，而使人我之见、利己损人之思念，以渐消沮者也。"①美育不仅能够陶养人的情感，还能养成高尚纯洁之人格。情感陶养与人格养成是相互关联的，伟大而高尚的行为完全发动于情感。蔡元培认为"艺术能养成人有一种美的精神，纯洁的人格"："优美能使人和蔼，安静，对于一切能持静，遇事不乱，应付裕如。壮美使人有如受压迫，如瞻望高山，观览广洋狂涛，使人压迫，因而有反抗，勇往直前，一种大无畏的精神，奋发的情感。"②所谓"高尚纯洁之人格"，实际上指向了蔡元培的教育理想——"完全之人格"，其不仅包含着对道德修养的追求，也涉及对为人处世的价值观、人生观、世界观的引导。

（一）美育乃通达自由之津梁

康德将美学作为认识论与伦理学之间的桥梁，即通达自由的桥梁，这一观点被蔡元培所吸收和继承。他在《对于新教育之意见》中说道："美感者，合美丽与尊严而言之，介乎现象世界与实体世界之间，而为之津梁。"③"现象世界"与"实体世界"的二分实质上是西方哲学的传统，只是存在不同的称谓，如在柏拉图那里便是"现实世界"和"理念世界"的二分。在康德看来，人类的发展将经历由"现象世界"向"实体世界"的过渡，即实现人类从自然王国到自由王国的过渡。人在"现实世界"需要伴随生死、祸福、离合、利害等现象，经历喜怒哀惧等情感变化，而人在进入"实体世界"后则获得人性的完满与精神的自由。"实体世界"实际上就是蔡元培所期盼的无差别、无偏见的"大同世界"——天下无贫人、天下无病人、天下无恶人，而"教育家欲由现象世界而引以到达于实体世界之观念，不可不用美感之教育"④。蔡元培以构筑无差别的大同世界为目标，期望以美感教育为"津梁"，从"现象世界"通达"实体世界"，他主张树立渴慕"实体世界"、超越"一己"、涵纳"群体"、实现精神自由的追求。

当然，由"现象世界"通达"实体世界"并非一蹴而就的，需要迈过"人我之差别""幸福之营求"等障碍，即放下功利追求之心和差异偏见之态。这需要通过美育的陶养来实现："教育者，则立于现象世界，而有事于实体世界者也。故以实体世界之观念为其究竟之大目的，而以现象世界之幸福为其达于实体观念之作用。"⑤即以美之普遍滋养共赏而非私占的情感，从而破除人我之成见；以美之超脱陶养随性而非

---

① 蔡元培.美育与人生——蔡元培美学文选[M].济南：山东文艺出版社，2020：40.
② 蔡元培.蔡元培谈教育[M].沈阳：辽宁人民出版社，2015：65.
③ 蔡元培.美育与人生——蔡元培美学文选[M].济南：山东文艺出版社，2020：5.
④ 蔡元培.美育与人生——蔡元培美学文选[M].济南：山东文艺出版社，2020：5.
⑤ 蔡元培.美育与人生——蔡元培美学文选[M].济南：山东文艺出版社，2020：4.

功利的情感,从而破除利害之顾忌,意求达到陶养美好感情和涵养高尚人格的教育功效。人的心灵若在审美状态下,往往不会斤斤计较个人的荣辱与得失,它所关注的是精神上的愉快和满足。因此,美感教育作为沟通"现象世界"与"实体世界"的桥梁,能够帮助人们克服价值观上的偏离,包括金钱至上、权力崇拜和无止境的物欲追求,使人们重新认识到高尚愉快的精神生活对人格健全和人生价值的重要意义。

(二) 美育目的的合道德性

蔡元培的美育目的蕴含着一种合道德性,即美育隶属于行为的善的动力,乃是人类从"自然人"向"道德人"转变的桥梁。当然,这里的"道德"是一个中西复合体,也是实体世界与现象世界的统合,美育在此便起着一种调和作用。它既受到西方人道主义的影响,追求自由、平等与博爱的善性;也保留了中国传统道德的积极方面,崇尚仁、义、礼、智、信的君子修养。"新道德"所蕴含的仁爱、尊严、民主、平等、责任、勇敢等人格追求具有恒常性,不会被时代所淘汰。

蔡元培认为"教育之目的,在使人人有适当之行为,即以德育为中心是也",而"所以美育者,与智育相辅而行,以图德育之完成者也"①。也就是说,美育和智育共有育"德"之作用。以道德为教育中心是中国传统教育的特色,也是西方美学理论的终极归宿(自由的道德追求)。蔡元培认为人要表现出适当行为需要两类的"德":一类为"保身卫国之德",依附于"智育";另一类为"与人同乐、舍己为群之德",则依赖美育。前者需要计较厉害,考察因果,以冷静的头脑进行判断;后者则截然相反,需要不计祸福与生死,以热烈情感来奔赴。美育活动可以促使主体导向、达成善性,塑造纯洁高尚的道德品格,这主要源于美的创造与欣赏能够创造"精神自由"的道德教育前提,即美本身就与合目的的善性天然相连。

同时,情感与道德也具有密切的关系。情感陶养是美育的重要作用,亦是以美育德的关键环节。"这伟大而高尚的行为,是完全发动于感情的。"②蔡元培美育思想中的合道德性也受到了"礼乐相济"的儒家文化传统的影响,尤其肯定了"乐"对德育的积极意义。蔡元培表示:"有礼则不可无乐。礼者,以人定之法,节制其身心,消极者也。乐者,以自然之美,化感其性灵,积极者也。礼之德方而智,乐之德圆而神。无礼之乐,或流于纵姿而无纪;无乐之礼,又涉于枯寂而无趣。"③单纯从道德规范的角度约束人们的行为是消极的方式,不仅教育过程枯燥而无趣,而且教育效果也会大打折扣。倘若采取"寓教于乐"的美育方式,用美涤荡受教育者的情感

---

① 蔡元培.美育与人生——蔡元培美学文选[M].济南:山东文艺出版社,2020:156.
② 蔡元培.美育与人生——蔡元培美学文选[M].济南:山东文艺出版社,2020:182.
③ 中国蔡元培研究会.蔡元培全集(第一卷)[M].杭州:浙江教育出版社,1997:488.

和心灵，从而使人自然而然地接受并践行道德要求。

（三）协调各育塑造健全之人格

将美育同军国民教育、实利主义教育、公民道德教育、世界观教育并举，并将美育列于国民教育方针中是蔡元培美育实践的关键举措，也因此奠定了美育的教育地位。美育是蔡元培新教育主张的重要组成。蔡元培在《对于新教育之意见》中提出"五育并举"的新教育思想，认为军国民教育、实利主义教育、公民道德教育、世界观教育与美育，"皆今日之教育所不可偏废者也"①。蔡元培还将前三者归为"政治之教育"，而将后两者归于"超轶政治之教育"，故有了"世界观与美育主义"之宗旨——美育在中国近代教育史上被首次确立为国家教育方针。此外，他还用人体作喻来解释各育的功能："譬之人身：军国民主义者，筋骨也，用以自卫；实利主义者，胃肠也，用以营养；公民道德者，呼吸机循环机也，周贯全体；美育者，神经系也，所以传导；世界观者，心理作用也，附丽于神经系，而无迹象之可求。"②美育并不是可有可无的，它犹如神经系统一般，寓于教育教学的各个方面，负责沟通、协调各育，以培养完全之人物。诸如化学、地理、历史等学科均大同小异，"无不于智育作用中，含有美育之原素；一经教师之提醒，则学者自感有无穷之兴趣"③。

美育在教育之中讲究一个"活"字，要善于运用本有之美，要尊重学生的意愿与喜好，要发挥民族文化特色，要打破等级优劣之偏见。"必要事事模仿人家，终不免带有机械性质，于美育上，就不可算是真美。"④当前便需要一种活的美育，发挥其神经和津梁之长处，激活人的情感，陶养人的性灵，启发人们反省人类的生存状态、追问人生的意义、追求更有价值的生活，将其从精神贫乏的世界中解救出来，从而通达精神之自由与人格之完满。蔡元培在《一九〇〇以来教育之进步》中说道，"教育者，养成人格之事业也"，关涉"调和之世界观和人生观""担负将来之文化""独立不惧之精神""安贫乐道之志趣"等人格教育理想⑤，即健全之人格。教育要推动知、情、意发展，满足人的生理、心理欲望，滋养人之向善的能力。20世纪20年代，蔡元培明确将"养成健全的人格"和"发展共和的精神"作为普通教育的两大宗旨，并认为健全之人格内分四育——体育、智育、德育和美育⑥。世界观教育则并入美育，依托美育而行。此后，"五育方针"也被精简为"四育方针"，影响至今。为协调各育塑造健全之人格，蔡元培还提出了一系列操作性的美育措施。例如，他认为应加强文

---

① 蔡元培.美育与人生——蔡元培美学文选[M].济南：山东文艺出版社，2020：5.
② 蔡元培.美育与人生——蔡元培美学文选[M].济南：山东文艺出版社，2020：6.
③ 蔡元培.美育与人生——蔡元培美学文选[M].济南：山东文艺出版社，2020：158.
④ 高平叔.蔡元培教育论著选[M].北京：人民教育出版社，2017：332.
⑤ 中国蔡元培研究会.蔡元培全集（第二卷）[M].杭州：浙江教育出版社，1997：371—372.
⑥ 高平叔.蔡元培教育论著选[M].北京：人民教育出版社，2017：331.

化环境建设,营造优美的育人环境,从而引起学者清醇之兴趣,养成高尚纯洁之人格。

三、美化社会组织之秩序

蔡元培的美育思想是"教育—学术—救国"三位一体的,具有鲜明的现实针对性,蕴含着一套"救亡图存"的时代逻辑。也就是说,对蔡元培而言,美育不仅是陶冶活泼敏锐之性灵、养成高尚纯洁之人格的工具,也是从思想文化上改造国民性,以美化社会组织之秩序的实践支持。蔡元培美育思想的救国韵味与其所处的时代背景自然是分不开的,当时的内忧外患促使着一群有识之士寻求一条革新之路。只不过有的人选择了自上而下的变革(如维新派),有的人选择了自下而上的武装革命(如孙中山等革命党人),而蔡元培选择了教育,提出"教育救国论"。他认为,革命之精神,以教育为根本。"则欲副爱国之名称,其精神不在提倡革命,而在养成完之人格。盖国民而无完全人格,欲国家之隆盛,非但不可得,且有衰亡之虑焉。造成完全人格,使国家盛隆而不衰亡,真所谓爱国矣。"①其中,美育就是创造中国新文化、启蒙民众的中坚力量。

(一) 美育作为一种独特的启蒙话语

"蔡元培的美育理论实际上是中国现代思想史和美学史上的一种独特的启蒙话语。"②蔡元培投身美育事业受到了时局的深深刺激,这也是他人生的重要转折。在 20 世纪以前,蔡元培主要接受的是中国传统教育(旧教育),全身心钻传统学术,他自称"二十岁以前,最崇拜宋儒"③。直到甲午战争战败,蔡元培意识到"不自强而恃人,开门揖盗,真无策之尤也"④。只有实现国家富足、民族自强,才能摆脱任人宰割的命运。"维新"风潮进一步刺激着蔡元培寻求自强之路,他开始阅读日本和西方著作,以求从外国思想中找到进步之路,遂迎来了自身思想的极大转变。

博览中西的蔡元培逐渐认识到维新派的初衷是好的,但其"自上而下"的政治改良路线必定阻碍重重。他认为,"居今日而欲自强,其必自人心风俗始矣"⑤。有效的革新和革命应从启蒙国民、开化民智出发,而蔡元培选择将教育(尤以美育为主)作为移风易俗的途径,从人才培养入手,培养新型国民,以实现救国理想。蔡元培认为救国的根本在于文化重建和人格重塑,而美育的超脱性和普遍性可以使人超越功利、养成健全人格,可以医治传统思想文化和国民性的病根。所以,美育在

---

① 蔡元培,等.先生归来兮·蔡元培,以美育改变中国[M].北京：中国文史出版社,2019：192.
② 杜卫.审美功利主义——中国现代美育理论研究[M].北京：人民出版社,2004：88.
③ 中国蔡元培研究会.蔡元培全集(第三卷)[M].杭州：浙江教育出版社,1997：658.
④ 中国蔡元培研究会.蔡元培全集(第十五卷)[M].杭州：浙江教育出版社,1998：152.
⑤ 中国蔡元培研究会.蔡元培全集(第一卷)[M].杭州：浙江教育出版社,1997：287.

根本上是一种思想启蒙的实践方式。不仅如此，蔡元培的美育思想深受德国美学的影响，隐含着浓厚的"以人为目的"的人道主义思想，基于此的以人为本、发展学生的个性和创造性等教育或美育思想本身便是一种进步的启蒙思想的体现。

在蔡元培眼中，中国要走向自强之路需要依靠觉醒的国民力量，必须发展中国的新文化，兴办具有启蒙作用的新教育，必然要坚持科学与艺术并重。他表示"科学、艺术，完全世界主义也"①，它们是人类文化的两翼，是启蒙国民的凭借。蔡元培之所以特别强调美育，也在于当时中国已经有了科学教育的萌芽，而艺术教育却十分欠缺，故提出"文化运动不要忘了美育"②的呼吁。这种协调"科学与艺术"或"知识与感情"的启蒙主张，在今天依然具有生命力。如蔡元培所述，"我们是做人，自然行为是主体，但要行为断不能撇掉知识与感情"③。倘若以"走路"为例，走路既需要掌握路线、时长等知识，也需要有行走的兴趣，若是没有"想走"的情感，就永不会走或走得不起劲，也就不能到达目的地。知识与感情不可偏废，二者相辅相成、相互促进。在当前激烈的教育竞争下，教育者更要调和知识与情感的比例，活用美育，让美育助力情感兴发，引起知识习得之兴趣，消减人我之别与物我之分，追求精神愉悦，涵养高尚道德。

（二）"以美育代宗教"的时代呼吁

"以美育代宗教"是蔡元培最具代表性的美育观点，也是其美育思想走向成熟的标志。蔡元培曾不止一次探讨美育与宗教的问题。早在介绍文艺复兴时期画家拉斐尔（赖斐尔）时，蔡元培就传达了"教力既穷，则以美术代之"④的观念，虽与"美育代宗教"的内涵差异巨大，却可算作其萌芽。众所周知，宗教内容是常见的西方艺术题材，尤其表现在绘画、雕塑等艺术形式中。拉斐尔的名气来源于他在宗教题材画作中注入的启蒙力量，这股力量隶属于情感，是感性的化身。对西方艺术史有所涉猎的人可能知道，拉斐尔最擅长画圣母像，而同中世纪以庄严、肃穆为标志的圣母像相比，拉斐尔的圣母像中透露着一股母亲的温柔、慈祥和优美，而怀中或膝下的圣子也表现出"赤子之心，纯美无疵，明通于道"⑤之感。在拉斐尔的画作中，蔡元培看到了一种超越宗教的充满感情的美术力量，从而萌发了用艺术改造人的精神世界的念头。

蔡元培正式提出"以美育代宗教"主张是在1917年的北京神州学会演说上。不得不说，美育与宗教在逻辑上是不对等的，这一点蔡元培也十分清楚。但他依然

① 中国蔡元培研究会.蔡元培全集（第五卷）[M].杭州：浙江教育出版社,1997：226.
② 蔡元培.美育与人生——蔡元培美学文选[M].济南：山东文艺出版社,2020：44.
③ 高平叔.蔡元培全集（第四卷）[M].北京：中华书局,1989：31.
④ 蔡元培.美育与人生——蔡元培美学文选[M].济南：山东文艺出版社,2020：29.
⑤ 蔡元培.美育与人生——蔡元培美学文选[M].济南：山东文艺出版社,2020：29.

选择了"以美育代宗教"的表述，一方面在于反对"立孔教为国教""以孔子为教主"的思想潮流，另一方面则考虑到宗教实际效用的转变。"宗教本旧时代教育……所以宗教中兼含有智育、德育、体育、美育的原素。"①所以，过去时常出现宗教替代教育或代行教育之职责的情况。但随着科学事业的发展、社会秩序的进步以及健康观念的改变，宗教中的智育、德育和体育的内涵早已不适用于现代社会了，故"只有美育，成为宗教的唯一原素"②。然而，在宗教环境中，美育材料是有限制的，美育是逆其本性而存在的，常常受宗教所累，而失去陶养感情和人格的作用，转而成为一种类似"精神胜利法"的刺激情感的方式。因此，蔡元培认为美育应该独立于宗教而存在，美育应该是绝对的、纯粹的、普及的、自由的，这样才能陶养人的感情，发展人的个性和创造力，塑造完全之精神。

既然有了纯粹的、独立的美育，自然也就不再需要保留宗教，故蔡元培发出"不能以宗教充美育，而只能以美育代宗教"的倡议。他给出三条原因："美育是自由的，而宗教是强制的；美育是进步的，而宗教是保守的；美育是普及的，而宗教是有界的。"③相较于宗教，自由、进步、普及的美育更有助于人的发展。另外，蔡元培还特别强调"只有美育可以代宗教，美术不能代宗教"④。因为美育是广义的，包含音乐、美术、文学、电影、公园、戏院、园林布置、繁华都市、幽静乡村等种种社会现状；而美术是狭义的，指向建筑、雕塑、图画等活动。"以美育代宗教"实质上是蔡元培为中国找的一条特殊的自强途径。对中国来说，宗教是陌生的、不适用的，要治疗当时国民的情感，使国民获得心灵的慰藉、实现精神的觉醒，美育确实是个绝佳选择。

（三）重建民族之精神信仰

蔡元培的美育思想，特别是"以美育代宗教"等主张，实际聚焦于一个终极问题——重建民族之精神信仰，其具体表现为改造国民性。改造国民性是清末民初的爱国知识分子普遍考虑的问题，如王国维在《去毒篇》中分析了国民被鸦片毒害的原因，"由于国民之无希望，无慰藉。一言以蔽之：其原因存于感情上而已"⑤。究其根本，在于国民精神之空虚。

蔡元培深知，不论是美育，还是宗教，均致力于现实层面的情感支撑与心灵慰藉，二者均不足以撼动一个民族的精神信仰。蔡元培是一个在传统文化中成长起来的学者，他坚信东方文化自有深刻的人文关怀、哲学底蕴和艺术积淀，而这些均

①　蔡元培.美育与人生——蔡元培美学文选[M].济南：山东文艺出版社，2020：209.
②　蔡元培.美育与人生——蔡元培美学文选[M].济南：山东文艺出版社，2020：167.
③　蔡元培.美育与人生——蔡元培美学文选[M].济南：山东文艺出版社，2020：210.
④　蔡元培.美育与人生——蔡元培美学文选[M].济南：山东文艺出版社，2020：162.
⑤　姚淦铭，王燕.王国维文集（第三卷）[M].北京：中国文史出版社，1997：23.

属于中华民族的文化特色，具有崇高的价值和意义。他在游学国外之时还发现，西方人也在为美善的世界观和人生观上下求索，且"欧洲学者热心于了解东方文化"①，试图在东方文化中汲取养分。这更加确立了蔡元培的文化自信和民族自豪感，故其想借助美育的自由性、进步性和普及性融汇中西，陶养感情，塑造人格，树立民族自信心。"提倡美育，便是使人类能在音乐、雕刻、图画、文学里又找见他们遗失了的情感。"②情感与人格都是民族精神信仰的重要基础。也就是说，蔡元培的美育实践是从现实层面入手来改造国民性的，而其终极意义是重塑中华民族的思想文化。

　　蔡元培重振民族之精神信仰的希冀也体现在《中华民国教育宗旨》之中，其第一条便是站在民族的视角："恢复民族精神，发扬固有文化，提高国民道德，锻炼国民体格，普及科学知识，培养艺术兴趣，以及实现民族主义。"③其中，美育和科学属于中坚力量。在蔡元培心目中，只要科学和美育等能够得到有效落实，改造国民性、改良社会秩序的理想终将实现（只是时间问题）。即便在全面抗战爆发后，蔡元培依然坚信"美术乃抗战时期的必需品"，推广美育可以使人具有"宁静而强毅的精神"④。蔡元培对民族精神信仰的认识十分超前，甚至提升到了一种"世界主义"，认为"战前教育偏于国家主义，战后教育必当偏于世界主义"⑤，即战后教育乃为世界培养适当之人物。想必，这也寄托了他"大同世界"的美好理想。

　　"爱美之心，人皆有之。"追求美是人的天性，反过来美也能陶养感情、塑造人格，使人获得宁静、平和之愉悦。总体来看，蔡元培的美育思想是一种"大写的美育"：所涉范围甚广，"凡有美化的程度者，均在所包"⑥；时间跨度甚长，"一直从未生以前，说到既死以后"⑦。这是一场浸润全人生、全范围的美育实践。蔡元培的美育思想有三个目的：陶冶活泼敏锐之性灵，养成高尚纯洁之人格，美化社会组织之秩序。其中，蕴含着一个从"个体小我"到"社会大我"的逻辑转变，贯穿个人发展与社会进步的全过程。"群体与个性的发展，相反而适以相成，是今日完全之人格，亦即新教育之标准也。"⑧美育之根本在于"化人"，既能用陶冶情感，促成个体的成长；又能涵养人格，促成群体的进步。蔡元培的美育思想虽历百年，但依然是现代美育事业的基础，"以美化人"的美育精神在现代教育中依然适用，不少思想在今天依然

①　中国蔡元培研究会.蔡元培全集(第四卷)[M].杭州：浙江教育出版社,1997：352—353.
②　中国蔡元培研究会.蔡元培全集(第六卷)[M].杭州：浙江教育出版社,1997：614.
③　中国蔡元培研究会.蔡元培全集(第六卷)[M].杭州：浙江教育出版社,1997：286.
④　中国蔡元培研究会.蔡元培全集(第八卷)[M].杭州：浙江教育出版社,1997：522.
⑤　中国蔡元培研究会.蔡元培全集(第三卷)[M].杭州：浙江教育出版社,1997：686.
⑥　蔡元培.美育与人生——蔡元培美学文选[M].济南：山东文艺出版社,2020：209.
⑦　蔡元培.美育与人生——蔡元培美学文选[M].济南：山东文艺出版社,2020：140.
⑧　中国蔡元培研究会.蔡元培全集(第三卷)[M].杭州：浙江教育出版社,1997：548.

闪烁着进步的光辉，需要当代学者深入发掘其意义。

思考与练习

1. 请谈一谈你对蔡元培美育思想的理解。
2. 请思考蔡元培的美育思想对我国当代美育改革有何启示。

延伸阅读

1. 蔡元培.美育与人生——蔡元培美学文选[M].济南：山东文艺出版社,2020.
2. 高平叔.蔡元培全集(第五卷)[M].北京：中华书局,1988.
3. 中国蔡元培研究会.蔡元培全集(第四卷)[M].杭州：浙江教育出版社,1997.
4. 高平叔.蔡元培教育论著选[M].北京：人民教育出版社,2017.
5. 蔡元培,等.先生归来兮,蔡元培,以美育改变中国[M].北京：中国文史出版社,2020.

第十四章

以情趣为核心通达理想人格：朱光潜美学思想的教育启示

本章要点

1. 人生艺术化的内涵。
2. 人生艺术化的价值追求。
3. 实现人生艺术化的途径。

重要概念

人生与艺术　情趣与人生　出世的精神与入世的事业　美与善　距离的不即与不离　人的情趣和物的姿态

学习目标

1. 了解朱光潜以情趣为核心的人生艺术化的内涵，厘清人生、情趣、艺术三者之间的关系。
2. 体会朱光潜"人生艺术化"这一广义美育理论对社会国家、个体人生的意义。
3. 在了解朱光潜美育思想的基础上，反思目前美育中存在的问题，探寻实现"人生艺术化"的途径。

图 14-1　朱光潜

主要人物介绍

朱光潜（1897—1986），安徽桐城人，中国现代美学的奠基人之一。主要编著有《文艺心理学》《悲剧心理学》《谈美》《诗论》《谈文学》《克罗齐哲学述评》《西方美学史》《美学批判论文集》《谈美书简》《美学拾穗集》等，并翻译了《歌德谈话录》、柏拉图的《文艺对话集》、莱辛的《拉奥孔》、黑格尔的《美学》、克罗齐的《美学》、维柯的《新科学》等。

朱光潜不仅是 20 世纪中国最重要的美学家之一，也是现代美育理论的重要代表人物。他从人生论出发阐发审美和艺术的人生价值和教育功能，根据本土问题提出了中西交融而又具有创新意义的美育理论。他关于美育的人生论基础、以情为本、美育"解放说"和"人生艺术化"的论述不仅在当时具有学术和实践意义，对于当前我国美育理论建设和美育实践的开展也具有重要的借鉴价值。

　　文化底蕴深厚的桐城是朱光潜的故乡，桐城派思想则是朱光潜的精神故乡。桐城私塾是朱光潜接受中国传统教育的开始。在其八十出头的高龄时所作的自传中，朱光潜写道："我从六岁到十四岁，在父亲鞭挞之下受了封建私塾教育，读过且大半背诵过四书五经、《古文观止》和《唐诗三百首》，看过《史记》和《通鉴辑览》，偷看过《西厢记》和《水游》之类旧小说，学过写科举时代的策论时文。"①他一生所读之书籍，除了儒家经典，老庄佛学也无不涉猎。传统文化对朱光潜美学思想的影响，无疑是丰富而复杂的。

　　尽管有着传统不可剔除的前提，但是事实上朱光潜的学术方式基本上是学习西方的。朱光潜接受西方教育始于香港大学，主修教育学，随后写了不少与教育有关的文章。他在回顾自己的学术经历时说："我原来的兴趣中第一是文学，其次是心理学，第三是哲学。因为喜欢文学，就被逼到研究批评的标准，艺术与人生，艺术与自然，内容与形式，语文与思想等问题。因为喜欢心理学，我就逼到研究想象与情感的关系，创造与欣赏的心理活动以及文艺趣味上的个别差异。因为喜欢哲学，我就被逼到研究康德、黑格尔和克罗齐诸人讨论美学的著作。这样一来，美学就成为我喜欢的几门学问的联络线索了。"②在朱光潜思想形成的脉络中，可以列出一长串的西方思想家、美学家、哲学家等的名字，从柏拉图、亚里士多德到康德、黑格尔；从叔本华、尼采、克罗齐到后来的马克思等。

　　关于对美的本质的看法，朱光潜认为美是主客观的统一。对于这一看法，无论是前期或是后期，他都始终坚持。早年主要体现在他所讲的"情趣意象化"与"意象情趣化"，晚年则主要体现在"自然的人化"与"人的本质力量的对象化"。朱光潜从克罗齐的哲学体系中，找到了"直觉论"的根基，又受到尼采所渲染的"日神精神"的沐浴和熏陶，从而铸成了他早期美学思想的灵魂——"看戏人生"的美学观。所谓看戏就是要置身局外，将世界的一切变化当作可欣赏的图画，他认为诗人和艺术家是在静观默玩中得到人生的最高乐趣的。与"看戏"相对的是"演戏"，演戏要在世界产生变化中实现自我。两者被朱光潜认为是两种不同的人生理想。这一思想明显地显示在他探索人生问题、解决理想与现实矛盾冲突的路径中，特别是在"人生艺术化"的美育命题中得以体现。除了吸收西方美学思想外，朱光潜的底色还是儒家传统文化。他在儒家中寻找到"乐"这一根本性因素，进而将情放在优先地位。

---

① 朱光潜.朱光潜全集(第一卷)[M].合肥：安徽教育出版社,1987：1.
② 朱光潜.朱光潜全集(第一卷)[M].合肥：安徽教育出版社,1987：200.

朱光潜认为儒家文化是以乐为本的，审美教育的核心在于：乐是礼的内在因素，因为情比理更内在，更贴近人的本性。因此，进行审美教育要从这根本源头上做起，颐养性情。

20世纪初的中国社会动荡纷呈，绵延数千年的传统文化根基被时代的浪潮冲蚀得斑驳脆弱，道统断裂，精神贫弱，中国人的文化自信岌岌可危。而"美学"或者"美育"成为启蒙人心拯家救国的"药引"，中国现代美育也正是源起于"新民""立人"的时代需要，在其理论发展中自然而然地产生了美育与人生的关系问题①。以此为起点的中国近现代美育理论也便包含着什么样的人生才是理想的以及如何实现这些问题。

作为胸怀济世救国之心的学人，朱光潜鉴于现实社会中的过于追求物质的满足而带来精神的萎缩、"实用的"和"科学的"人受到世人青睐而"审美的"人却遭到遗忘这种反常现象，曾提出一种广义的美育理论——"人生艺术化"。其理论不仅指向养成具有现代意识的"国民"和"新人"以拯家救国，而且弘扬了一种审美化、艺术化的人生态度和理想。人生与艺术的关系也是当前美育需要继续面对和反思的问题，由此，朱光潜的"人生艺术化"美育思想的历史价值和现代性意义得以彰显。

一、以人生艺术化为宗旨的美育追求

人生艺术化是朱光潜美学思想的出发点和旨归，理解人生艺术化是了解朱光潜审美教育思想的钥匙。朱光潜的第一篇美学论文《无言之美》，就已有用美学解决人生问题观念的雏形，告诫青年朋友要学会用审美的眼光看待人生、审视世界。直至1932年《谈美》一书出版，朱光潜在其最后一节"'慢慢走，欣赏啊！'——人生的艺术化"中正式提出了"人生艺术化"这一命题。在这一命题中，朱光潜对艺术和人生的关系进行了深刻的思考，并用"情趣"架起"人生"和"艺术"之间的桥梁：个体通过对"人生"的情趣化以实现艺术化，而艺术通过情趣作用于人生。

（一）艺术远离实际人生，以跳出利害关系

有学者认为现代的美育思想家特别是美育实践者，大多将美育等同于艺术教育，美育与人生的问题又进而转换为艺术与人生的关系问题②。美与艺术经常被混用。虽然朱光潜在接受和批评克罗齐的美学思想的过程中，将美和艺术分离开来，但朱光潜的人生艺术化实际上也就是"人生美化"，因此要想搞清楚朱光潜的人生

---

① 谭好哲.从艺术为人生到人生艺术化——中国现代美育价值追求的内在转型[J].中国文学批评，2020(04)：39.

② 谭好哲.从艺术为人生到人生艺术化——中国现代美育价值追求的内在转型[J].中国文学批评，2020(04)：39.

艺术化思想，我们不可避免地要认识朱光潜所言的"美"是什么。在此基础上，才能更好地窥见朱光潜对人生和艺术关系的看法。

朱光潜先生在早期的著作中指出："美不仅在物，亦不仅在心，它是心与物的关系上面……它是心借物的形象来表现情趣……凡是美都要经过心灵的创造。"①在美学大论辩时期，朱光潜对自己解放前的美学思想做了相应的批判和推进，认为美是主观与客观的统一②。在此，不细究两者的区别和演进，无论前期和后期，朱光潜始终聚焦在心与物的关系上。朱光潜将心对物的态度分为三种：实用的态度、科学的态度、美感的态度。实用的态度会让注意力偏重事物对人的利害，科学的态度会让人偏重对事物的认识关系，以这两种态度去看待事物时，事物都是借着与其他事物发生关系而得到意义的，因而人的活动会受到环境的限制，成为有所为而为的活动；实用的态度追求维持和享受物质生活；科学的态度依赖并执着于探求事物的因果关系等。因而，人也就成为了环境需要的奴隶③。

但"人之所以异于其他动物的就是在于……有更高尚的企求"④，也就是说人不仅有物欲，也需要有精神上的饥渴。朱光潜认为"美"就是人精神上的需要：在美感的世界里，人才不能被奴役，人是自己心灵的主宰；在美感的态度中，人的注意力专注于事物本身的形象。美感就起于"形象的直觉"，脱离了意志与欲念、抽象的思考。而要想摆脱这些限制，就必须与实际人生有一种距离，使人心不再汲汲于物带来的"名利"，不再斤斤计于物的"功效"。

从美或者艺术的角度去分析，艺术与实际人生是有距离的，与欲念、利害是有隔的。所谓人生艺术化就是希望人可以跳出利害关系，进入超乎利害关系的美感世界中。在朱光潜看来，艺术的活动是"无所为而为"，在创造和欣赏艺术时，人会从有利害关系的实用世界超脱到绝无利害的理想世界里去，全凭自己的意愿去活动而不受环境需要或者物质的控制。不可否认的是，教育中依旧存在"只把读书看作改变自己命运的手段"的观念，培养出的人汲汲于名利欲念，而对社会的发展、人生的意义一片茫然。教师为升学率而教学，学生为提高分数而学习，成人为增加财富而忙碌，在这样的社会背景下，重新厘清朱光潜的美育思想有着极其重要的现实意义。

（二）艺术走入整个人生，以获得生命自由

朱光潜的美感世界纯粹是意象世界，思考和欲念都失去了作用。他明确指出意象和实际的人生是有距离的⑤，那为何还提倡"人生艺术化"呢？对此，需要对朱

---

① 朱光潜.朱光潜全集（第一卷）[M].合肥：安徽教育出版社，1987：346—347.
② 朱光潜.朱光潜全集（第五卷）[M].合肥：安徽教育出版社，1989：80.
③ 朱光潜.谈美[M].北京：生活·读书·新知三联书店，2021：124—129.
④ 朱光潜.谈美[M].北京：生活·读书·新知三联书店，2021：128.
⑤ 朱光潜.谈美[M].北京：生活·读书·新知三联书店，2021：137.

光潜所认为的"人生"重新进行梳理。朱光潜将人生态度分为实用的、科学的、美感的，是"为正名析理起见"。但就个人的整个人生意义和人生过程来看，人生是多方面相互和谐的整体，"实际人生"比"整个人生"的意义更为狭窄，只是整个人生之中的一个片段。艺术虽与"实际人生"有距离，与整个人生"却并无隔阂"。朱光潜所谓的整个人生，是希望人不仅是动物性的存在，在实际人生中争温饱；更希望人可以有人自身存在的方式，可以自由地活动，可以有"乘兴而归，乘兴而返"的雅兴。在这个层面来说，"人生本来就是一种较广义的艺术。每个人的生命史就是他自己的作品"①。

生命中最为重要的就是对"美"的追求。因为美感经验与实际人生有距离，但却是整个人生中最有价值的经验。美感的活动是无所为而为的，是环境不需要他活动而自己愿意去活动的。也就是说，在美感活动中，人是自由的，朱光潜认为"生命"是与"活动"同义的，活动越自由，生命也就越有意义②。那么对美的活动的追求，便是对自由人生的追求。正如朱自清所说，朱光潜是在"引读者由艺术走入人生，又将人生纳入艺术之中"③，希望人们像欣赏艺术一样欣赏世界和人生。也就是说，美是人的一种嗜好，它产生于人的精神需要，产生于人的美感活动，是人的一种自由的自我欣赏和创造；同时，这种创造为人类提供了新的意象，即形象，提供了与实际生活不同的理想世界，使得人们在对这种意象的欣赏中进入一个新的理想世界，从实际人生中超脱出来，获得新的自由的走向现实的力量。

朱光潜认识到人生如果被单单理解为如动物般的实际人生，就很容易陷入利害的纠葛、功利的漩涡中，被"物"所控制，这不仅是国家危机的根源，更是人类存在意义的危机。因此，朱光潜从"整个人生"的角度赋予美育更深层次的意义，他希望从"美"的角度反思"人生"，也就是人的生存方式，确认人是以一种艺术化的姿态面对存在、面对现实、面对自我。

（三）人生艺术化就是人生的情趣化

人生艺术化就是倡导主体以美的艺术精神来濡染提升个体的人格情致与生命境界，从而建构诗意的人格和美的人生，实现并享受生命、人生的意义与韵味。人生艺术化的美育理想，一方面是希望人可以从"艺术"中吸取力量，另一方面，也是将"人生"当作一场艺术。人生艺术化到底追求怎么样的人生呢？人生与艺术如何连成一体？在人生与艺术之间，朱光潜将"情趣"作为中介与桥梁，人生通过情趣得以艺术化，艺术通过情趣作用于人生。

①　朱光潜.朱光潜全集(第二卷)[M].合肥：安徽教育出版社,1987：91.
②　朱光潜.谈美[M].北京：生活·读书·新知三联书店,2021：128.
③　朱光潜.朱光潜全集(第二卷)[M].合肥：安徽教育出版社,1987：100.

"情趣"范畴的引入，是朱光潜吸纳中国诗学传统，进而与西方美学的融合。所谓情趣，朱光潜认为是"物我交感共鸣的结果"①，但朱光潜并未给"情趣"下过定义，他认为"情趣是可比喻而不可直接描绘的实感，如果不附丽到具体的意象上去，就根本没有可见的形象"②。为了更好地理解，可以将"情趣"作个简单的总结：情趣乃是见之于意象时心中的诗意体验，是审美过程化解物我对立关系时主体的愉悦感和满足感。

朱光潜认为："离开人生便无所为艺术，因为艺术是情趣的表现，而情趣的根源在人生；反之，离开情趣也便无所为人生，因为凡是创造和欣赏都是艺术的活动，无创造、无欣赏的人生就是一个自相矛盾的名词。"③由此，人生艺术化便是人生的情趣化，艺术来源于人生，而人生之所以能够成为艺术，是因为心对物（人生）的情趣化；朱光潜所追求的人生在上文已提到过，是一种蕴含着美的欣赏和创造的自由的人生，这种人生的实现需要人有丰富的情趣来化解心与物的对立。

"趣味是对于生命的彻悟和留恋。生命时时刻刻都在进展和变化，趣味也就要时时刻刻在进展和变化。"④朱光潜将其情趣范畴提高到对生命的彻悟和留恋的层面，那人生艺术化的追求也不单单是追求人生中的趣味，而是进一步聚焦到生命层面。人生艺术化不单单是对人生意义的重新反思，希望人可以过情趣化的生活，而且希望在情趣化的生活中对生命人格艺术化。人生艺术化是人类对自我精神的自由追求，也是对人格与心灵之美的向往与期冀。

在朱光潜眼中，世界是个体性格和情趣的返照，情趣不同则景象虽似而实不同。每个人所见到的世界都是自己所创造的。"物的意蕴深浅与人的性分情趣深浅成正比例，深人所见于物者亦深，浅人所见于物者亦浅。"⑤所以，人可以分为两种，一种是情趣丰富的人，对于人生看似单调乏味的点滴小事都觉得有趣味，而且到处寻求享受这种趣味；一种是情趣干枯的，对于生活毫无激情可言。情趣干枯的状况屡见不鲜："学习好没意思""生活有什么意义"是部分学生的口头禅；"我们唯一的盼头就是希望他考上好大学"是部分家长对自己孩子人生的规划与设定；"你玩这些有什么用，考试又不考，有什么意义"是部分教师用来教育孩子的经典名言。诸如此类的教育现象的出现，再次印证了缺少情趣的生活会让其变得单调、枯燥且单一，情趣的干枯会导致人生存的机械化。情趣作用于人生的理想中，这是情趣最突出的美育特质。那么，审美教育，或者说教育的责任之一是培养学生的情趣，让

---

① 朱光潜.朱光潜全集(第二卷)[M].合肥：安徽教育出版社,1987：92.
② 朱光潜.朱光潜全集(第三卷)[M].合肥：安徽教育出版社,1987：54.
③ 朱光潜.朱光潜全集(第五卷)[M].合肥：安徽教育出版社,1995：91.
④ 朱光潜.朱光潜全集(第三卷)[M].合肥：安徽教育出版社,1987：352.
⑤ 朱光潜.朱光潜全集(第三卷)[M].合肥：安徽教育出版社,1987：53.

学生发现生活中的情趣，找到属于自己的生活的意义。

朱光潜的人生艺术化为人认识自己打开了通道。它启示我们，教育不单单是追求判别和获得知识的高分，不仅仅是实现物欲享受的通道，而是可以走一条"美"的道路，可以从"美"和"艺术"的角度思考个人的生命，从而打开人生的可能性。总之，人生艺术化是人生情趣化，是希望人追求情趣化的生活，将世界万物及其自身当作艺术品对待，发现其中的趣味，并且在将其化为审美对象进行自由观照的同时获得诗性体验，以此完满自己的人格。人生艺术化也意在创造人生，体现出个体生命的活力：要求不断开创更广阔的生存空间，不断地更新自我，提升自我，以获得个体完全自由的特殊本性。也就是说，要把一个人培养成生活的艺术家，使每个人的人生都有生生不息的源泉。

二、以"人格理想"为指向的美育价值

朱光潜以情趣为中介的人生艺术化理论，对人生和艺术的思考不仅仅是艺术如何为社会服务，而是递进到什么样的人生才是理想人生的问题。艺术对人生不再是工具性的存在，而是成为一体，人生即艺术。由此，人生艺术化美育理论不仅具有社会现实性价值，而且应该纳入人生的美化过程中去，是一种追求自由的生命教育，更是一种追求内具和谐而外具秩序的完美人格教育。

(一) 社会救亡：以出世的精神做人世的事业

美学进入梁启超、王国维、蔡元培诸人的视野，不是因为科学建设的需要，几位中国美学先驱者有一个共同的出发点：主张美的价值是普遍的超功利的价值，因此，审美教育可以作为超道德的形式起根本性的人生（道德）教育作用[①]，以此"立人"而后方可"强国"。这些新的美学思想改变了传统中国的审美和教育观念，在客观方面促进了中国古典美学向现代美学转变。它们对青年朱光潜的影响具有奠基作用，"人生""社会"同样也是朱光潜谈美的出发点。

朱光潜研究比较叔本华、尼采以及柏拉图、亚里士多德的看法，得出人生最高目的在"观照"这一结论。朱光潜主张美的"超脱""无所为而为"，推崇尼采日神精神的"观照式"人生观（看戏的态度），因此其谈美往往被定性为是冷漠的、与社会现实脱节的。实际上，朱光潜明确说过"看与演都可以成为人生的归宿"[②]。面对混乱的时代，朱光潜的人生艺术化的理论结合了尼采的日神与酒神精神，总结出处理人

---

① 肖鹰.朱光潜美学历程论[J].清华大学学报(哲学社会科学版),2004(01)：32—38.
② 朱光潜.朱光潜全集(第一卷)[M].合肥：安徽教育出版社,1989：257.注释：这里演与看的分别主要地在如何安顿自我上面见出。演戏要置身局中，时时把"我"抬出来，使我成为推动机器的枢纽，在这世界中产生变化，就在这产生变化上实现自我；看戏要置身局外，时时把"我"搁在旁边，始终维持一个观照者的地位，吸纳这世界中的一切变化，使它们成为眼中可欣赏的图画，就在这变化图画的欣赏上面实现自我。

生的一条绝妙原则，即能出世也能入世，用出世的精神做入世的事业。朱光潜试图用"人生艺术化"解决理想人生和现实人生之间的矛盾：人力所能做到的时候，我们竭力征服现实；人力莫可奈何的时候，我们要暂时超脱现实，储蓄精力待将来再向其他方面征服现实①。

朱光潜要在这个紧迫的时刻给青年"谈美"，其实是一种人文学者的救国方式。可以说，朱光潜的美学理论都或隐或显地指向改造国民性，指向培养"现代的中国人"这个目标。他认为当时的中国社会闹得如此之糟，不完全是制度的问题，是大半由于人心太坏。人心之坏，是由于"未能免俗"，人心被禁锢在密密无缝的利害网中，像蛆钻粪似的求温饱，不能以"无所为而为"的精神作高尚纯洁的乞求。在这种斤斤于利害得失的背景下，再多的德育或者智育，培养出的人也就"俗不可耐"。因此，朱光潜认为要要求人心净化，而人心净化的前提是要求人生美化。

朱光潜先生期冀把人生当作一场艺术的活动，将做学问或者做事业当作一件艺术品来看待，人要抱有"无所为而为"的精神，只求满足理想和情趣，不斤斤于利害得失，才可以真正有一番成就，才可以对国家的发展作出真正的贡献。由此可见，"人生艺术化"并非叫人逃避现实。伟大的事业都出于宏伟的眼界和豁达的胸襟，一个人唯有如此，才能以出世的精神做入世的事业。

当把学问当作艺术品来看待，而不作为单单取得成绩的工具来看待时，学生便有将"知识"进行观照的可能性，而对"知识"的观照便成为培养学生出世精神的可能。例如，一位教师在要求学生默写王之涣的《登鹳雀楼》后，让学生畅所欲言，说说自己从这首诗里理解了什么、领悟到什么。学生纷纷回答："白日依山尽，黄河入海流让我们置身祖国的大好河山，情不自禁地激荡起自豪感和爱国热情。""欲穷千里目，更上一层楼告诉我们，不仅要有登高望远的志向，有了理想还要付诸行动……"②当把这首诗当作观照对象时，学生就不再执着于这首诗的字音字形、句读考点，而是通过这首诗看到了千百年前那位风姿绰约的诗人，品到了那份万里山河的豪气……"以出世的精神做入世的事业"这样既洒脱又务实的精神和情趣就在有意无意间播撒进了学生心田。

（二）生命救赎：摆脱自然限制与情感束缚

朱光潜认为艺术和美是"解放的，给人自由的"③，而"人可以说是两重奴隶，第一服从自然的限制，其次要受自己的欲望的驱使"。在这两重束缚下，人是受限

---

① 朱光潜.朱光潜全集(第一卷)[M].合肥：安徽教育出版社，1987：68.
② 案例改编自：杨小微.从抽离到融合：基于劳动教育的"五育"共进之路[J].福建教育学院学报，2020，21(10)：12.
③ 朱光潜.朱光潜全集(第四卷)[M].合肥：安徽教育出版社，1988：147.

的,美育给人自由,就要摆脱自然的限制与情感的束缚。

美育在两个层面上帮人摆脱自然的限制。一方面,美可以弥补自然的缺陷,使眼界得到解放,以此获得更多的生命源泉。所谓眼界解放,实际上就是让人在有限的时空获得无限的活动。美育能使人在平凡的世界里发现神奇的美,获得新鲜的人生经验。朱光潜写道:"文艺逐渐向前伸展,我们的眼界也逐渐放大,人生世相越显得丰富华严。这种眼界的解放给我们不少的生命力量,我们觉得人生有意义,有价值,值得活下去……美感教育不是替有闲阶级增加一件奢侈,而是使人在丰富华严的世界中随处吸收支持生命和推展生命的活力。"①这里,"眼界的解放"实际上在于创造,而创造性的发现又给人生增添了无穷乐趣。值得注意的是,朱光潜认为,这种人生的乐趣(也是审美的乐趣)是获取生命活力的"源头活水",而美育就是在使人能够体悟人生乐趣的同时获得生命的源头活水,也就是增强人的生命活力。倘若能认识到这一点,普通的课本内容也可以成为美育的最佳助手。就语文课本而言,用人生艺术化的角度去看每一篇文章,不都是一场"美"的旅行? 通过文字可以置身追求宁静自然、风韵含蓄的苏州园林中,而观照园林的构造又可以看到古人简洁淡泊的品性、周规折矩的为人;通过诗篇可以遇见宦海沉浮、一心为民的苏东坡,而观照其人生选择可以窥到其严肃且豁达的人生态度。将课本当作艺术品,将所学的内容当作欣赏对象,情趣也在其中得以显现,生命的广度不仅得以拓宽,生命的深度也得以延伸。

另一方面,人在自然面前是极其渺小的,从物质层面讲,人类无法与自然相抗衡,科学的世界预示着人类和地球最终都会归于灭亡,在自然的圈套中征服自然显然是不可能的,人总归是自然的奴隶。但美育会教人造出一个新的世界,在想象中跳出自然。当把人生当作一场艺术创造时,自然就成了人手中的"玩物","在艺术创造中可以把自然拿在手里玩弄"②。因此,美育会让人不再汲汲于饮食男女的寻求,而使人超越自然,"从自然限制中解放出来,由奴隶变成上帝,充分地感觉人的尊严"③。

人除了受自然的限制外,也会受个人的情感的困扰。美育之所以能够解放冲动和情感,是因为两种路径:一种是通过对"物"的欣赏以释放郁积的力量,进而对自己的人生进行观照。例如:"每当愁苦无聊时,费一点工夫欣赏艺术作品或自然风景,满腹牢骚就马上烟消云散了。"④另一种是对本能和冲动进行艺术转化,形成艺术创造。例如,教师让学生用色彩表现自我的"焦虑",课程结束后,有学生产生

---

① 朱光潜.朱光潜全集(第四卷)[M].合肥:安徽教育出版社,1988:147.
② 朱光潜.朱光潜全集(第四卷)[M].合肥:安徽教育出版社,1988:151.
③ 朱光潜.朱光潜全集(第四卷)[M].合肥:安徽教育出版社,1988:151.
④ 朱光潜.朱光潜全集(第四卷)[M].合肥:安徽教育出版社,1988:148.

了以下感想："整个过程感觉从'迷茫'到'承受'到'承载'到'释放'，能量在一点点升华，获得转化，内心也越来越坚定。"在这个过程中，个体将人生中无法避免的焦虑情感当作客观物象来对待，不去思考焦虑和恐惧带给自己怎样的利害关系，而是专注于其本身，使其转换为一种形象或意境，然后将这种意境外射到颜色上，利用画笔将"情感"转变为具体的作品。在这个过程中郁结在内心的情绪得到释放，找到了宣泄的出口，让感情有所寄托。对作品的再次创作，也意味着对个人情趣的调整。画作出现了，烦恼消失了。人的情绪被作品化，人生也被艺术化了。人之所以可以借文艺发泄，是因为文艺提供了一种想象的世界，在想象世界中，欲望可以用"望梅止渴"的办法得到满足，同时，文艺也把带有野蛮性的本能冲动和感情提到一个较高尚较纯洁的境界中去活动。

（三）尽性人生：存于中而形于外

朱光潜将人的生命史形象地比作一部作品，而要想作品能被称为"艺术"，就要依靠性分和修养。朱光潜评价自己是"移西方美学之花，接中国儒家传统之木"[①]。他对于人性的看法也是中西结合的产物。他移的西方之花是有选择的，他所接的儒家之木也是有选择的。朱光潜移西方完整人性的观念接儒家的"尽性"思想。朱光潜接受了西方在心理学方面认为事物有真、善、美三种不同的价值，相应地，人的心理有知、情、意三种活动的划分，在教育理论方面认同发展全人的观念。朱光潜还认为"全人"的思想与中国儒家的最高理想是"尽性"的[②]有异曲同工之妙。朱光潜同样认为教育的目的就是"使人尽性"，发挥性之所固有。即便朱光潜的思想在前后发生了诸多改变，但是此种人生观（教育观）却一以贯之。基于此，朱光潜认为教育的功用就应该顺应人类求知、向好、爱美的天性，"使一个人在这三个方面得到最大限度的调和发展，以达到完美的生活"。

当人生真正到达艺术化的阶段，即到达审美的境界，真、善、美便成为一体，便是尽兴的人生。朱光潜的人生艺术化理想最终指向的是人性中真、善、美的统一，以追求人格理想、人生意义和生命境界的完美实现为终极旨归。人生艺术化何以实现尽性人生？何以使真善美统一？朱光潜将过好一世的生活好比作一篇文章，而一篇美文一定是至性深情的流露，"存于中然后形于外"[③]。由此，朱光潜追求人生艺术化，引入"情趣"作为桥梁，从作用路径来说，是希望通过涵养人的内在性情以使外在的生活得到升华。

关于"真"与"美"，朱光潜明确表示"真理在离开实用而成为情趣中心时就已经

---

① 朱光潜.朱光潜全集（第十卷）[M].合肥：安徽教育出版社，1993：648.
② 取自《中庸》："能尽人之性，则能尽物之性；能尽物之性，则可以赞天地之化育。"
③ 朱光潜.朱光潜全集（第二卷）[M].合肥：安徽教育出版社，1987：91.

是美感的对象"。也就是说，当人的性分和修养能够将探求真理的活动及其真理当作观照的对象时，"真"的活动便也是"美"的活动。倘若以这样的方式去观照教育内容，学生也能从严肃冷漠的"地球绕日运行"的地理现象中，洞悉出宇宙的奥秘之美；也能从纷繁复杂的数学定理中，观照出其和谐愉悦之美。倘若在教育中能够适当地跳出教育内容的功利及实用色彩，引导学生以"看戏的态度"观照"知识"，欣赏"知识"本身的规律，那么科学的活动也就成了一种艺术的活动，真与美之间也便没有了隔阂。

中国近现代美学的一大任务便是将审美从泛道德文化中独立出来，而朱光潜又追求美与善的统一，其思想显然与儒家文化密不可分。他将儒家的诗、礼、乐对接西方的近代美育。朱光潜认为诗、礼、乐虽同是美感教育，但其指向不同：受诗与乐的陶冶，性情可以达到和谐；受礼的调节，生活可以有所秩序。在其表述与解读上，朱光潜将"乐"放在"礼"之前，"乐是情之不可变，礼是理之不可易，合乎情然后当于理"①。"就礼与乐言，基本在乐。"②朱光潜又引用雪莱的话说明"美育是德育的基础"这一论断。但朱光潜并没有止步于将"美"作为"善"的桥梁这一关系，而是认为"在人生的胜境，善与美常合二为一"③。也就是说，在人生艺术化的最高阶段，美与善是统一的。而美与善的统一也是人生艺术化追求的最高境界。乐的精神是和，礼的精神是序，而内具和谐而外具秩序的生活，从伦理观点看，是最善的；从美感观点看，也是最美的。一个真正有美感修养的人必定同时也有道德修养。朱光潜引西方哲人之说："至高的善无所为而为的玩索"，以为这"还是一种美"。

朱光潜所认为的美善关系，对目前教育中的道德教育问题起到警钟作用。据《中国教师报》2022年1月19日03版报道：一段"女儿拍摄'给爸爸洗脚'"作业视频引发网友热议。有关新闻报道及视频显示，女儿拍完给爸爸洗脚的照片之后，还没等爸爸反应过来就离开了房间，并没有真的给爸爸洗脚。爸爸称，一开始挺感动，稍后却感觉挺意外。"给父母洗脚"成为数代人必做的"孝文化"作业。但对于部分学生而言，也成了一种强迫性的劳动。孝道是我国人伦道德修养的核心问题，怎样才算孝？"洗脚"固然是尽孝的方式，但如果没有在行动上付诸"敬爱"的情感，行为也便成了表演。孔子曾经犀利地说过："今之孝者，是谓能养。至于犬马，皆能有养。不敬，何以别乎？"敬源于内，养显于外。情感达到和谐，外在的行为才有秩序，这种孝又怎能不美呢？与其在秩序上规范学生的行为，不如从情感上涵养学生的性分。《诗经》中说："维桑与梓，必恭敬止。靡瞻匪父，靡依匪母。"（《诗经·小雅·小弁》）"哀哀父母，生我劬劳"，"哀哀父母，生我劳瘁"（《诗经·小雅·蓼莪》）。

---

①   朱光潜.朱光潜全集（第九卷）[M].合肥：安徽教育出版社,1993：94.
②   朱光潜.朱光潜全集（第九卷）[M].合肥：安徽教育出版社,1993：105.
③   朱光潜.朱光潜全集（第四卷）[M].合肥：安徽教育出版社,1988：98.

这些岂不是最好的美育与德育教材？

　　总之，无论是真与美的统一还是善与美的统一，都必须满足"存于中而形于外"（也就是"内具和谐而外具秩序"），而当人的内在性分和修养足够和谐时，便是一个能够发现生活中各种情趣之人，对于许多事物都觉得有趣味，而且到处寻求享受这种趣味，人活在趣味之中，生活才有价值。他对自己做的事情，总是津津有味，兴致勃勃，什么悲观、厌世都不存在。不然，情趣干枯，生活单调，使人容易厌倦，厌倦即为苦恼，各种人生问题就会接踵而来。在朱光潜看来，当一个人把自己所从事的学习、工作当作艺术作品去看，觉得有趣味，用一股热忱去欣赏、创造，生活就美满了。人生艺术化，在于培养造就一个身心健康、人性和谐的全人。这正是当前教育对人才培养所提出的要求，也是以人为本、建设和谐社会的时代呼唤。

三、日常生活情趣化

　　人生艺术化是朱光潜审美教育的核心和宗旨，同时审美教育是实现人生艺术化的重要途径。朱光潜明确指出美感教育实际上是一种情感教育，因此实现人生艺术化要从人的"情感"出发。人生艺术化期冀人有情趣化的人生，同时"情趣"也成为人生和艺术的中介环节，促使人生和艺术的相互过渡与融合①。而人生的艺术化或者情趣化是通过个体在具体的审美活动中产生的审美经验来实现的。

　　因此，探讨朱光潜的审美教育的实现路径可以从以下三个方面着力：一是关于审美教育的本质，辩证地处理好"情"与"理"的关系，坚持以情为本，注重人的情感体验和塑造；二是关于审美教育的方法，倡导日常生活的审美化，艺术是情趣的活动，艺术的生活也就是情趣丰富的生活，因此情趣要从日常生活的涵养中获得；三是关于审美教育的活动，情趣蕴含在美感经验中，审美教育要通过无所为而为的审美活动，让人懂得什么是美感经验，然后以美感的态度推到人生中去。

（一）注重情感体验：怡情以养性

　　朱光潜在《谈美》中明确论述"美感教育是一种情感教育"。与偏重理性认知的客观论美学不同，在理智与情感之间，朱光潜选择了情感。朱光潜对当时社会上唯理性主义进行了批判，对"生活应该受理智支配"的观念进行了辩驳。朱光潜反对视理智为万能的理智主义，他看到了其中潜伏的文化危机。朱光潜接受了尼采、叔本华、柏格森等人生命有目的而无先见的观点，认为理智是先见的，而生命是不能被预测和规定的，所以生命不应受理智的支配②。其次，理智的生活是狭隘的，是冷酷刻薄的，如果人类完全信任理智，那么人生的趣味就会被阉割。总之，理智主义

① 劳承万.朱光潜美学论纲［M］.合肥：安徽教育出版社，1998：21.
② 朱光潜.朱光潜全集（第一卷）［M］.合肥：安徽教育出版社，1987：41.

价值容易导向一种以效率估定人的价值的单取向，倘若在教育中片面地重视理智，势必会忽略人生与文化价值上其他有意义的方面。正如朱光潜所言："如果纯任理智，则美术对于生活无意义，因为离开感情，音乐只是空气的震动，图画只是涂着颜色的纸，文字只是联串起来的文字。如果纯任理智，则爱对于人生也无意义。"①

朱光潜在理智与情感二维之间侧重情感，但并非认为情感与理智是对立的。他批判了西方柏拉图、卢梭、康德、叔本华、尼采等人研究中的理性与情感的分野，认为他们的通病是将整体宰割成片段，将人当作机械以研究拆分开来的零件。他赞同歌德所言的有机观，人是一个整体，理性和感性无法分离，"情感是心理中极原始的一种要素。人在理智未发达之前先已有情感，在理智既发达之后，情感仍然是理智的驱遣者"②。在儒家的伦理教育中已经涉及情理相涵的问题。就中国人所认为的"孝"的教育而言，如果从理智的角度而言，孝是一种报酬或者债息；但实际上，孝是爱的表现，凡爱要以心感心，以情动情。也就是说，"孝"的情至的表现。除此之外，朱光潜认为儒家教育的宗旨可以用"兴于诗，立于礼，成于乐"来概括。诗、礼、乐三项都属于美感教育，"乐"较"礼"为基本，"乐"本于情，"礼"则求情之当于理，合乎情然后当于理。因此，进行审美教育要从根本源头上做起，朱光潜坚信："情感比理智重要，要洗刷人心，并非几句道德家言所可了事，一定要从'怡情养性'做起，一定要于饱食暖衣，高官厚禄等等之外，别有较高尚、较纯洁的企求。"③

因而，审美教育的过程既是一个情感体验的过程，又是一个情感塑造的过程。所谓"怡情养性"就是一方面培养以"感"为关键的审美能力，让个体在审美时学会从寻常事物中感觉出不寻常的意义，从一草一木中感受到生气和人情；另一方面是促成"情"向"性"的转化，使人们在审美中观照自身的本质力量，在精神愉悦中使心灵得到净化和升华，以养成完满的人格。

但值得注意的是，当前的审美教育很容易成为道德教育的附庸，最具代表的方式就是"寓教于乐"，在"乐"的形式或者活动中"教化"人，劝人向"善"是立足点，"乐"只是手段，这显然不是朱光潜所提倡的审美教育。朱光潜所谓的审美教育是希望个体亲历具体生动的审美活动，激发起内心的审美情感，获得超越实用的精神愉悦和满足的情感体验。这种伴随着具体审美活动过程而发生在主体身上的审美经验，会使人们在日常生活中，不知不觉地远离了那些不良的、低级的、丑恶的东西，慢慢地使自己变得完美起来。尽管从最终意义上来说，这种情感体验会对人的道德理想产生深刻影响，但是这是一种润物细无声式的自然流淌，是一个培植有益

① 朱光潜.朱光潜全集(第一卷)[M].合肥：安徽教育出版社,1987：43.
② 朱光潜.朱光潜全集(第二卷)[M].合肥：安徽教育出版社,1987：75.
③ 朱光潜.朱光潜全集(第二卷)[M].合肥：安徽教育出版社,1987：6.

情感、消除有害情感的过程。

　　朱光潜的美感教育将情感放在重要位置，这是对审美和情感重要性的强调，也是人的主体性得以确立的重要标志，人不是按照外在的要求（例如：他人的命令、传统的指令）来生活的，而是按照自身心灵的、内在的情感而行事的。由此，美感教育是要求人有自然而然的自律性，而非强迫的自律性和他律性。

（二）敞开审美视野：草木皆可情趣化

　　情感是人类相对于理性的一种感知能力，审美教育要从情感上进行颐养，但在具体的审美活动中，审美的发生是以"情趣"为契机的。真实情感的显现也需要借助外在的意象，人的情趣便借此展现出来。审美教育与其说是一种情感教育，不如具体地说是培养人的情趣的教育。人生艺术化的最好途径便是将日常生活情趣化。

　　情趣化的人生是怎样的呢？虽然无法为其下一个科学准确的定义，但是可以想象描绘出一幅情趣化的画面："在人情化和生命化的自然宇宙中，云能够飞，泉能够跃，山能够鸣，谷能够应，大地山河能够扬眉带笑，风云花鸟可以黯淡愁苦。"[①]在情趣化的社会人生中，"世相不再干枯浑俗，而显得生机盎然，人心不再沾小利我，而变得亲切温暖"[②]。这样的人生岂不美哉？

　　什么人才可以拥有这样"美"的世界？一个对于文艺有修养的人绝不会感觉到世界的干枯或人生的苦闷，这也就是一个富有情趣之人。富有情趣之人会欣赏世间万象，"'觉得有趣味'就是欣赏。你是否知道生活，就是看你对于许多事物能否欣赏"[③]。因此，在个体生命中出现的一草一木，接触到的一诗一画都可以是被观照的对象。世界万物的形象随着观照者的性格和情趣变化。各人所观之物的形象都是个人性格和情趣的返照。人可以从古松身上观赏到它的昂然高举、不屈不挠的气概；可以从陶渊明的诗句中观赏到澈底澄莹的境界……

　　人可以将万物情趣化，可以从中汲取生命活力。但是要说最根本的、培养纯正趣味的方式，朱光潜认为是接受文学教育，"纯正的可凭的趣味必定是学问修养的结果"[④]。而在种种文学形式中，朱光潜钟爱"诗"，"诗是培养趣味的最好的媒介，能欣赏诗的人们不但对于其他种种文学可有真确的了解，而且也绝不会觉得人生是一件干枯的东西"[⑤]。朱光潜为何如此重视诗的审美教育作用？其根本是因为诗是将一草一木情趣化最直接的表现。一般人和诗人都可以感受到情

① 朱光潜.朱光潜全集（第二卷）[M].合肥：安徽教育出版社,1987：20.
② 朱光潜.朱光潜全集（第四卷）[M].合肥：安徽教育出版社,1988：160.
③ 朱光潜.朱光潜全集（第二卷）[M].合肥：安徽教育出版社,1987：90.
④ 朱光潜.朱光潜全集（第四卷）[M].合肥：安徽教育出版社,1988：175.
⑤ 朱光潜.朱光潜全集（第三卷）[M].合肥：安徽教育出版社,1987：354.

趣,但是普通人和诗人的重要分别是,一般人感受情趣时便为情趣所羁绊,而诗人感受情趣后,却能将这种情趣当作被观赏的对象,很冷静地把它当作意象来观照玩索。

综上,日常生活情趣化,就是将一个人的生活当作艺术品观照玩索,"知道生活的人就是艺术家,他的生活就是艺术作品"①。生活中所接触到的自然风景、艺术作品都可以是情趣化的对象,也是审美教育的对象。除此之外,个人自身的生活经历也可以被当作客观物来观照玩索。把人生的深刻感受转化为审美的"回味"是艺术家塑造自我的特殊方式;而对于一般人来说,这是一种摆脱,或是理想化的生活。对于生活中的"种种风景"都需要具备严肃与豁达的态度。

值得注意的是,朱光潜所提倡的情趣化与个体的人生、生活密不可分,但不是要求物质生活的精致化,情趣的生活不是用美的形象来装点门面。朱光潜所提倡的人生情趣化会让个体的内心精神丰富饱满,从而产生愉悦感和满足感,而并非是通过物质的精致来产生感性体验的快感。如果是从感官享受和物质需求的方面要求日常生活装饰化、美观化,与人生论美学追求人生境界的审美化提升是有根本性区别的,甚至是一种反"审美"的倾向。

(三) 日常审美活动：人与物往返回流

上文叙述了要实现人生艺术化就要从性情的颐养入手,因情趣是人生和艺术的中介,所以要促进日常生活的情趣化。但如何在具体的教育实践活动中帮助个体感知到美? 什么样的教育活动能让学生获得情趣化人生? 根据朱光潜的理论,要在无所为而为的审美教育活动中涵养人的情趣以实现人生艺术化。而"无所为而为"的审美教育活动具体来说,实际上就是要"人的情趣和物的姿态的往返回流"。无所为而为的教育活动需要满足以下两个条件。

其一,对"物"要有不即不离的态度。这个物不仅指客观事物,同样也指人的情感、人生经历等。所谓"不即",就是要从实用世界中跳开,以"无所为而为"的精神欣赏事物本身的形象②。美和实际人生有一段距离,要见出事物本身的美,就要把它摆在适当的距离之外去看。而只有保持距离,才让美有"免俗"的可能性。在实际的教学中,倘若将"有用"视为美,以"用处""利害"作为"美"的标准,那如何要求学生去追求理想与情趣,而不斤斤于利害得失呢? 所谓"不离"就是指不能与事物的距离过远,艺术活动不是孤立存在的。"艺术是最切身的,是要能表现情感和激动情感的,所以观赏者对于所观赏的作品不能不了解。如果他完全不了解,便无从

---

① 朱光潜.朱光潜全集(第二卷)［M］.合肥：安徽教育出版社,1987：90.
② 朱光潜.谈美［M］.北京：生活·读书·新知三联书店,2021：132.

发生情感的共鸣，便无从欣赏。"①朱光潜承认在欣赏一件文艺作品时，绝不能不先了解它的意义，而要了解它的意义就需要明智的思考。只不过当进行欣赏时，这些"知识"成为审美活动的基础，注意力就又回到形象本身。例如，不了解数学规律的人，看到一大堆数学公式会感到心烦意乱，而精于数学规律之人却能被其中的条理和奥秘深深地吸引。

其二，美感经验在人的情趣和物的姿态的往返回流中得以呈现②。根据朱光潜对美感经验的分析，可以构建美育的双向流程：一方面，美育通过人的情感力量使外物情趣化，使宇宙情趣化，让主体在审美对象中体验到自身的本质力量；另一方面，美育让主体从审美对象中汲取了更多的生命活力与品格修养。人在感受对象中认识了自己、肯定了自己；人又在情趣对象化的过程中伸张了自己、提高了自己。人生也因此呈现出艺术化的状态。当然，情趣或者趣味也有高雅和低俗之分，朱光潜认为人们对艺术的兴趣爱好是从偏嗜某一类作品开始的，然后在不断的艺术欣赏和创作练习中，其审美情趣最终被引导至趣味纯正。当一个人的情趣到了最高的境界，情感和理智也会达到和谐。从情感方面，对于人世悲欢美丑必有平等的真挚的同情，对不沾小我利害的必有超脱；从理智方面，对于人生世相必有深广的观照与彻底的洞察。总体来看，在物我不断的循环往复之间，人的情趣不断提高和纯正，最好的理想是达到审美的境界，在此境界中人格达到完满状态。

朱光潜先生的人生艺术化思想产生于民族危亡的特殊时期，是对当时意志消沉、沉溺于声色犬马的人们生存方式的呼吁与反思。当今，随着我国社会的转型、科技的进步、经济的繁荣，人们在物质生活方面已经得到了较大满足，但精神富足却更加任重道远。从学校教育中走出的高分毕业生，却存在情趣干枯、缺乏人生理想与超越性追求等问题。在这样的背景下，主张以审美的态度观照人生的人生艺术化思想对当下中国的教育现状不失为一条明媚之路。希望通过人生艺术化，对当下中国的审美教育乃至教育方式，甚至是当代中国人的种种生存方式作出反思，以提升人的生存意境，重返高尚的情趣和真善美统一的理想。而且，这种反思能力要使得人不只"感觉到自身"，而且能"思维到自身"，思考什么才是真正属于自己的生活。这正是当代中国审美教育所要着力解决的重大问题。③

①　朱光潜.朱光潜全集(第一卷)[M].合肥：安徽教育出版社,1987：220.
②　朱光潜.谈美[M].北京：生活·读书·新知三联书店,2021：146.
③　王元骧.审美：现代人的自我拯救之道——对于美育现代意义的哲学思考[J].湖南社会科学,2005(04)：12—16.

思考与练习

1. 意大利汉学家马利奥·沙巴蒂尼（Mario Sabattini）在《朱光潜的〈文艺心理学〉中的克罗齐主义》（1970）中，批评了朱光潜移克罗齐美学之花接中国道家传统之木，混淆了道家的直觉与克罗齐的直觉。此文于 20 世纪 70 年代末传入国内，80 年代初，朱光潜在一系列文章和访谈中回应了沙巴蒂尼的评论——他不否认自己"移花接木"，但自认为所受传统的影响，主要来自儒家而非道家，要说移花接木，也是接儒家传统之木，而非接道家传统之木。
请结合相关资料，谈谈你的看法。

2. 请查阅相关资料，进一步谈谈你对人生—情趣—艺术三者的理解，并在此基础上反思现代美育中出现的问题。

延伸阅读

1. 朱光潜.朱光潜全集（第一卷）[M].合肥：安徽教育出版社,1987.
2. 朱光潜.朱光潜全集（第二卷）[M].合肥：安徽教育出版社,1987.
3. 朱光潜.朱光潜全集（第四卷）[M].合肥：安徽教育出版社,1988.
4. 肖鹰.朱光潜美学历程论[J].清华大学学报（哲学社会科学版）,2004(01)：32—38.

第十五章

立美教育：实践美学的教育启示①

本章要点

1. 美是合规律性与合目的性统一的实践活动及其结果。
2. 立美与教育的同构性。
3. 立美教育的二阶统一过程。

重要概念

立美教育　实践美学　合规律性与合目的性的统一

学习目标

1. 能说出实践美学的基本观点，并作出自己的解释和评价。
2. 能用自己的话解释立美与教育的同构性。
3. 能结合实例解释、运用立美教育链条。

---

① 鞠玉翠.“立美教育”再探[J].教育研究，2018(09)：59—65.

图15-1 李泽厚

主要人物介绍

实践美学的主要代表人物是李泽厚(1930—2021),湖南宁乡人,哲学家,生前为中国社会科学院哲学研究所研究员、巴黎国际哲学院院士,担任美国、德国多所大学客座教授,主要从事中国近代思想史和哲学、美学研究。其美学方面的代表性著作有《美的历程》《美学四讲》《华夏美学》等。

李泽厚以马克思主义哲学为基点研究美学,创立了"实践美学"学派。他沿着"康德-席勒-马克思"的足迹,融入其对中国传统美学思想的研究,将美学从反映论转换为实践论、人生论。在李泽厚看来,美学与教育学都事关"人活得怎样"这一最终归宿,"教育学——研究人的全面成长和发展、形成和塑造的科学,可能成为未来社会的最主要的中心学科"①。李泽厚的思想引发了后续大量研究,成为教育美学的重要资源。

---

① 李泽厚.实用理性与乐感文化[M].北京:生活·读书·新知三联书店,2005:241.

我国在 20 世纪 50 年代和 80 年代开展了两次美学大讨论，形成了两次美学研究的热潮。以李泽厚等人为代表，在马克思主义美学思想的引领下，广泛批判和借鉴西方美学思想，融汇中华美学精神，创立了实践美学，对教育美学的理论与实践均具有很强的启发意义。此后兴起的后实践美学、新实践美学、生态美学、生命美学、生活美学等众多美学理论及相关的教育美学思想都或直接或间接地受到实践美学的影响。

与一些美学思想偏重从静观的审美来理解美（如康德、席勒）不同，立美教育更多继承马克思主义美学观，参照实践美学观，强调人类实践中的主动立美、主动创造；与一些美学思想将美学窄化为艺术哲学（如黑格尔），将美育窄化为艺术教育不同，立美教育重视日常生活实践中的立美与审美体验，由此大大活化和拓展了对美育乃至教育的理解。赵宋光明确提出了"教育的使命在于培育能自由运用规律以造福社会的人"，达成这一使命需要依靠"立美教育"，其基本方法是"为受教育者的行动言语建立合规律的形式……随时启发出对所认识规律的自由运用"[①]。周庆元、胡绪阳提出美育具有两个基本维度：审美教育和立美教育[②]；查有梁探讨了"审美—立美"教育模式建构[③]；陈建翔曾与现实中常见的"借美育人"相对照，提出"立美育人"的观点[④]；王枬将"立美育人"看作教育活动的目的之一[⑤]，其他还有一些文章论及立美教育或近似主题，但从教育哲学层面的系统论证仍有空间。因此，本章力图在既往研究的基础上，再探立美教育的理念，进一步明晰所立何美、立美何以起到教育作用，如何通过立美来育人。

一、立美教育的理论基石

美在教育中的地位和作用，得到了不少学者的推崇。但是，对"何为美""美何以起到教育作用"这些基础性问题的答案，却仍有待探究。在本章中，立美教育"所立何美"，"立美何以起到教育作用"是首先需要回答的问题。

（一）美是合规律性与合目的性的统一

立美教育所说的美，指的是"合规律性与合目的性的统一"。这一论断被广泛

---

①　赵宋光.论美育的功能[C]//中国社会科学院哲学研究所美学研究室,上海文艺出版社文艺理论编辑室.美学第三卷,1981：36—57.

②　周庆元,胡绪阳.走向美育的完整[J].教育研究,2006(03)：39—43.

③　查有梁."审美—立美"教育模式建构(上)[J].课程·教材·教法,2003(03)：35—41.

④　陈建翔.席勒美育思想与当代教育美学[J].北京师范大学学报(社会科学版),1990(02)：86—93.

⑤　王枬.教育学立场的美学审视[J].教育研究,2007(12)：26—30.

引用，却往往缺乏进一步的阐明。该论断受到康德的启发。在康德的三大批判中，《判断力批判》是《纯粹理性批判》和《实践理性批判》的桥梁，即认识论与伦理学的桥梁，提出了人（伦理）与自然、理性与感性相统一的思想。审美判断就是桥梁之一。康德区分了纯粹美和依存美。纯粹美只涉及对象的某种形式。这些形式因为与人们主体的某些心理功能（知性和想象力）相符合，使人们从主观情感上感到某种合目的性的愉快；但并没有也不浮现出任何确定的目的和概念，是一种"无目的的目的性"，表现为"无利害、无概念的普遍愉悦"①。自然美大致属于纯粹美，更具感性。但大多数的审美判断属于依存美。依存美总是预先有一个完满性的目的概念作为衡量标准，因而更多地体现了感性与理性的融合。李泽厚以此为基础从实践的角度阐释了美的本质：美作为自由的形式，是合规律性（真）与合目的性（善）相统一的实践活动及其成果②。美首先是能实现目的的客观物质性的现实活动；然后是这种现实的成果、产品或痕迹。换言之，美体现为"人通由实践掌握自然规律，使之为人的目的服务"③。在悠久的生产历程中，人在创造使用工具（如石器、弓箭、计算机）的合规律性的活动中，逐渐形成了人对自然秩序的一种领悟、想象、理解、感受和感情。而当在改造客观世界中达到自己的目的，合规律性与合目的性在感性结构（劳动活动本身）中得到统一时，就产生了情感愉悦，这便是美感④。康德所提出的美是"无利害的愉悦""无目的的合目的性"和"无概念的普遍愉悦"，是从静观审美的角度而言的，究其本质则来源于实践，是人类实践积淀的产物。这种"无利害、无概念的普遍愉悦"的、非功利的、感性与理性统一的美感，实则是合规律性与合目的性统一的实践的结果。孔子所说的"从心所欲，不逾矩"，庄子庖丁解牛的著名故事，艺术讲究的"无法而法，是为至法"，实际上都在说明无论在现实生活或艺术实践中，这种在客观行动上驾驭了普遍客观规律的主体实践所达到的自由形式，就是美的创造的高阶境界。简言之，美是人类实践及其产物，是自然的人化。要达到这样的自由或美的高阶境界，需要人类和个体的长期艰苦努力。

　　根据康德及现代认识论的观点，这里的规律不能理解为僵死的绝对真理，而是人类实践、实验、归纳、建构的产物，只是这种建构本身并非随心所欲的，因而具有某种客观性。而目的固然有主观需要、意图等成分，但客体存在的效用、功能等价值或现实性以及事物之间的因果联系通过主体在活动前对结果的预设则转化为"目的"，这才为合目的性及其与合规律性的统一提供了可能。

　　上述美学观点承继了自康德到席勒至马克思的美学遗产，特别受到马克思的

① 李泽厚.李泽厚十年集（第二卷）[M].合肥：安徽文艺出版社，1994：388.
② 李泽厚.美学四讲[M].天津：天津社会科学院出版社，2001：85.
③ 李泽厚.李泽厚十年集（第二卷）[M].合肥：安徽文艺出版社，1994：428.
④ 李泽厚.美学四讲[M].天津：天津社会科学院出版社，2001：241.

影响：主张从实践的观点而不是静观的观点，从生产的观点而不是消费的观点，来认识美的本质、美的存在、美的历史演变①。马克思《1844 年经济学—哲学手稿》中的下述论断，被认为是马克思主义美学思想的奠基石："他（人）把整个自然界——首先就它是人的直接的生活资料而言，其次就它是人的生命活动的材料、对象和工具而言——变成人的无机的身体……动物只是按照它所属的那个物种的尺度和需要来进行塑造，而人则懂得按照任何物种的尺度来进行生产，并且随时随地都能用内在固有的尺度来衡量对象；所以，人也按照美的规律来塑造物体。"②

这意味着，人类之所以能超越一般的动物，就在于人能够探索、建构和运用相关规律，按照自己的目的，将自然人化，把整个自然界化成自己的肢体。生产手段是人类的超生物肢体器官，生产工具是社会组织的物质基础。古往今来人类所做的一切努力，总体而言，都是为了守护并改进人类自身的存在。认识的获得、人类目的的达成，不允许以戕害人类存在状况为代价。因此，"实践的本质在于从自然界取得自由，即，把客观规律纳入社会目的的轨道，以合规律性来保证合目的性"③。但是，人类对客观规律的掌握有一个从小到大、从浅入深、从局部到全局的历史发展过程，在那些不成熟的阶段，有可能出现只顾少数人眼前利益而损害全社会多世代幸福的事态，这样的事态并不是从正面显示了人类本质力量的伟大，倒是从反面暴露了由于所掌握的规律过于狭小而导致的盲目性、事与愿违、局部损害全局等缺陷，这是人类实践中的一部分。而美的本质规定性在于提供一种提示和制约，借此可以反思实践，以追求合规律性与合目的性的统一。从"美是合规律性与合目的性的统一"这一界定来看美的标准，可以这样说：实践过程及其产品越是既合规律又合目的的，且二者统一程度越高则越美。这使得人类对美的追求有了一个明确的方向，也拥有无限广阔的空间。

（二）立美与教育的同构性

美是合规律性与合目的性的统一的说法，还可以这样表述：美是主体探索并自由运用客观规律以保证实现社会目的，美是掌握真以实现善。这一过程中每一环节的建立过程，都是立美的过程。④ 也可以说，主体探索并自由运用规律以保证实现社会目的的过程就是立美。通过这一立美过程，按照美的规律塑造物体，也按照美的规律塑造自己。这就是立美与教育或育人的同构性，使得通过立美来育人得以成为可能。

---

① 李泽厚.李泽厚十年集（第二卷）[M].合肥：安徽文艺出版社，1994：432.
② 马克思.1844 年经济学—哲学手稿[M].刘丕坤，译.北京：人民出版社，1979：49—51.
③ 赵宋光.美学原理受人类学本体论洗礼之后[J].马克思主义美学研究（第 2 辑），1999：116—165.
④ 赵宋光.论美育的功能[J].美学，1981（03）：211—230.

从实践活动或过程的角度来理解美，具有鲜明的教育意义。这种自然的人化包括两个方面：一方面是外在自然，即山河大地的"人化"，是指人类通过劳动直接或间接地改造自然，使其为人类服务，使客体世界成为美的现实；另一方面是内在自然的人化，是指人本身的情感、需要、感知、愿欲以至器官的人化，这也就是人性的塑造①。它既使人拥有更多美的性质，也使人获得审美和立美意识与能力。赵宋光将外在自然的人化称为外化侧，而将内在自然的人化称为能动侧。从外化侧来看，是人对自然界赋予美的形式（如对称、比例和谐等），使生产资料的材料、能量与结构水平得以不断提高；从能动侧来看，是人的自我建构，人对自己的行为方式也相应地予以自律，于是人类大脑皮层中同使用工具的肢体（手占有特殊地位）活动相应的、同运动中枢与感觉中枢相配合的反馈性神经联系系统的结构及其心理活动功能的水平得以不断提高。这里包含两对矛盾：在物质生产领域中，有工具（外化侧）与使用、制造、创设、更新工具的活动（能动侧）这对矛盾；在精神生产领域中，有符号（外化侧）与使用、制造、创设、更新符号的活动（能动侧）这对矛盾。②

当然，教育实践有其独特性，它不像其他实践那样，把注意力集中在外在自然的改造上，只是附带地收获了内在自然相应性变化这个"副产品"。教育从一开始就是专门针对个体的内在自然的，它把目的性的眼光折回到每个个体本身③。从教育的角度看，帮助受教育者探索、学习自然与社会的运行规律（真），把人类几千年文明史的成果积淀转化为个体的内在本质结构，把自然、社会、工具、符号变成自己的身体的延伸，同时将人类长期进化过程中埋藏、潜伏于个体的自然禀赋、天资、能力挖掘出来，从而自由地驾驭规律，自由地达到个人和社会的目的，造福个人也造福社会（善），感受和领悟人生和命运，"创造、建立那只能活一次的独一无二的自己"，为偶然、短促和艰辛的生命赋予意义，这就是教育者通过立美引导受教育者主动立美、达成感性与理性的统一，塑造完美人性。把认识规律（真）与造福社会（善）和谐地结为一体，是人类"按照美的规律来塑造物体"的宏伟历史在教育领域中的缩影，可称为立美教育。这也是整个教育事业的美学基石及日常着力点。

这种通过求真达到崇善的过程及其所获得的和谐就是美，至少是美之一种。美的建立使得求真具有了道德意义，使得崇善获得了智慧基础。避免或减少了仅有良好愿望却缺乏可行能力或脱离实际，而使善良愿望的实现失去基础的问题；也避免或减少了学无所用或用所学危害社会的状况。美的建立使得实践从难免失败的尝试水平上升到有把握成功的熟虑水平，师生作为立美者感受到经历探索之后

---

① 李泽厚.美学四讲[M].天津：天津社会科学院出版社,2001：139.

② 赵宋光.论美育的功能[C]//中国社会科学院哲学研究所美学研究室,上海文艺出版社文艺理论编辑室.美学第三卷,1981：36—57.

③ 陈建翔.席勒美育思想与当代教育美学[J].北京师范大学学报(社会科学版),1990(02)：86—93.

的和谐感、完善感、愉悦感。而探究过程中的困惑、艰辛成为这种美感的条件、映衬和富有张力的组成部分。因此，美并不是教育中的奢侈品、装饰物或只能靠偶然而得的运气，真正的教育就是立美教育，就是通过立美而达到真、善、美的统一，由此培养感性与理性统一的完满的人性。

从"美是合规律性与合目的性的统一"这一强调立美的论断反思当前的教育实践时，不能用割裂的方式。但由于语言的线性特征，不得不在表述上分出先后、侧重和层级。目的，可以理解为主体在活动之前预想的结果。实践活动正是基于目的的活动。作为拥有意志自由的人，似乎可以随心所欲地确定自己的目的；但目的的现实性却依赖于其与规律的统一性，也就是能够以因果律中的"果"为目的，通过因来达成果；而目的本身的善（合目的性），则需要普遍立法等道德原则的考量。因此，所谓随心所欲并不是真正的自由，只有在认识和把握规律的基础上，服务社会，达成善的目的，做到合规律性与合目的性的统一，才是自由，才达成了美。用于教育领域可以形成这样的立美教育环路（如图 15 - 2）。这一环路的关键链条由立美教育的两个关键统一组成，即一阶统一：用合规律性的方式掌握规律，帮助学习者建立合规律的言行形式（目的 1）；二阶统一：用合规律性的言行服务社会（目的 2），发展自身（目的 3）。而在现实的教育中，恰恰在这两个关键链条处出现了缺陷或断裂，患有"缺美症"。其表现至少有：不合教育规律的"机械学习"妨碍了知识规律的掌握，妨碍了合规律的言行形式的建立；教育合目的性被异化，教育止步于育分，教育系统急功近利缺乏道德考量，阻碍了运用知识规律服务社会、发展自身的目的达成。需要说明的是，环路中的节点是相互影响的，不是机械的线性流程，只是由于语言的线性特征，只能分而述之。

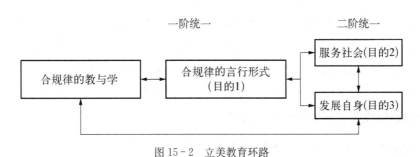

图 15 - 2　立美教育环路

二、一阶统一：用合规律性的方式掌握规律

作为合规律性与合目的性统一的立美教育实践，需要紧紧围绕育人这一核心教育目的展开。育人目的达成的关键在于帮助学生建立合规律的言行形式，这需要教育者研究和遵循教育规律，用合规律的方式帮助学生探索和掌握世界中的种

种规律(主要以学科为载体)。这里权且称为立美教育中合规律性与合目的性的一阶统一。在一阶统一中最突出的问题是教育过程停留在简单机械学习上,不合教育规律,难以帮助学生建立合规律的言行,使得育人目的的实现大打折扣。

(一) 立美教育链条的断裂之一：不合教育规律的"机械学习"阻碍了知识规律的掌握

我们通过对中小学的大量调研发现,教师教得辛苦,学生学得辛苦,教育教学成效低下、师生疲于应付的问题时有发生。在一些教育场景中很难觅到美的踪迹。究其原因,主要在于学生的学习大都停留在"简单机械学习"的层面,表现为自然和社会规律被简化为缺乏关联的知识点,学科间彼此割裂,学科知识与学生经验相脱节、与现实生活中的情境与问题相脱节；学习变为依赖外在强化的机械训练、死记硬背,缺乏思维的复杂性与积极的情感体验。所获得的知识缺乏应有的组织、加工,没有形成对规律的把握,知识像碎片一样,似曾相识,但仍然处于与主体的疏离状态,也就无法成为肢体的延伸,无法为主体自由地解决问题服务,没有展现求真或合规律性所带来的行动力量,学生没有真正"学会",更谈不上"会学",感受不到掌握规律的自由与愉悦。学生之所以不合规律地学,显然与教师未合教育规律地教紧密相关。因此,通过合教育规律的教与学达到建立合规律的言行形式的目的这一立美教育的一阶统一未获成功。

在学习过程中,学生很少感到趣味,往往是迫于师长的督促和压力而用功。在我们的调查中,教师普遍认为学生学习主要靠外在动力,只有大约10%的学生内在学习动力比较充足。于是,"好学""乐学""享受学习"常常成为一种美好希冀；在学校的学习情境中谈美,似乎也只能停留在理想之中。

从学习效果来说,与教师近期讲过的例子相仿的问题,通过依葫芦画瓢的模仿,还勉强可以应对；对于形式稍微复杂,需要做一定转化、综合才能解决的问题,就茫然无措。于是,缺乏成就感、效能感、自信心的问题在学生中非常普遍。相应地,悲观、厌恶、无聊的情绪弥漫。失去了合规律性,不能用合规律性的方式帮助学生掌握规律,立美教育便"瘸了一条腿"。

(二) 促进深度加工,建立合规律的言行形式

涉及知识和规律应用的问题,将在下一部分进行探讨。这里着重讨论教与学的过程中如何用合规律性的方式帮助学生把握规律,建立合规律的言行形式。与立美教育合规律性的要求一致,现代学习科学及认知神经科学的研究表明,高效的学习是围绕大观念和基本原理来组织的。也就是说,高效的学习、深度学习是围绕基本规律来展开的。学习者的主要任务就是探索和明晰基本规律,所学的知识片段是整个知识体系中的有机组成部分,是为了证明、说明或拓展、运用基本规律,而

不是混乱的碎片。这里并不否认刻苦操练、掌握知识点的必要性，而是反对只见树木不见森林式的机械训练。因此，帮助学生学习组织、加工知识的基本方法，以达成规律掌握，从而建立合规律的言行形式，是教师的重要职责。

根据迈耶的研究①，知识的结构类型一般有过程、比较、概括、列举、分类五种。第一，过程结构是对因果链或时间序列进行解释，如解释计算机是如何工作的，可以用"流程图"来加工；语言表述常用"因为""所以""首先""然后"等词语。第二，比较结构是从若干方面比较和对比两种或多种成分、观点等，如不同的哲学流派在本体论、认识论等方面的主张，可以用"矩阵"来加工；语言表述常用"相比较而言""区别""联系"等。第三，概括结构是对一个主要观点和其支持性细节的描述，如根据事实解释清末鸦片战争发生的主要原因，可以用"分支树"来加工，分支树也适合对某些学科的总体结构进行组织，如魏书生老师的语文知识树；语言表述常用"总体而言""组成""细分"等。第四，列举结构是指包含各个项目的一个集合，如列出深度学习的有效策略的名称，可以用"列表"来加工；语言表述常用"包括""还有"等。第五，分类结构是将一个领域分成集合和子集进行分析，如海洋动物的生物分类体系，可以用"等级概念图"来加工；语言表述常用"分为""组成"等。将图表加工与语言加工、实际操作等方式结合起来，让学生将复杂的知识点整理成清晰的结构和图表，把握重点，形成由厚到薄、高度概括化的规律、规范，能够帮助学生更加有效地把握相关规律，并体现在言行中，形成合规律的言行形式。

为了达到对基本规律及相关知识经验的清晰理解，学生需要就所学展开讨论，参与对话过程，了解规律的来龙去脉，辨析相近观点，批判地检查论证的逻辑性，评价结论的可靠性，厘清所学与自己原有经验的联系，澄清自己的思维过程。教师的任务是根据学生和学习材料的特点创设情境、提供任务、搭建支架，不仅帮助学生掌握"知识点"，更帮助其体会以基本规律和规则为中心的"八方联系，鱼翔浅底"（特级教师孙维刚语）的自由畅快，体会掌握了学习规律、学习方法所产生的强大学习力。在这样强大的效能感、自信心、愉悦体验以及由此所强化的好奇心的推动下，在学生学习的动力中，对所学知识规律、学习规律自身的兴趣将占据更加突出的地位。相应地，教师也因合规律性地培育学生，而感受到教育过程的自由、成效、愉悦。当然，在某些情况下，特别是对于许多艺术门类，道理、规律是隐含在诗文、情节、体态、形象之中的，正所谓"理之在诗，如水中盐"，因而是"体匿性存，无痕有味"，即在某些审美境况中有理解、认识的功能、成分、作用，却难觅其痕迹和实体。这时，一味地"讲理"可能就显得多余而笨拙，在适当引入背景知识、操作、体验之后，不如留白、缄默、意会，任人想象、玩味和体悟，给感性留下更多空间，这是合规

---

① ［美］理查德·E.迈耶.多媒体学习［M］.牛勇，邱香，译.北京：商务印书馆.2006：65—66.

律性在不同领域的不同表现方式。这种师生的合规律的言行形式得以建立的过程也是体现教育合目的性(育人)的过程,是合规律性与合目的性的一阶统一。

三、二阶统一：用合规律性的言行服务社会、完善自身

受教育者合规律性的言行形式的建立是教育的基本目的,这一基本目的既要受到教育规律的制约,也要服从善的考量,这是立美教育的二阶统一中重点讨论的问题。在现实教育中,这一基本的育人目的往往被"育分"或应试所异化;在应试等功利压力下,教育目的的合目的性或善的考量被忽略,育人与服务社会的统一性被遗忘和消解。于是求真、崇善、尚美都大打折扣,且彼此割裂。这里并不否认"育分"的现实意义,但它应当是"育人"的自然成果,否则是典型的本末倒置。

(一) 立美教育链条的断裂之二：教育止步于育分,合目的性被异化

教育的目的,根据立美教育或立美育人的要求,应当是促进内在自然的人化,是通过对丰富多样的规律的探究和掌握,将这些规律变为肢体的延伸,建立合规律的言行形式,在提高人把控世界、服务社会能力的同时,提升自身的素养,达成人的和谐发展——在教育者那里集中表现为育人意识和能力的提高,在学习者那里则表现为能够主动用掌握的规律以促进自身发展,并服务于社会。

但在现实的教育中,基于规律掌握的服务社会与发展自身的统一性在一些应试式的教育中消解了。教育的合目的性被异化,教育止步于育分的现象和问题广泛存在;知识规律所蕴含的解决问题、造福社会、促进和谐发展的价值被忽略,知识学习反而成为桎梏,成为学生的枷锁;知识学习的丰富道德意味未被清晰地认识,让学生陷入无意义的迷阵中,有些甚至只将所学作为谋取私利的手段,不惜损害他人和社会的利益。将自身发展与服务社会割裂就背离了善;局限在应试目的或个人目的达成的所谓"合目的性",经不起普遍立法的理性审视,是合目的性的窄化甚至异化。

当知识规律被割裂为知识点,当教育规律仅仅服务于应试而非人的和谐发展与服务社会时,求真与崇善都被扭曲,就谈不上二者的统一,美也就难以建立,尚美成为空洞的说辞。缺乏对规律的掌握,缺乏真才实学,空有美好愿望,难免眼高手低、志大才疏,这是求真不到位,阻碍了运用规律服务社会而破坏了美;知识规律掌握得扎实、灵活,但并不考虑服务社会,甚至用于危害社会、他人,成为"没有心肝的专家",这是崇善受损而扼杀了美,同样阻断了运用规律服务社会的真与善的统一。就教师而言,一位"热爱"学生,却缺乏专业知识的教师,无疑失去了达到"善"的手段,难称其美;一位学富五车、掌握了大量规律的教师,如果不以学生的发展为鹄的,就失去了合目的性,因而也难称其美。就尚美本身而言,把尚美局限在艺术教

育中，甚至简化为以唱歌、跳舞、画画、手工为形式的玩乐，成为应试压力下可有可无的奢侈品、"素质教育"的展示品或者为应试加分的特长。这些观念与做法，极大地窄化、浅化、异化了美和美育的外延与内涵，把美育跟其他的学校工作，特别是教学工作割裂开来。这些问题的存在使得"美"在日常教育中变得可望不可即，仿佛只存在于理想甚或幻想中，难以体现在现实中。

(二) 用合规律性的言行服务社会、完善自身

规律兼具解决各类现实问题的广泛价值以及促进主体发展的功能。学校中所运用的优秀教学材料是依据国家教育方针、受教育者的年龄特征、知识体系本身的逻辑等方面的要求被筛选、组织，条分缕析地凝聚、呈现的人类文化的精华，以及规律的集合，是人类实践的产物，具有广泛的应用性或合目的性，是合规律性与合目的性的统一，或隐或显地呈现着美。不必在教育过程中借音乐、图画来展示美，只需让学生操作、体验、领悟教学材料中的合规律性与合目的性的统一与和谐，就是最直接、有力的立美教育方式。掌握和运用教学材料的规律，其外化侧表现为运用规律解决现实问题，其内化侧或能动侧则相应地表现为主体素养的提高。解决现实问题与促进主体发展是同一过程的两个方面。如学习了算术可以用于购物时计算花销，便于公平交易，相应地，在解决这些问题的过程中，感受到所学的应用价值，主体的计算能力、应用能力得到提高；学习了电学的知识，可以组装电路，让灯泡发光，让机械装置拥有动力，主体会感到实在的成就感；掌握了某种语言文字或阅读方法，可以更有效地用于新材料的阅读，了解、分析、评价新材料所提供的信息、观点、思维方式，这既是解决问题（理解他人和世界）的过程，也是丰富自我、提升自我的过程；学习了写作有助于更清晰地表达自己的想法，一方面分享了思想、感情，另一方面深度加工了自己的思想，促进了深度学习、自我反思和自我成长；学习了康德提出的"普遍立法""人是目的""意志自律"三大道德律令，有望促使主体有意识地为合目的性，为许多规范、规章、法律的合理性进行判断与辩护，从而更自觉地遵守或抵制某些规范……可以说，每条规律都有自己独特的应用，而具体规律组成的规律系统则在更广阔的范围中发挥作用，一方面能够更综合地解决更复杂的现实问题，服务社会；另一方面促进了主体观察、理解、分析、操作、表达、沟通等能力及求知欲、责任感等多方面素养的综合发展。由此，知识规律就不再是疏离于生活、疏离于主体、疏离于实践的孤立的仅为应付考试而不得不吃的苦药，而是与个体经验紧密关联，帮助主体解决实际问题、服务社会，让自身获得成长的美味营养餐。于是，津津有味、妙趣横生、如沐春风、茅塞顿开、醍醐灌顶等自由、愉悦感受常伴师生的日常生活。当然，在求真、崇善、尚美的过程中难免会遇到困难、挫折；经过努力，克服了困难、战胜了挫折，主体就受到了新的洗礼，获得新的成长。这是

人存在、发展的一部分。总之,知识规律的本质存在于实践主体对于现实对象的运用之中,规律是在应用中实现其合目的性;而帮助学生探索、掌握规律,达到自由驾驭规律解决问题造福社会并获得自身发展,体会和谐、愉悦情感的富有张力的过程,就是通过立美来育人的过程。

需要注意的是,规律的掌握与运用并不是截然分开的两个阶段,掌握是为了应用,在应用中促进掌握。从立美教育的角度来看,对于规律的学习不应将外来知识灌输给学生,而应引导学生主动建构,在解决现实问题的情境中探索、学习、运用规律,有时甚至在教师的引导下快速复演规律在人类文化史上的探究过程,使学生更加明晰规律的来龙去脉,从而便于有效掌握与运用。在解决问题过程中探索和掌握规律,是人类获取规律的基本方式,而在教师指导下的复演过程也是学生学习的基本方式。这一立美教育原则,"既坚持教育条件(受教育者发展的外因)的主导作用,又坚持学生自己主动操作活动(受教育者发展的内因)的基础作用"①。当学生不断地在教育者所设置的条件下主动塑造自己理性行为的形式时,他就反复体验到了自己超越感性存在而建立理性本质并运用于现实问题的进展过程,体验到自我超越这一理性发育的动力机制,达到感性—理性的融通。需要注意的是,在感性与理性关系的处理上,小学阶段容易出现感性资料堆积有余而缺乏理性操作的问题;而中学阶段容易出现理性形式排挤、取代感性材料而灌输,从而脱离学生经验、生活经验等问题,教师应当以立美教育所特有的感性—理性融通性来加以检视与改变。

在立美教育的过程中,也要让学生认识到美的对立面的存在。如"自然的未可人化",也就是到目前为止,还没有被人类完全把握甚至不时危害人类的现象,如地震、不治之症;异化,即人在把握规律改造世界过程中,出现了超出主观预期的、较难控制的负面结果,如环境污染、"道德滑坡"、技术对人的宰制等。这些未知领域、未把握领域的存在需要人类在追求"合规律性与合目的性统一"的道路上继续探索、反思,不断展开立美实践。

四、在对必然的把握中感受自由

美是如此平常普遍,美又是如此高深莫测。人类对美的认识与创造历程异彩纷呈。立美教育对美的理解也许只是其中一种富有相当解释力的视角,强调求真与崇善的统一而达到的自由的形式。自由不是为所欲为。为所欲为体现了人被欲望奴役的任性状态:行事者不了解规律,难免因不合规律而屡屡碰壁,表现为无章

---

① 赵宋光.论美育的功能[C]//中国社会科学院哲学研究所美学研究室,上海文艺出版社文艺理论编辑室.美学第三卷,1981:36—57.

法的瞎碰乱撞，难有自由；其目的仅仅是自私的目的，经不起理性的普遍立法和意志自由的必然性检视。因此，自由是由于对必然性的了解、把握、支配，使人具有普遍形式（规律）的力量。这种必然性来自对客观规律和道德律令的把握与运用，也就是真与善的统一。尽管现实生活的某些情境非常复杂，也常常有诸多偶然因素介入，增加了把握必然的难度，但这种立美过程和自由状态仍然值得追求。通过合教育规律地建立师生合规律的言行形式，师生达到自由驾驭规律的状态，在解决问题、服务社会的同时，发展自身，人的主观目的性和对象的客观规律性完全交融在一起，目的表现为无目的（似乎只是合规律性，即目的表现为规律），客观规律、形式从各个有限的具体事物中解放出来，表现为帮助主体达成自己的目的，也在为社会增添积极的力量，这样，似乎目的与规律、形式与内容、理性与感性、功利与非功利、个人与社会的区别被消弭了。形式成了有意味的形式，目的成了无目的的目的性①，表现了美的"非利害的普遍愉悦"。在教育领域，师生以"合规律性与合目的性统一"为旨归的立美教育实践会不断闪耀这种美的光芒，让师生不仅悦耳悦目、悦心悦意，而且达至悦志悦神，创造和体验教与学的无限魅力。

总之，立美教育的鹄的在于培养能够主动以合规律性的方式探索、掌握规律，达到自由驾驭规律解决问题、克服险阻、服务社会并不断增强生命力量，获得和谐、愉悦体验的人。期待教育与生活、自然与人本身都因此更加美好。

思考与练习

1. 选择某一教育教学活动设计，用立美教育的原理加以评析、改进。
2. 对实践美学提出批评的文献很多，请选择若干，概述其主要观点，并加以评论；继而重新评价本章观点。

延伸阅读

1. 李泽厚.美学四讲[M].天津：天津社会科学院出版社，2001.
2. 李泽厚.李泽厚十年集（第二卷）[M].合肥：安徽文艺出版社，1994.
3. 赵宋光.论美育的功能[C]//中国社会科学院哲学研究所美学研究室，上海文艺出版社文艺理论编辑室.美学第三卷（1981年版），1981：36—57.
4. 马克思.1844年经济学—哲学手稿[M].刘丕坤，译.北京：人民出版社，1979.

---

① 李泽厚.美学四讲[M].天津：天津社会科学院出版社，2001：80.

结　语

从素朴审美力到生活艺术家①：欣赏与创造教育美

古今中外异彩纷呈的美学思想为我们审视和改进当今教育提供了丰富的资源。本书讨论了一些既有的观点，也提出了我们的主张。本书更多是一个研究团队数年探索过程的结晶；是对不断追问"美是什么，如何理解美，如何理解与创造教育美"的回应；是在追求"合规律性与合目的性统一的实践"之路上留下的踪迹；是对于"天地之大美"和"礼乐之美"中的教育事业的些许感悟；是希冀在"无蔽之真理"的意义上，作出一些揭示。若能启发教师、学生和其他读者去做更多的追问、探索、揭示与创造，为更多人的情趣人生提供启示，让教育事业能够更具吸引力，帮助更多儿童基于素朴审美力发展为生活艺术家，与世界美好相遇，将是我们团队莫大的安慰。

必须承认的是，没有哪派美学思想是完美的，而每个人的解读又不可避免地具有局限性，还有不少值得被纳入的重要美学思想，未能尽揽，只能留待日后继续完善。

创造与欣赏教育美的历程将绵延下去……

---

① 王鑫，鞠玉翠.从素朴审美力到生活艺术家[J].教育研究，2022(07)：31—41.